JN080933

学習障害のある子どもが第2言語を学ぶとき

限局性学習困難の概念・アセスメント・学習支援

The Second Language Learning Processes of Students with
Specific Learning Difficulties

Judit Kormos

ジュディット・コーモス
［著］

竹田契一
［監修］

飯島睦美
［監訳］

緒方明子　原 惠子　品川裕香
柴田邦臣　貝原千馨枝
［訳］

明石書店

学習障害のある子どもが第2言語を学ぶとき

限局性学習困難の概念・アセスメント・学習支援

日本の読者の皆さまへ

　我々が言語を学ぶとき、そこには確かに普遍のプロセスが存在します。しかし、個々の学習者はちょっとずつ異なっており、それぞれが個別の学習を体験しています。言語学習者は、たとえば、年齢、性別、家族、社会的、経済的背景に基づいて異なりを見せますが、生徒間における違いを引き起こす要素のひとつには、限局性学習困難（SpLDs）を引き起す認知的要因が関係しています。もし、指導実践と学習環境が SpLDs の生徒のニーズに対応していない場合、これらの学習者は、第2言語習得において困難に直面することになるでしょう。これらの困難は、言語学習上早い段階において、さまざまな形で顕出化します。SpLDs の学習者たちは、学習遅延者が多く、新出単語を習得したり、他言語での読み、書き、つづりの学習において難しさを経験するかもしれません。これらの困難は、彼らにとって言語学習を難しくするだけでなく、情意的問題を引き起こす可能性があります。もし、生徒たちの SpLDs がだれにも気付かれることなく、十分な支援を得られなかったら、彼らはクラスメートについていけなくなってしまうだけでなく、不安になり、言語学習に対して否定的な感情を抱き、消極的な態度を持つようになるかもしれません。これらの否定的な感情の影響は、長く続き、辛いものになり得るのです。しかしながら、もし、教育者がこれらの学習困難の本質について十分な知識を持ち、インクルーシブな学習環境の中で、SpLDs の生徒たちのニーズに対応できていれば、SpLDs は言語学習の成功を妨げる障壁とはならないのです。

　本書は、教師は、SpLDs の学習者を支援するために多くのことが、できるという確信のもと書かれたものです。この度、本書が日本語へ翻訳されることは、まさしく日本の小学校で英語教育が本格的に開始されるこの時期にあったタイムリーなことだと考えます。我々の目的は、特に SpLDs についての関連知識と一般的な言語学習の認知的プロセスを教師の皆さんに知っていただくことを手助けすることです。本書では、また、日本の教育環境にも関連するインクルーシブな指導とアセスメントについての研究に基づいたエ

ビデンスを示しています。日本の読者の皆さまが本書の内容が有益で、日本
での言語教育に応用可能であると考えてくださることを願っています。

ランカスター大学　2020年7月

Judit Kormos
（ジュディット・コーモス）

序 文

　言語学習をとりわけ困難に感じている学生の割合は多く、限局性学習困難（以下SpLDs）を抱えている学習者もこれらの学生の中に含まれている。10人に１人がディスレクシアのような何かしらの学習障害を潜在的に持っている可能性があることを示す統計があるにもかかわらず、言語教師に対する教育プログラムには、いかにしてそのような言語学習者をサポートしていくのかという訓練はほぼ含まれていない。私が言語教師資格を取得した20年前には、ディスレクシアの概念さえ周知されておらず、ディスレクシアに対する対処は、医学や心理学の領域に一任されていた。第２言語における学習障害を研究するという自身の関心は、私のところに数名の教育実習生が、ディスレクシアの学生をいかに手助けするべきか助言を求めにやってきたのがきっかけである。そして、教育実習生、大学院生、そして海外の同僚たちとともに、SpLDsのある学生が第２言語を学習する過程で直面する障壁を研究し始めた。それに加え、我々は望ましい教育プログラムを調査し、教員養成コースを考案した。SpLDs、特にディスレクシアの社会的認識は、過去20年の間に広く浸透していった。言語教師の皆さんには、第２言語習得研究や教員養成の分野における我々の研究を通じ、SpLDsに関する十分な知識を蓄積し、言語授業の中でSpLDsのある学習者をうまく包摂させる教授法やテクニックをいかに応用させるべきかを学んでもらいたい。

　SpLDsのある学生が、確実に、教育、就活、さらには日常生活でのあらゆる機会を享受できるように、第２言語習得において支援を受ける必要がある。従って、全ての人々への平等な機会が基本的な教育原理であると言われる今、SpLDsのある学生の第２言語習得方法に関する研究を行うことは、我々の社会的責任である。効果的な指導プログラムを考案するためには、SpLDsのある学生がいかにして第２言語を習得しているのか、教育背景が彼らにどのような壁をもたらすのか、そして、それらの壁がどのように克服されるのかを理解する必要がある。さらに、いかにして、他言語話者を確実な方法でSpLDsと特定するのか、また、何が指導プログラムの有効性を示す根拠と

なるのか、といったことも調査することが重要である。

　本書では、SpLDs のある学習者における第 2 外国語習得プロセスの全般的概要が明らかにされている。本書は、SpLDs 及び第 2 外国語習得の分野において筆者が行ってきた研究をまとめ、ワーキングメモリや言語学習に対する適性、動機に関して第 2 言語習得分野での最近の研究で明らかになった新たな発見を網羅している。ここでは、限局性学習困難を学習の認知心理学、特に言語学習における認知心理学の観点でとらえている。従って、第 2 言語学習における SpLDs の影響に特に関心を持つ読者だけではなく、学習者個別の認知機能の違いがどのように第 2 言語習得の過程に影響を及ぼすのか学びたい読者にも関心を持ってもらえると考えている。また、SpLDs における教育心理学分野の最近の研究と第 2 外国語習得プロセスの研究成果もまとめている。

　本書は、第 2 言語習得の 4 つの重要な側面に着目している。それらは、一般的な第 2 言語習得プロセスととりわけリーディングスキルの発達、教育プログラムの有効性、SpLDs のある学生の言語適性、そして他言語における SpLDs の診断の 4 点である。初めに SpLDs を認知的側面から検討しているが、SpLDs のある学習者を社会的、教育的状況でも捉え、これらの状況に存在する障害がどのように言語習得プロセスに影響を与えているのかを詳細に述べている。また、本書の更なる刷新的な特徴は、第 2 外国語学習の中で最もよく研究が進められている SpLDs の 1 つであるディスレクシアだけではなく、第 2 外国語習得プロセスに大きな影響をもたらすとされる ADHD や ASD といった、より広範な学習障害も考慮している点である。

　本書を読むことで、研究者、大学院生、言語教師、教員養成に関わる人たちが、SpLDs のある学習者がどのように学ぶのかを理解し、そして第 2 言語習得の際にどのような手立てをすることができるのかといったことを知って頂きたい。障害を持つ学習者を理解することにより、更なる受容的態度が生まれ、言語教師の強い自信につなががり、最終的にはより包摂的かつ効果的な教授法につながる。これこそ、筆者のディスレクシア・アクションに対

するささやかな貢献である。

　全ての年代の学習者は手立てや支援を必要としている。苦手としていることを上達させるための戦略やコツを必要としている。自分に自信を持つことができないときに自信を持たせてくれる人を必要としている。学校、大学、夜間学校、そしてその他の学習の場を最大限に活用するための助言を必要としている。

（ディスレクシア・アクション教育政策ディレクター　John Rack博士）

目　次

第1章

限局性学習困難

　「ディスレクシアであるということは、読んだり書いたりすることが普通と違うだけで、他は普通の状態である」と若手の詩人・文筆家であり音楽家でもあるディスレクシアのベンジャミン・ゼファニアは言う（Rooke, 2016における引用部分）。では、ディスレクシアとは実のところどのようなものだろうか。そしてそれは学習困難の他のタイプとどのように関連するのだろうか。ディスレクシアのような限局性学習困難（以下SpLDs）が学習や外国語の使用に与える影響を理解するために、第2章以降でディスレクシアを定義し、その原因や特徴について説明していく。しかし、それは決して簡単なことではない。認知的な視点からみてみると、SpLDs は直接みることができない認知過程に生得的な原因があり、その結果、認知、情緒、行動にさまざまな影響が及んでいる状態である。社会文化的な視点からは、個人間の差異であり、社会や教育の場面で障壁があり社会への完全な参加を妨げるものである。本章は、まず、上記二つの視点から SpLDs を説明するために必要な用語について紹介する。次に、SpLDs の概念について概説し、学習困難のさまざまなタイプを明確に定義したり、判別したりすることができるのか、という問題について検討する。その後、読み書きにはどのような認知のメカニズムが関係しているのか、そして子どもたちはどのように読み書きを習得していくのかという質問に対する答えを述べていきたいと思う。読み書きのプロセスに関する知見や学齢児における読み書きの発達過程に関する知見の

助けを借りて、SpLDs の原因に関する主な理論と、読みの困難と認知能力の問題を検討した最近の研究を概説し、評価していきたい。本章の後半部分では、新たにわかってきた二つの読み困難のタイプである注意欠如・多動症（以下ADHD）と自閉スペクトラム症（以下ASD）についても紹介する。いずれも第 2 言語/外国語（L2）の学習に重大な影響を及ぼす可能性がある障害である。

1.1　学習障害、学習方法の違い、それとも学習困難？

　本書を執筆するにあたり、認知能力と学習における個人差について述べるときに、どの名称を使用すればよいかという難しい問題に直面した。なぜならば、学習の困難さを説明するときに使用される用語は文脈によって異なるが、同じ文脈の中でさえも異なるからである。たとえばアメリカ精神医学会の『精神疾患の診断・統計マニュアル第 5 版』（DSM-5；APA、2013）では、**限局性学習症**（specific learning disorder：以下SLD）という用語を使用している。イギリスの教育領域では、主に**限局的な学習方法の違い**（specific learning differences）という用語が使用されているが、イギリス、オーストラリア、カナダの多くの省では新しい「子どもと家族法」（2014）において**学習困難**（learning difficulties）と**学習障害**（learning disability）の両方が使用されている（Kozey & Siegel, 2008）。

　学習の困難を表すためにどのような用語が使用されているかは、学習困難という状態とそれが学習に及ぼす影響を社会がどのようにとらえているかを示すものでもある。使われている用語は、教師や研究者が学習でさまざまな状態を示す児童生徒とどのように関わるかを形作るものでもある。したがって、使用される用語や名称を慎重に選ぶことは、本書だけではなく、研究においても公共の場においても大切なことである。たとえば、改訂『障害のあるアメリカ人法』（2008）や英国平等法（2010）ではどちらも『障害』は身体あるいは精神の器質的な障害であり、個人の日々の活動において重篤で長期的な影響を及ぼすものであると述べられている。この定義によると、障害は個人の生活にいくつもの障壁をもたらし障害のある人は他者と比べて困

難さがあることを意味している。これは、問題の原因は個人にあり、科学と教育が果たすべき役割は、問題の原因を見つけ、その対処法を提供することであるとする学習困難の医学モデルの観点である。欠如モデル（Thomas & Loxley, 2007）と呼ばれることもあるこのモデルに従うと、子どもは特別支援教育の担当者、学校、その他の教育機関による支援を必要とする存在とみなされる。一方、社会モデルは、困難さは個人間の差異ではなく社会的に構築された障壁であるとみなし、障害は環境と社会的要因（Barnes, 1996; Riddick, 2001）によってもたらされたものであるという考え方を含んでいる。近年では、障害は環境と個人間の差異の相互作用であるとみなし、それぞれが重要な役割を果たしていることが認識されてきた（Frederickson & Cline, 2002; Norwich, 2009等を参照）。国連の障害のある人々の権利に関する会議（2006）でもこのような表明があり、障害は「長期的な身体的、精神的、知的、感覚の器質的障害であり、さまざまな障壁との**相互作用**によって、他者との平等な社会参加を妨げる」と定義している（p.4, 強調は筆者による）。この相互作用という視点は、教育的な文脈と個人の得意あるいは不得意な部分との複雑な相互作用を重視する考え方である（Frederickson & Cline, 2002）。

「序文」で説明したように、主に認知論と学習者中心の考え方を中心として第2言語習得の困難さについて検討する。認知論に基づく考え方は、学習困難の心理学および心理言語学の理論と共通するものであり、生物学的／心理学的に学習困難を説明することは、行動特徴や認知過程、情緒面の特徴を説明する際にも有効である。しかしながら、本書では、社会的・教育的な場面も念頭において、判別、アセスメントそして教育に関わる課題について検討する。第2言語の学習困難について、社会文化的視点からも検討したいと考えている。それは、言語学的、文化的、そして社会経済的な要因がどのように学習困難の定義やアセスメントに影響を及ぼし、第2言語の学習における障壁をもたらしたり取り除いたりするかを説明したいからでもある。

本書では学習困難の相互作用論者の視点を取り入れているので、生物学的―医学的な枠組みあるいは環境論的な視点と強く結びついている用語を使うことは避けたいと思っている。学習障害という用語は生物学的―医学的な枠組みの中で広く使用され、それは「個人の問題は障害（疾病）によるものである」ことを示唆するものである（Norbury & Sparks, 2013, p.46）。**学習方**

法の違い（specific learning differences）は社会的な考え方をする権利擁護者に好まれる用語であるが、社会が適切に受け入れることをすれば、その人は困難を克服できることを示唆している。特異的学習方法の違いも魅力的な用語であり、前著ではタイトルに使用したが、今回は、**限局性学習困難**という語を使うことにした。この用語は二つの対照的な理論的枠組みに比べて中立的であり、**学習困難**という用語は、子どもがある特定の学習課題に困難を示すという大切な視点をよく表しているからである。

1.2　SpLDs：それはどのようなものか？

　限局的な学習困難の状態を表す用語が多様であるだけでなく、それらの定義やこの語に含まれる困難さの種類も多様である。SpLDs の定義や分類が複雑で、相矛盾することがある理由の一つは、生物学、認知科学、行動科学、環境学という 4 つの異なる視点から妥当な説明をすることが求められるからである（Frith, 1999）。これら四つの視点すべてにおいて定義することは難しい。**環境レベル**についてみてみると、もし障害を社会参加への障壁と見なす場合、ある社会における教育・社会・言語について言及することなしに障害を定義することはできない。たとえば、読むことができなくてもその地域社会の重要な一員になることができるような社会であれば、読み書きの困難は障害とみなされることはないであろう。Norbury & Sparks（2013）は、子どもの自閉的な特性や特異的言語発達障害の診断がさまざまな状況において家族構成、教育制度、社会的価値観によって影響されていることを示したいくつもの研究を紹介している。

　行動科学のレベルでは、観察可能な行動特徴で障害を定義しようとしている。学習困難は、「あるかないか」という条件で定義されるものではなく程度の問題なので、行動を測るための検査によるカットオフの基準は概ね恣意的であることが指摘されている（Frith,1999）。学習困難であるとみなすには、どのような観察可能な行動や特性を定義に含めることが必要なのか、という基本的な問題が残されている。かつては、学習困難は明確なサブタイプに分類されていた……たとえばディスレクシアまたは読み障害、算数障害または数学学習障害というように（APA, 1994参照）。これらのサブタイプは、そ

れぞれの教科学習の達成度を明確に表すと同時に学校外の生活にも影響を及ぼすものであった。しかし、これらの学習困難のタイプにはかなり重複する部分があることが明らかになってきている。学習困難の子どもたちは、行動面でも多様であることを考え合わせると、正確にサブタイプを分けることは非常に難しいことであることがわかる（Kirby & Kaplan, 2003; Pennington & Bishop, 2009）。このような問題を解決するために、APAは新しいDSM-5では、**限局性学習症**（SLD）という上位概念のもとに学習困難のさまざまな状態を分類した。この分類には三つの下位グループが含まれている。それは読みに関する特異な困難、書字障害と算数障害の3種である。読み障害は部分的にディスレクシアと重なり、算数における特異な困難は計算障害と重なる。書字の障害は、スペリングの正確さ、文法や正書法の正確さ、そして文章表現の明瞭さや正確な文構成に関連するものである（図1.1参照）。

　DSM-5 における神経発達症のカテゴリーには、言語障害またはイギリスで使用されてきた特異的言語発達障害という言語に関連する新しいグループも加えられている。**特異的言語発達障害**（以下SLI）は、モダリティが相互に関連して言語を獲得し、理解し、産出することに永続的な問題を呈する状態である（APA、2013）。特異的言語発達障害の子どもの場合、読みに関連した問題で苦労することが多いことから、読みに関連した学習困難とこのSLIはかなり重複する部分があるように思われる（Tallal, Curtiss & Kaplan, 1988）。また、言語、話し言葉そして読み障害の間には強い関連性が見出されている（Pennington & Bishop, 2009；Snowling & Hulme, 2012）。

　本書では SpLDs を広くとらえ、第2言語の学習過程に影響を及ぼすと考えられる神経発達に起因するさまざまな困難さを、できる限り広範囲に検討していきたい。これには読み書きの困難さ、そして ADHD のような注意制御の問題も含まれる。DSM-5 では、ADHD は学習障害とは別のカテゴリーに分類されているが、その説明に続いて SpLDs の説明があり、両者に重複する特徴があることが明示されている。これは、ADHD の問題は行動の問題だけではないこと、そして、学習障害の困難さは読むことだけではないことを示すためである（Tannock, 2013, p.6）。言い換えれば、ADHD は学習や読みに関連した困難さの原因になり得ること、そして学習困難が学校以外の場での子どもの生活に影響を及ぼすことがあるということでもある。もう

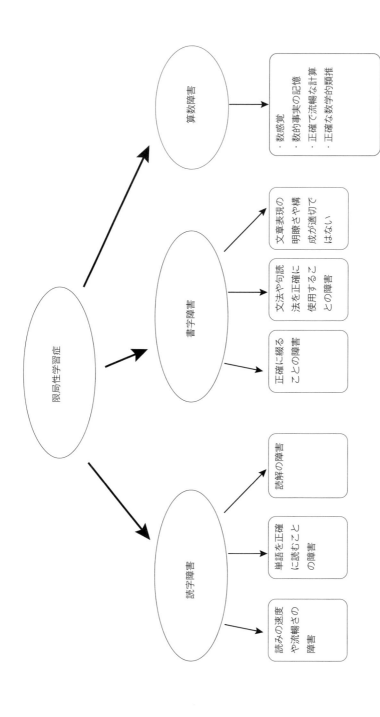

図1.1 アメリカ精神医学会『診断統計マニュアル』の学習困難に関する分類

限局性学習症

- 読字障害
  - 読みの速度や流暢さの障害
  - 単語を正確に読むことの障害
  - 読解の障害

- 書字障害
  - 正確に綴ることの障害
  - 文法や句読法を正確に使用することの障害
  - 文章表現の明瞭さや構成が適切ではない

- 算数障害
  - 数感覚
  - 数的事実の記憶
  - 正確で流暢な計算
  - 正確な数学的類推

一つ本書で神経発達症として言及するのは ASD であり、それは、ASD が社会的コミュニケーションと読解に大きな影響を及ぼすからである。また、ASD は第 2 言語の習得やバイリンガルの子どもたちの言語使用にも影響を及ぼすものでもあることから、第 2 言語の学習において認知能力が学習困難に及ぼす影響について第 3 章で論じるときに検討する。

1.3　SpLDs を定義するためのアプローチについて

　最近まで、どの国においても、教育と心理の領域では SpLDs の定義は主に知能検査で測定された知的能力と学力の差異に基づくものであった（図1.2 参照）。この考え方に基づく定義としては、たとえば 1968年に示された世界神経学会のディスレクシアの定義があり、それは次のようなものである。「発達性ディスレクシアは伝統的な学校教育を受け、**知的能力に問題がないにもかかわらず**、読み・書き・スペリングに関わる言語スキルの習得に困難がある（p.26, 著者による強調）」。しかしながら知能指数と教科学習の達成度との差異に基づく定義は、以下のような理由によって批判もされてきた。一つは、知能検査が人種や社会階層による影響を受けるために、特定の集団について過剰診断をしてしまう可能性があるためである（Hale他, 2010）。もう一つは、確実に SpLDs を診断するためには、知能検査の結果と、学力検査の結果の差異が十分に大きくなくてはならない（Miles & Haslum, 1986）。そうすると、知能指数が平均よりも低い子どもが外れてしまうことが多くなる。差異に基づく問題は他にもあり、知能検査と学力検査両方の結果を説明するための認知プロセスには多くの重なりがあるという事実である。たとえば、ワーキングメモリは知能検査で測定される能力であるが、教科学習の達成度にも重要な役割を果たしている（Fletcher, 2012; Tannock, 2013）。さらに、知能指数に基づく定義は、SpLDs と低学力の生徒とを明確に区別することができないのである（Hale他, 2010）。

　差異に基づく定義が有効ではないことが明らかになった後に、次に生じた問題は一般的な知的能力に言及しないで学習困難をどのように特定できるのか、という問題である。答えの一つは「意外性（unexpectedness）」という概念を取り入れることであった。すなわち、SpLDs は適切な認知スキ

第 1 章　限局性学習困難

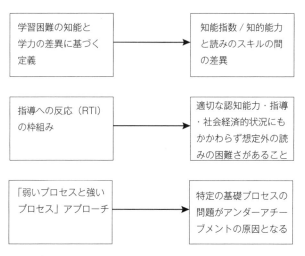

学習困難の知能と学力の差異に基づく定義	→	知能指数／知的能力と読みのスキルの間の差異
指導への反応（RTI）の枠組み	→	適切な認知能力・指導・社会経済的状況にもかかわらず想定外の読みの困難さがあること
「弱いプロセスと強いプロセス」アプローチ	→	特定の基礎プロセスの問題がアンダーアチーブメントの原因となる

図1.2　学習困難の定義に関する異なる考え方

ル、適切な社会経済環境、質の高い教授が行われたとしても生じる、ということである（図1.2参照）。たとえば、1990年代のディスレクシアの考え方では、意外性を適切で質の高い指導に応じることができないこととみなしていた（Fuchs & Fuchs, 1998）。APA の初期の定義（1994）では「発達性ディスレクシアあるいは特異的読み障害は、伝統的な指導、平均的な知能や適切な社会文化的な刺激に触れる機会があったにもかかわらず十分な読みスキルを習得できないという、**意外で**、特異な、永続的な状態を指している」とされている（p.48、著者による強調）。このような、「意外性」と「指導に応じることができないこと」、という二つの考えに基づく定義は、差異に基づく定義によって生じる問題のいくつかを解決するものでもあった。具体的には、早期に SpLDs を見つけることができること、高額な費用のかかる心理検査を要しないということである（Hale他, 2010; Tannock, 2013）。しかし、これらの定義に問題がないわけではない。最も重要なことは、適切な指導があっても教科学習の領域で進歩がみられない原因は SpLDs だけではなく、他の理由も加わっている可能性があるということである。また、「適切な指導」とは何かということに関する一致した見解がないこと、うまく学習できない状態と問題がない状態を分ける基準が不明確なことも問題である。SpLDs

の診断のためには、指導に応じることができないことで十分であるという根拠はないのである（要約についてはHale他, 2010を参照のこと）。

アメリカ精神医学会のDSM-5の改訂へとつながった先行研究の詳細な分析と広範囲にわたる議論の末、差異や介入への反応を基準とした定義は、単独であるいは両方そろっていたとしても、SpLDsを特定するために十分で信頼できる根拠とはならないということで意見の一致がみられた。DSM-5で採用された新しい枠組みは、「**強い認知プロセスと弱い認知プロセスアプローチ**」といわれるものである（図1.2参照）。その名称からもわかるように、この新しい枠組みは、特定の教科領域のつまずきを引き起こすような認知過程の問題をアセスメントすることに重点が置かれている（Hale他, 2010）。SpLDsのある子どもは定型発達の子どもと比べて、ワーキングメモリ、実行機能（プランニング、統合、方略、注意）、処理速度、音韻処理の基礎的な処理過程に明らかな違いがあることを示した研究のメタ分析から明らかになった多くのエビデンスによってこのアプローチは支持されている（Hale他, 2010）。さらに、このアプローチについては、背景にある認知過程の問題を評価するための信頼性の高い方法が存在する。処理過程の弱さに関する特性とその程度に関する情報は、個人のニーズに合った介入方法を考えるうえで大いに役立つという利点もある（Hale他, 2010）。

「強い認知プロセスと弱い認知プロセスアプローチ」の枠組み、そして先行研究の結果に基づき、DSM-5（APA, 2013）は、SpLDsの判断のための新しい基準を示した。前述したように、DSM-5では、限局性学習症の診断基準の中に、単語読み、読解、スペリング、作文、数量理解、数学的類推を分類している（図1.1参照）。また、困難さの克服を目指した指導を6か月以上継続してもこれらの領域での困難さが改善しないことが示されなくてはならないとしている。もう一つの大切な診断基準は、「困難さのある教科学習のスキルは、生活年齢から期待されるレベルよりも十分に低いということが示されなければならない」（APA, 2013, p.67）。また、そのことが、教科学習や職業生活、日常生活にも影響を及ぼすものであることが示されなければならない。子どもたちの困難さは入学後早い時期に現れるが、高学年になってから、あるいは職業に就いて、より高度なものが要求されるようになってからその困難さが大きな影響を及ぼすことがあることも重視しなくてはなら

ない。最後に、DSM-5 では、「知的障害、矯正されていない視覚・聴覚障害、他の精神的あるいは神経学的障害、心理社会的逆境、学習指導の言葉を借りて言うならば、習熟不足、そして不適切な教育」などの除外基準も追記されている（APA, 2013, p.67）。

　「強い認知プロセスと弱い認知プロセスアプローチ」の枠組みは本書の後半でも触れるが、この枠組みがあると、言語に関連した処理過程の障害を背景にもつ読みに関連するさまざまな学習困難を分類することができる。同時に、学習困難に共通する認知処理過程を検討することによって、さまざまなタイプの困難が重なる部分について明らかになる。さらに、認知過程に注目するこの枠組みによって、第2言語の習得、言語使用の過程、そして SpLDs の間のつながりを見出すことも可能となる。

1.4　読みと学習の過程

読みについて

　読みに関連する学習困難について理解するためには、読みの過程と、子どもが母語ではどのように読めるようになっていくのかということを考察していくことが必要である。読みの科学的な研究および SpLDs の領域で最も多く採用されているモデルの一つが Gough & Tunmer（1986）の **Simple View of Reading** モデルである。このモデルでは、一般的な言語理解能力と正確で流暢な単語の読みスキルが読解の重要な決定要素であるとしている。そしてこの二つの要素はそれぞれ独自に読み習得に影響するものであると仮定している（図1.3参照）。

　最初に単語レベルの読みスキルについて検討したい。アルファベットを用いる言語文化圏の子どもは、まず**正字処理**（文字を認識すること）、**音韻処理**（単語の形態を音韻的に活性化すること、文字を音に変換すること、文字を組み合わせて音節を形成すること）、**単語の意味情報と構文情報の処理**、そして最後に**語頭辞や語尾辞を処理**するという複数の処理過程を組み合わせることによって単語を理解することができる（異なる言語における読みの差異については第2章を参照）。**二重経路モデル**に従うと、単語を認識するには二つの経路があり、

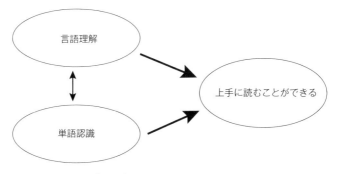

図1.3　読みのシンプル・ビュー

それらは**語彙経路**と**非語彙経路**である（Coltheart, 1978）。非語彙経路（図1.4 の右側の点線矢印で示してある）は、書かれた文字を、文字列を分析して解号する。読み手は、文字を音に変換し、音を単語の音韻形式に組み立てて意味を理解する。この書記─音韻変換は、文字のレベル、**書記素**（ある音を構成する文字の組み合わせ）のレベル、そしてサブ音韻単位（ライムなど）、または音節単位でも行われる。これはなじみのある単語であっても非語であっても有効な読みの過程である。読みには、語彙経路といわれる音韻分析のバイパスとなるもう一つのルートがある（図1.4 の左側の矢印で示されている）。語彙経路では、読み手は単語を視覚的な単位としてとらえ、それを断片ごとに分析することはしない。視覚的に知覚された単語の形は視覚的に貯蔵されている脳内辞書から検索され、関連する意味の情報と照合される。その後、音として貯蔵されている出力用辞書の中で単語の音韻が活性化される（図1.4 参照）。この経路は特別な発音をする単語（**quay, colonel** など）のときに使われることが多い。単語レベルの読みでは、その単語の正確な音韻形式を統合したり検索するだけではなく、その単語の適切な意味を確認することも必要である（Hoover & Gough, 1990）。

　上記の単語レベルの読み過程には、統語的な分析、句や節を組み合わせること、文章の意味的な内容と背景となる知識に基づいて文章情報を解釈する「**状況モデル**（situation model）」を生成することが必要とされている（Kintsch, 1998）。Gough & Tunmer（1986）の Simple View of Reading では、読

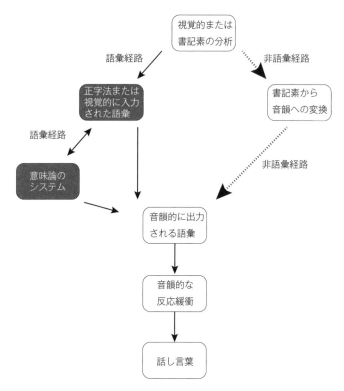

図1.4　二重経路単語読みモデル

解ができるためには読み手が文章の構造を理解できること、推測ができること、そして理解の状態についてモニターできることが求められている。話し言葉を理解する過程は読みの過程と類似している。聞き手は単語の意味を検索し、発話の統語的構造を分析し、文章や状況モデルを構成し、自分自身の理解度をチェックすることが必要とされる。

　Simple View of Reading（Gough & Tunmer, 1986）では、当初は単語の読みと言語理解の過程は相互に関連しているとは考えられていなかった。これは、単語を正確に読むことができるにもかかわらず文章の意味理解が難しい子どもがいたからである（Cain, Oakhill & Bryant, 2004; Nation, 2005 等を参照のこと）。このような特徴を示す子どもは、限局的な読み理解の障害

があり、論文の中では「文章理解が苦手な子ども」と命名されていた。改訂版DSM-5 においても、読解の困難さと単語の読み困難とは別個の読み障害であるとみなされている（APA, 2013）。

　読みに関する他のモデル、たとえば語彙表象の質による説明（Perfetti, 2007）では、単語の読みと言語理解に相互依存的な関係を仮定している。Perfetti（2007）は、読解の問題は、単語認識に時間がかかり、不十分であるときに起こると述べている。単語認識の自動化が十分ではないときには、単語認識のレベルで注意力が留まり、文章を処理するところまでいかないからであると説明している。Tunmer & Chapman（2012）の最近の研究では、Simple View of Reading が修正され、言語理解は単語の読みスキルに影響を及ぼすこと（図1.5参照）、したがって、言語理解力は読解力にも直接的・間接的な影響を及ぼすことが示された。言語理解と単語の読みを結ぶ重要な点は、音声言語での語彙知識であり（すなわち、既知の単語は認識しやすい）、それが単語の読み速度や読みの正確さに影響し、文章レベルの理解を促進する（Tunmer & Hoover, 1993）。

　子どもが読むことができるようになる過程を理解することは、読み困難の原因を明らかにするためにも重要である。読みの発達に関する二つの主要な理論は、Ehri（2005）の理論と Frith（1986）の理論である。どちらも、読みは段階を追って発達するものであると仮定している。Frith（1986）は、まずいくつかの単語を全体的な単位として読めるようになる段階を**符号化段**

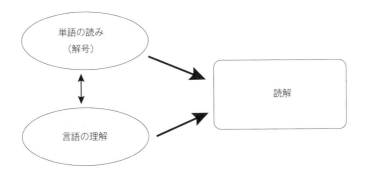

図1.5　Tunmer & Chapman（2012）による「読みのシンプル・ビュー」修正版

階（logographic stage）と名付けた。この段階は、まだアルファベットがわからない段階であり、視覚的な手掛かりを利用して単語を視覚的な一つの単位として認識する（図1.6参照）。Ehri（2005）のモデルでは、それに対応する段階は**前アルファベット**（prealphabetic）と名付けられている。Frith（1986）の次の段階は**アルファベット段階**であり、視覚的に知覚した単語を一つ一つの文字に分解することを学習し、文字を音に変換し、文字を一つずつ発音しながら単語を読むことができるようになる。Frith（1986）の最後の段階は**正書法段階**（orthographic stage）である。この段階になると、文字を一つずつ処理するのではなく、単語を文字のつながりなどのより大きい単位でとらえ、分節などに変換する。この段階では読み手は書かれた（正書された）単語が、一文字よりも大きい単位である形態素や接頭辞・接尾辞などで構成されているという知識を活用しなければならないので、正書法段階といわれるのである。Ehri（2005）のモデルでは、前アルファベット段階の次は**部分的・全体的・完全なアルファベット段階**へと進んでいく。最後の完全なアルファベット段階は、流暢に単語を読むことができる Frith の最終段階である正書法段階とほぼ同じである。Ehri（2005）のモデルの中間にある二つの段階については、一つはまだ正確に単語を音素に分解できない段階であり、もう一つの完全に文字と音の関係を習得し、音韻的な分析に困難さを示さない段

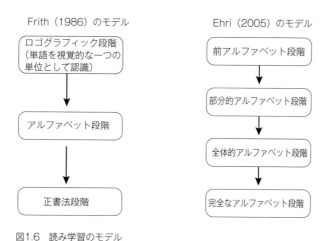

図1.6　読み学習のモデル

階にある子どもと区別している（図1.6参照）。

　1.6節で述べるが、SpLDs のある子どもにおける認知処理過程の障害は、流暢に単語を読むために必要とされる音韻分化や文字と音韻の変換スキルに影響を及ぼすものである。Scarborough & Dobrich（1990）は、読みの発達は直線的に進むものでもなく、また、ゆっくり進むものでもないことを指摘している。読みの発達は爆発的に進む時期があり、その後プラトー現象を示したりする。このような発達をするために、SpLDs のある子どもが、あるときには読みの検査結果に遅れを示さないこともあり、それが「錯覚された回復」現象として現れるのである。

1.5　書字の過程と書字の学習

　文字を書くことは「手による言語の使用」（Berninger, 2000）という点で独特な活動であるが、基礎となる認知と言語の過程については、特に下位のプロセスにおいて読むことと共通する部分がある（Berninger, Abbott, Abbott, Graham & Richards, 2002）。どのように書字スキルが習得されるかという総括的な説明をすることは本書の目的ではないが、スペリングを中心に、子どもがどのように書くことを習得するのか、そして書字に必要な認知機能はどのようなものか簡単に概説することは、SpLDs の書字を理解するために必要だと思われる。

　書き手は、自分の考えを紙面に表現するが、通常は（無音の）話し言葉を仲介して行う。書くためには、文字を書くための複雑な協調運動が必要とされる。視覚的なスキルも必要であり、文字を区別したり、異なる形態を記憶したりすることが求められる。単語を音韻や文字に変換するための音韻認識力もスペリングや文字を書くために大切な能力である（Berninger他, 1996; Treiman & Kessler, 2005 が概説している）。アルファベットを使用する言語圏では、スペリングができるためには確実なアルファベットの知識と文字と音の変換スキルが必要である（Caravolas, Hulme & Snowling, 2001）。さらに、多様な形態の単語を綴るためには、形態素に関する知識も習得しなくてはならない。単語で文を構成し、文章の節や区切りを表記するためには文法の知識も不可欠である。さまざまなジャンルの長い文章が書けるようになる前に、

書字の基本的な部分が自動化されるレベルに到達していることも必要である。

　スペリングの発達は、読みの学習と非常に強い関連があり、スペリングの発達モデルは読みの発達モデルと非常に類似している（Ehri, 1997; Frith, 1980）（図1.7参照）。**前コミュニケーションスペリング段階**（Precommunicative spelling phase）では、子どもは文字の形を描くことができるが、まだ対応する音とは系統的に結びついていない。次の**音韻**または**アルファベットの段階**では、一定の音韻形態素マッピングを作り始めるが単語のスペリングについてはまだ正確なものではない。最終段階の**正書段階**になると、単語レベルのスペリングについては、自動化レベルまで発達している。読み発達のモデルと同じように、書字の発達モデルの段階も明確に分かれているものではなく、時には重なることもある（Steffler, Varnhagen, Frisen & Treiman, 1998）。スペルの学習は長い時間を要する過程であり、それぞれの言語で使用される文字の特徴によって異なるものでもある（Caravolas, 2004; Treiman & Kessler, 2005 が展望している）。

　前述したように、読み書きを習得するための言語に関連する認知スキルは共通する部分が多いようである（Caravolas他, 2001）。単語レベルでの読み困難の場合、スペリングの困難も伴うことが多い。ここで問題となるのは、読みとスペリングの困難はどの程度同時に生じるのか、言い換えれば、この二つの困難は同じ学習困難を基盤とした両翼なのか、という点である。英語

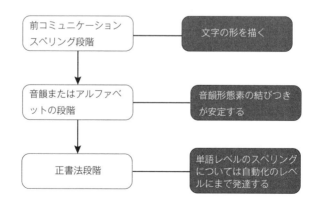

図1.7　スペリングの発達段階

話者の子どもを対象として読みとスペリングの習得度の相関を研究した結果からは、両者には強い関連があることが示されている（たとえば Ehri, 1997）。しかし、DSM-5（APA, 2013）では、書字障害を伴う学習困難の下位分類として、スペリングの正確さに関わる下位カテゴリーを設けている。正確で流暢な単語レベルの読みスキルを習得している場合、それが子どもか成人かにかかわらず、スペリングで困難を示す者の割合は非常に少ない（約3～5％）ことが示唆されている（Wimmer & Mayringer, 2002）。反対に、スペリングが正確な者の中にも非流暢な読み手がいることも示されている（Lovett, 1987; Wimmer & Mayringer, 2002）。

　Moll & Landerl（2009）はドイツ語話者の子どもの中に、上記のような読み能力と書字能力が一致しないケースがあることを確認している。単語レベルの読みスキルは正確にもかかわらずスペリングが困難な理由の一つは、読み書きの指導が開始される前から音韻処理の障害があったからである。このような子どもたちは、小学校に入学後の早い時期に、単語の読みでつまずかないレベルまで音韻認識スキルを伸ばすことができたが、スペリングではつまずいてしまうのである。Moll他の研究では、スペリングのスキルは正確であったが単語レベルの読みに時間がかかり、しかも不正確であったケースも認められている。このようなケースでは、音韻認識の障害はみとめられず、読みとスペリングが優れている同年齢の子どもたちと比べて低い値だったのは呼称課題だけであった。この子どもたちが読みの問題を示すのは、文字で表されたものへのアクセスに時間がかかるからではないかと説明している。スペリングは読みほど時間が制限されることはないので、情報処理の速度が遅いことはそれほどスペリングのスキルに影響を及ぼさないのではないかと考えられている。スペリングと読みスキルの間の不一致が何を意味しているのかは、第2章で再考し、特に言語による違いという観点から検討する。

1.6　SpLDs の認知特性および原因として考えられること

　SpLDs の定義が多様であり、その基礎となる理論もさまざまであるのと同じように、その原因についてもさまざまな考え方がある。原因について

も、生物学的、認知的、行動科学、そして環境という側面から検討すること
ができる。生物学的原因に関する研究は急増しており、それらの結果からは、
SpLDs は遺伝的要因が高く、特に読みや言語に関連する学習困難（すなわち
特異的言語発達障害）ではそれが顕著であることが示唆されている（Pennington
& Bishop, 2009 を参照のこと）。学習困難の家族歴がある子どもは、それが
ない子どもに比べて SpLDs を示すリスクは 4〜8倍高いことも示されてい
る（Pennington & Olson, 2005）。SpLDs を生じやすくする遺伝子や染色体
の部位も特定されている（Pennington & Bishop, 2009 を参照のこと）。ディ
スレクシアの人では、音韻処理と視覚的な単語認識に関わる左半球の特定の
領域が不活性であることが脳の画像研究から示されている（Pennington &
Pennington, 2015 を参照）。

　未熟児、低出生体重児、さらにニコチンや鉛毒などの環境的なリスク要因
に出生前にさらされることも SpLDs を引き起こすリスクとなり得る。直接
的な社会環境的要因について確認されたものはないが、SpLDs の遺伝的要
因や家族歴がある場合には、社会文化的な何らかの特徴が学習困難を引きお
こすこともあれば予防することもあると思われる。このような環境的要因の
中には、保護者教育、家庭での読書習慣、そして読み教育の質が関係する。

　生物学的原因に関する検討の次に考えるべきことは、SpLDs の原因は一
つだろうか、あるいはディスレクシアのように特定のタイプそれぞれに別
個の原因があるのか、それとも複数の原因があるのか、という問題である。
SpLDs の原因が一つだとするモデルはほとんど見当たらないが、それは、ディ
スレクシア、発達性協調運動障害、算数障害のような学習困難のサブタイプ
が多様であると同時に重なりもあるからである（図1.8 を参照）。原因が一つ
だとするモデルは、認知処理の速度が遅いために SpLDs が引き起こされる
という Miller, Kail, Leonard & Tomblin（2001）のものがある。もう一
つは、読み困難と特異的言語発達障害の原因が入力された聴覚的刺激の処理
速度が遅いからであるとする高速聴覚処理理論（rapid temporal processing
theory）がある（Tallal, 2004; Tallal & Piercy, 1973）。Gathercole &
Baddeley（1990）の音韻の短期記憶障害モデルは、特異的言語発達障害と
読み困難の原因が、短期記憶の問題と言語情報の処理にあるとしている。最
後に、手続き学習、すなわち、入力された情報の規則を抽出することの困

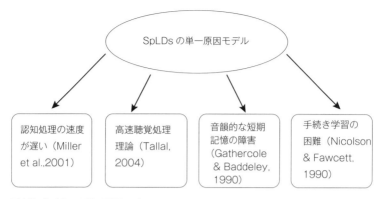

図1.8　SpLDs の単一原因モデル

難さが SpLDs の背景にあるとする仮説もある（Nicolson & Fawcett, 1990; Ullman & Pierpont, 2005）。

　原因が一つだとするモデルには以下のような理由で問題がある。第一に、SpLDs の認知的特徴には重なりがあるが、それぞれの特徴によって区別もされている。たとえば、音韻認識の障害はディスレクシアと関連しているが、算数障害や限局的な読解の困難とは関係していない（Johnson他, 2010）。もし原因が一つなのであれば、認知機能の困難さがこれほど多様性に富むはずがない。学習困難の異なるタイプが相互に関連しないということだけではなく、同じ学習困難をもつ者の認知特性もそれぞれ異なるのである。さらに、ディスレクシアや特異的読解困難のような特定の学習困難のタイプと関連する認知特性は、就学後から青年期に至る間に変化していくようでもある（Scarborough, 2001）。診断と評価に関わる変化については第 2 章で詳しく述べる。

　原因論についてより詳しく述べる前に、信頼性のある因果関係が示され相関が認められたからといって、原因を特定することができるのであろうか、という問題について考えてみたい。SpLDs のある子どもや成人が、対照群と比較して特定の領域で認知機能の違いがみられたとしても、その認知要因が学習困難の原因であるとする証拠とはならないのである。認知要因と学習の達成度との相関関係についても、その認知的な要因が学習や発達を説明で

きるという証明にはならないのである。証拠は実験的な研究からのみ得られるものであり、特定の認知変数をターゲットとした介入が成果をもたらしたときにのみ証明される。そのような場合でさえも、介入の効果は双方向性がある。たとえば、音韻認識について指導を受けることは単語の読みスキルの上達に役立つが、同時に単語の読みスキルが上達すると、音韻認識力も高まるのである（Ehri & Wilce, 1980; Perfetti, Beck & Hughes, 1987）。

　上記のような因果関係に関する警告を念頭において、多くの研究が行われているディスレクシアに関する理論について検討してみたい。ディスレクシアの原因として最も広く知られている認知理論は音韻障害仮説（Stanovich, 1988; Vellutiono, 1979）である。その名称からわかるように、この理論は単語レベルの読み困難は、その原因として音韻処理の困難さ、すなわち音韻認識障害があると仮定している（図1.9参照）。音韻認識には二つのレベルがある。音節と音韻に関する知識である。音節に関する知識は、単語を音節に分けたり、操作する能力を含むものである（たとえば音節を足したり除いたりすること）。音韻に関する知識は、単語を音に分けたり、音を聞き分けたり、音を操作することが含まれる（たとえば、音を削除したり足したり置き換えたりすること）。音韻障害仮説は、ディスレクシアの読み手はそうでない対照群と比較して、非語の読みと復唱課題、音の聞き分け課題、文字認識課題、単語に文字や音節を加えたり削除したりする課題のように音韻認識が必要とされる課題での成績が悪いという結果から導かれたものである。音韻認識の苦手さをサポートするために、特に音韻知識を訓練した介入研究からは、読みスキルが改善したことが示されている（6.3.1節に詳説した）。しかし音韻認識力は複数の構成要素を持つ複雑なメタ言語的なスキルなので、読み困難の本質的な原因とはいえないかもしれない。Swan と Goswami（1997）は、適切な音韻の表象をもたないことが音韻認識の低下をもたらしている可能性も考えられると述べている。音韻表象の障害が、分節（音韻）、節の上位（音節）、変形（音韻のバリエーション）のどのレベルで生じるのかはまだ明らかになっていない（Goswami他, 2002 参照）。これは SpLDs の診断と判断に関連するので第2章で再考する。

　読み困難において、単語レベルの音韻認識が果たす役割は明らかであるが、ディスレクシアの唯一の原因であるかどうかは不明であるし、他のどのよう

図1.9　音韻障害仮説の図

な原因が考えられるのかもまだ明らかになっていない。音韻障害仮説の修正版が二重障害仮説であり、それは音韻処理の問題に加えて呼称速度の障害もディスレクシアの原因とするものである。ディスレクシアの子どもは、そうでない子どもと比較して、単語の呼称速度が有意に遅いことが研究結果から示されており（Denckla & Rudel, 1976）、処理速度の問題に関連することを示唆するものである。Wolf と Bowers（1999）は、呼称速度の違いと音韻処理過程の困難さはディスレクシアの読みの問題においてそれぞれ別個の原因であると論じている（図1.10参照）。この考え方の妥当性を示すために、彼らは読み困難のある子どもが次のような3群に分けられることを示した。呼称速度の問題がある子ども、音韻処理の問題がある子ども、呼称速度と音韻処理の両方の問題をもち、読みで重篤な障害を示す子どもである。二重障害仮説について検証した研究のほとんどは、ディスレクシアの人の大多

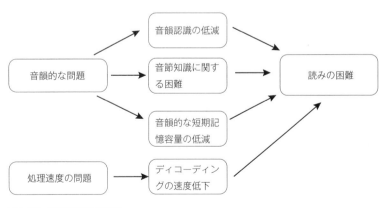

図1.10　二重障害仮説の図

第1章　限局性学習困難

数が呼称速度と音韻処理の両方に困難さがあることを見出している（Lovett, Steinbach & Frijters, 2000; Pennington, Cardoso-Martins, Green & Lefly, 2001 等）。これらの結果から、二重障害仮説では、ディスレクシアのサブタイプを予測したり、音韻処理と呼称速度の障害が完全に別個のものであることを示したりすることができないように思われる。

　Pennington（2006）は、重複障害モデルを提案し、音韻認識や呼称速度だけではなく、処理速度も読み困難の原因となり得る可能性を示唆している（図1.11参照）。Tallal（2004）と同様に Pennington も、ディスレクシアのタイプを特定する独立した要因として知覚速度が重要であることを見出している。現在までの重複障害モデルを支持する研究は、相関するデータに基づいて結論を導いているが、呼称速度と処理速度の障害を読み障害の原因とするにはさらなる研究が必要である。しかしながら、重複障害モデルは、さまざまな SpLDs の重なりを説明するときには役立つモデルであるといえる。

　Pennington と Bishop（2009）は、ディスレクシア、特異的言語発達障害、構音障害、ADHD について、明らかに異なる点と重なる部分を示す形で重複障害仮説を説明している。ディスレクシア、特異的言語発達障害、構音障害の中核となる障害は基底にある音韻処理の問題である。特異的言語発達障害、構音障害の子どもの場合、呼称速度の障害を伴わなければ、学齢

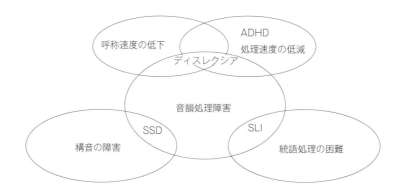

図1.11　Pennington & Bishop（2009）の重複障害説における SpLDs に関わる認知要因の重なり
注：SSD＝構音障害；SLI＝特異的言語発達障害；ADHD＝注意欠如・多動症

期に読みの問題が生じることはない（図1.11参照）。一方、ディスレクシア
は、統語処理の困難がないことから特異的言語発達障害と区別することがで
き、構音の機能障害がないことで構音障害と区別することができる。ディ
スレクシアと ADHD は両者とも処理速度の問題をもっているようである。
Pennington と Bishop（2009）は、子どもの言語と読みの困難さの重症度は、
認知処理の障害がどのくらい基礎にあるかによって影響される、と述べている。
さらに、たとえば呼称速度のような特定の領域に認知的な障害がみられない
場合は、それが読み困難を防止する要因にもなり得ることを強調している。

　重複障害モデルによる説明は、単語レベルよりも上位のレベルで生じる読
み困難の原因を検討するときにも役立つものである。一つには、単語を読む
ことにつまずくと、文や文章を理解するために必要な情報が足りなくなるの
で、読解が難しくなる（Perfetti, 2007）。一方、読解はさまざまな基礎的な
要因によって障害されることが考えられる。たとえば、推測しながら読むこ
とが難しい場合、言外の意味を理解することが難しくなったり、書かれてい
る内容とさまざまな考えを結びつけることが難しくなったりする（Oakhill,
Cain & Bryant, 2003）。実行機能の障害、具体的にはワーキングメモリの容
量の少なさや抑制の弱さもまた読解の問題を生じさせることになる。Cain
他（2004）は、ワーキングメモリは既知の情報を活用したり、読んでいる
新しい情報を古いものと置き換えたり、理解しているかどうかをモニターす
るために必要であると述べている。ワーキングメモリの容量が低減している
場合は、文章が伝えようとしている情報を不完全に、あるいは誤って理解し
てしまうかもしれない。また、正確に読み取るためには、無関連情報または
内容を理解するための中核となる情報以外のものを抑制することが必要で
あることも指摘している。最後に、注意力をコントロールすることの障害
も読解に影響を及ぼす可能性がある（ADHD の場合によくみられるものであ
り、1.7 も参照してほしい）。読んでいる内容に対して注意力を適切にコント
ロールすることは、読解の状態をモニターしたり無関連な情報を無視して主
要な部分を焦点化するために必要である（Kendeou, van den Broek, Helder
& Karlsson, 2014 を参照のこと）。非言語領域における SpLDs（算数障害や
発達性協調運動障害）の原因については本書では取り上げないが、先行研究
（Johnson他, 2010）からは、読み障害と算数障害の生徒の認知特性はよく似

第 1 章　限局性学習困難

35

ていることが明らかになっている。両者の主な違いは、算数障害の方が視覚的ワーキングメモリと処理速度の障害が軽いことであった。

　SpLDs の原因に関する検討に結論を出すためには、原因モデルについて再度検討することが必要である。図1.9 と図1.10 をもう一度みてみると、すべてのモデルで、関係を示す矢印が一方向であることがわかる。SpLDs をより正確に説明するためには、これらのモデルが改訂され、原因となる要因の関係が相互に関係することを示すものにしなくてはならない。これは、音韻認識力と読みのスキルが相互に関連することを明らかにする研究によって証明されるものである（Perfetti他, 1987）。Scarborough（2001）は、読みの困難を発達的に理解できるハイブリッド・モデルを提唱している（図1.12参照）。このモデルは、さまざまな症状に対して一つの原因を示し、その症状が雪だるま式に増えていくことを示すモデルである。読み困難の原因を一つに絞ることができるかどうかは疑問であるが、このモデルは診断と教育に大切な示唆を与えてくれている。時によって診断が変更されたり、個人が経験する困難さが変わるため、支援目標も変更しながら介入することが必要であることを Scarborough のモデルは示している。

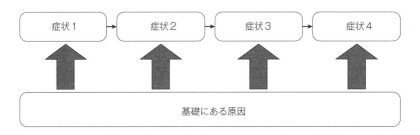

図1.12　Scarborough（2001）読み障害の原因関係についてのハイブリッド・モデル

1.7 ADHD

イギリスでは、ADHD は SpLDs という上位概念のもとに分類される下位分類である（DfES ワーキング・グループ、2005）。しかし、アメリカ合衆国では、DSM-5（APA, 2013）の中で、限局性学習症とは別の分類である神経発達症の中に分類されている。その名称からわかるように、ADHD の主な特徴は不注意と多動性である（APA, 2013）。これらの特徴は年少のときから現れ、12歳以前に出現することが診断基準の一つになっている。ADHD に伴う困難さは青年期、成人期を通じて持続するが、多動性は低減することもある。子どもの ADHD の出現率は 3 ％から 7 ％と幅があり、それは診断基準とその症状に対する社会文化的要因によって異なるからである（Szatmari, 1992）。

統計からは、ADHD は女性よりも男性に多くみられることが明らかになっている。男児対女児の比は 2：1 から 6：1 と幅がある（APA, 2013; Barkley, 1997; Ross & Ross, 1976）。最近の研究では、ADHD の重篤さの程度はさまざまであることがわかっている（APA, 2013; Barkley, 2006）。

ADHD の判断は、医者による観察だけではなく、教師や保護者からの行動特徴に関する報告に基づいて行われる。DSM-5（APA, 2013）によれば、ADHD の特徴は大きく二つのグループに分けられる。それは不注意に関するものと、多動性や衝動性に関するものである（表1.1参照）。各グループの特徴が 6 項目以上、6 か月以上続き、それらが 2 か所以上の場（たとえば学校と家庭）で現れると診断される。前述した他の診断基準には、いくつかの特徴が 12歳以前に現れ、社会活動、教科の学習や就労において重篤な影響を及ぼすということが含まれる。

二つのカテゴリーに示された症状のうち、どのような症状があるかによって、ADHD の状態は異なる。不注意が優勢のタイプと多動性と衝動性が優勢のタイプ、さらに両方が合わさったタイプもあるが、これらはサブタイプではなく、ADHD の状態像を示すために「顕れ方」という言い方がされている（APA, 2013；Tannock, 2013）。

ADHD は遺伝性の障害である。遺伝子研究では、DNA において ADHD

表1.1　ADHD の症状

不注意に関する症状

a.　学校での活動、仕事などにおいて細やかな注意ができずケアレスミスをしやすい
b.　課題や遊びにおいて注意を持続することが困難
c.　直接話しかけられている場合でも話を聞いていないようにみえる
d.　指示に従えず、宿題などの課題が果たせない（しかし反抗しているわけではなく、また指示が理解できないためでもない）
e.　課題や活動を整理することができない
f.　精神的努力の持続を要する課題（学校での課題や宿題）を嫌う
g.　課題や活動に必要なもの（遊具、宿題、鉛筆、教科書、など）を忘れがちである
h.　外部からの刺激で注意散漫となりやすい
i.　日常生活において、忘れることが多い

多動性と衝動性に関する症状

a.　着席中、手足をソワソワ動かす
b.　着席が期待されている場面で離席する
c.　不適切な状況で走り回ったりよじ登ったりする（青年期、成人期になると落ち着かない、という気持ちだけになることもある）
d.　静かに遊んだり余暇を過ごすことができない
e.　「突き動かされるように」あるいは「モーターで動かされているように」じっとしていられない
f.　しゃべりすぎる
g.　質問が終わる前に答え始める
h.　順番待ちが苦手である
i.　他の人の邪魔をしたり、割り込んだりする（会話やゲームに割り込む）

＜引用＞DSM-5；APA（2013）, pp.59-60.

を引き起こす部位が特定されている（Barkley, 2006）。ADHD は脳機能とも関連している（脳の前頭前野の領域の活性低下；Zametkin他, 1990）。また、ディスレクシアや算数障害と重複することも多い。診断システムによって異なるが、ADHD の子どもでディスレクシアのある子どもは 8 ～39%とされており、算数障害を伴うのは 12～30%であるとされている（Frick他, 1991）。

　ADHD という障害は、ワーキングメモリや注意のコントロールを要する教科学習、そして新しい知識の獲得にも大きな影響を及ぼすものである。研究結果からは、ADHD のある子ども、特に不注意傾向のある子どもは、視覚―空間的な情報や言語情報を処理するための短期記憶スパンが小さいことが示されている。記憶の貯蔵に関しては、視覚―空間情報の貯蔵にのみ低下がみられ、言語的な情報については低下がみられていない（Alloway, Gathercole & Elliot, 2010; Martinussen & Tannock, 2006）。課題に無関係

な刺激に対する反応を抑制すること、課題を実行するための計画を立てること、新しい情報や刺激への感度が低減すること等が外国語の学習に影響を及ぼすと考えられる認知能力とADHDの関連で指摘されている（Willcutt, Doyle, Nigg, Faranone & Pennington, 2005）。

1.8　ASD

　ASDは、社会的相互作用とコミュニケーションの困難、そして常同行動があることで説明されている（APA, 2013）。ASDの主な特徴は、会話を持続させることが難しいこと、興味や感情の共有、社会的関係を形成したりそれを持続することが難しいこと、比喩的な表現や字義どおりでない言葉の理解の難しさ、学者のような物言いや繰り返しが多いこと、ジェスチャーなどのノンバーバルなコミュニケーションが苦手なこと、そして特定のことに没頭すること等が含まれる（Burgoine & Wing, 1983）。ASDのある人は、社会的コミュニケーションに困難さがあり、興味関心の範囲が狭く、常同行動を示すとされている（Baron-Cohen, 2008）。知的障害や言語障害を伴うこともある（APA, 2013）。DSM-5では、ASDと社会的（語用論的）コミュニケーション症を区別しており、後者は言語および非言語的コミュニケーションの社会的使用における持続的な困難（APA, 2013, p.47）はあるが、常同行動がないことが特徴である。

　最新の統計調査によると、100人に1人の子どもがASDの基準に合致する（APA, 2013；Baird他, 2006）とされているが1981年の統計では1,000人に1〜2人であった（Wing, 1981）。このように出現率が上昇しているのは自閉症の概念がスペクトラムとして再構成されたこと、診断基準が明確化されたこと、そして社会や専門家の中で認知度が高まったことによると考えられる。男女比は4：1であり、男性に多くみられる（Ehlers & Gillberg, 1993）。遺伝性も認められている（APA, 2013；Gillberg, 1989）。双子研究や同胞研究でこれは証明されており、特定の家族内で自閉症状のある者の出現率が高いことが示されている。自閉症者の遺伝子で突然変異や系統的な多様性も見出されている（Baron-Cohen, 2008の展望論文を参照のこと）。

1.9 要約

　本章では、主要な用語と SpLDs の基礎となる概念の定義、そしてその困難さが文字の読みや教科学習に及ぼす影響について説明することを目的とした。学習困難がある子どものとらえかたや教育的支援を考えるときに、適切な用語を用いることが非常に大切だからである。また、障害は相互作用という枠組みの中でとらえるべきであることも論じた。これは、学習困難のある人の強い面と弱い面は社会的なあるいは教育的な文脈の中の複雑な相互作用と障壁を考慮した枠組みの中で考えることが必要だからである。

　本章では SpLDs の定義に関わるさまざまなアプローチを概説し、さまざまなタイプの学習困難の主な原因論を紹介した。本書では、処理過程の強さと弱さに関わる定義を採用することを説明した。この枠組みを用いることによって、読みや言語に関連する困難さを引き起こす特定の認知過程を詳説できると思われる。この枠組みは学習困難の原因として重複障害を仮定する説明と両立するものでもあり、SpLDs の原因は一つではなく、さまざまなタイプの学習困難は多くの場合重複することを示すものでもある。特定の学習困難のタイプとその基礎にある認知処理過程の問題を、明確な原因と結果の関係として示すことは難しいことも指摘した。子どもが認知面で成熟し読みのスキルが伸びるときには、さまざまな認知能力と処理過程もまた変化しているのである。したがって、支援者は子どもの発達の状態に合致した指導と教授法を採用することが大切である。次章で詳説するアセスメントにおいても、読みの発達と認知能力の相互関係を考慮に入れることが必要である。

第2章

他言語における限局性学習困難を見出すこと

　学習困難が原因で、新たな言語の学習の進みが遅い生徒を見つけることは、そう簡単なことではないし、学習の遅さが、第1言語の干渉のせいなのか、学習困難による言語力の低さのせいなのかを見分けることは容易ではない。本章の目的は、モノリンガル、およびバイリンガル環境における限局性学習困難（以下SpLDs）の検査方法・手段について包括的に概観し、こうした言語環境においてさえ、SpLDsを正確に、高い信頼性で見出すことは可能であることを示すことである。ここで焦点をあてるのは、多言語話者を対象として、単語レベル、あるいは、テキストレベルの読みの困難を見出すことであるが、つづりや書くことの問題と関係する事柄も、簡単にではあるが、扱うこととする。まず、アセスメント、判別、診断の構成概念の定義を述べた後に、読み書きスキルのアセスメントプロセスについて詳細に述べる。次に、言語横断的に、単語のデコーディング（単語を音声に変換すること）とテキストの理解に不可欠なものは何かについて論じ、この領域の研究知見に基づき、バイリンガル／マルチリンガル話者に対して、SpLDsを診断することはどのような結果をもたらすのかについて述べる。この章の終わりには、多言語環境（multilingual settings）における学習困難の新たなアセスメント開発に向けての、最近の試みについて概観する。

2.1　アセスメント、同定、診断

　学業や読み書き能力が関係する活動で困難に直面する生徒を特定するためには、生徒の強いところと弱いところの両方を評価しなくてはならない。アセスメントとは、生徒の行動や学習過程に関する広範にわたる情報を収集する体系的過程を表す包括的概念である。したがって、アセスメントには、フォーマルな検査、スクリーニング検査や診断のみならず、観察やインタビューなどのインフォーマルなものも含まれる。SpLDs の生物医学的パラダイムにおいては、アセスメントの主要な目的は診断であり、診断によって、生徒の困難さの原因が確定する。一方、SpLDs を相互作用的な観点からとらえるなら（Frederickson & Cline, 2002）、学習環境と生徒の社会文化的環境を評価することも評価の重要な部分となる。

　アセスメントの目的として多くのものを挙げることができるが、最も重要なことは、生徒の特徴、および、特定の時点、あるいは、特定の期間における生徒の到達度を観察し記述することである。アセスメントの結果レポートに基づいて、さらなるアセスメントの実施、特別なクラスあるいは学校への転出、授業やテストでの支援や手立ての追加、目標設定などに関する決定や提案がなされる（Phillips 他、2013）。アセスメントの結果は、それによって、法律、教育環境や教育方法、教育資源の割り当てに修正が必要になることがあるので、学校、地方当局、教育政策策定者などの関係者に通知されることもある。アセスメントの進め方と結果は、アセスメントを受けた生徒に知らされるべきものであり、生徒が自分の困難さを理解し、対処方法や今後成長するための方法を学ぶうえで役立つものでなければならない（Kormos & Smith, 2012）。要するに、アセスメントするには、当該の生徒個人に焦点を当てるだけでなく、その生徒を取り巻く環境が、生徒にどのようにプラスに働くか、あるいは、困難を生じさせるのかということに関しても、注意深く吟味することが必要なのである。したがって、アセスメントの結果は、生徒だけでなく、教育環境にも示唆をもたらすのである。

　診断の最終段階は、通常、心理職によってなされる。診断の主な目的は、生徒の学習困難を判別し分類するだけでなく、生徒が抱える問題の原因に

対する説明を提供することである（Johnson 他, 2010）。問題を判別することと同様に、診断もまた、学習者の困難さとその推測される原因を述べるだけでは不十分で、学習でどのような支援を受けることができるかの概要と指導法や学習環境をどのように修正すればよいかヒントを与えるものでなくてはならない（診断手順の詳細については、Alderson, Brunfaut & Harding, 2014 を参照のこと）。実際のところ、**精神障害の診断と統計マニュアル**第5版（DSM-5；APA, 2013）では、SpLDs の重症度は、必要とされる支援のレベルおよび程度と関連づけられており、"適切な調整または支援が与えられることにより補償される、またはよく機能することができる"（p.67）場合は、軽度と分類されている。中等度の SpLDs がある生徒は、"集中的に特別な指導が行われる期間"が必要であり、重度の場合は、"集中的で個別かつ特別な指導が継続して"（APA, 2013, p.68）行われなければならないとされている。

　問題を見極める作業は、単一の作業ではなく、一連のいくつもの作業によってなされるということを留意することが重要である（Alderson, Haapakangas, Huhta, Nieminen & Ullakonoja, 2014）。学級担任は、このプロセスの開始に当たって重要な役割を果たすので、彼らのアセスメント能力が、問題の見極めの成否の鍵を握っている。Alderson, Brunfaut & Harding（2014）は、第2言語（L2）で読むことに苦戦している生徒たちを高い妥当性と信頼性をもって判別するためには、教育経験、および、読みのプロセスと診断のための検査手続きについての理解が必須であると述べている。彼らは、教師が、多様な情報とアセスメント技術を駆使すること、そして、定期的に他の同僚、専門教師や専門家と相談することを推奨している。

2.2　アセスメントのプロセスとツール

　アセスメントは観察から始まる。観察の中で、教師は生徒の学習成果に関する情報と同様に彼らの強みと弱みについての情報も収集する（図2.1）。この段階で、チェックリスト、観察やスクリーニングテストの活用に加えて、生徒の自己評価も行う必要がある（Harding他、2014）。こうした最初のアセスメントの結果に基づき、教師は、生徒の困難さに対して、教室での配慮

と追加支援によって、何らかの手段を講じなければならない。もし、これら
の対応によっても生徒の進歩に改善が認められなければ、さらなるアセスメ
ントを受けることが推奨される。他の教師や両親から情報が収集され、フォー
マルで標準化されたテストが施行され、生徒の困難さが SpLDs のいずれか
のタイプによるものか、それとも、聴覚障害や家庭の言語環境など他の要因

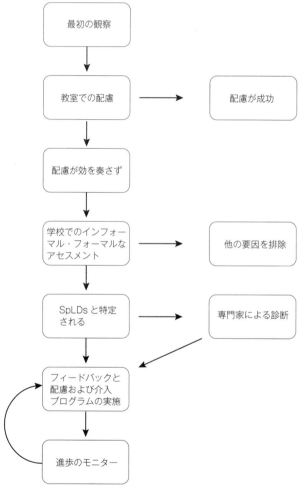

図2.1　SpLDアセスメントのプロセス
出典：Phillips, Kelly & Symes（2013）をもとに作成

によるものなのかを確認する。この時点で、学校で行われるアセスメントが、専門家による診断によって補足、補完されるのである。

　アセスメントレポートと診断結果は、生徒、両親、教師に知らされなくてはならないし、教育環境と教育プログラムを変更するために活用されなければならない。しかし、修正されたプログラムに生徒がどのような反応を見せるかを注意深くモニターすることが必要で、アセスメントプロセスは、この段階で終わるわけではない。もし、教育環境の介入や手立てによっても進歩がみられないなら、さらなるアセスメントが必要かもしれない（図2.1）。この段階では、最初に提案されたプログラムの有効性と教室やカリキュラムの阻害要因に主に焦点があてられるべきである。場合によっては、診断の正確さを疑う必要があるかもしれない。

　アセスメントのための情報収集に活用できるさまざまのツールを詳細に述べることは、本書の目的の範囲を超えている。興味のある読者は、Phillips他（2013）の種々のツールの活用について書かれている実用的なハンドブックを参照されたい。我々の目的にとっては、標準化されたフォーマルなテストだけが、教師や専門家が生徒の困難さについての知識を得る方法ではないということを強調しておくことが大切である。すでに述べたが、構造化されていない形で、教室内での生徒の行動、作業パターンや学習プロセスを観察することも、一定の間隔をあけてコンスタントにサンプルを収集する構造化された観察も、ともに最初の段階でのアセスメントとして活用しうるのである。生徒の成果物や、生徒や他の教師や両親との面談から、有益な洞察を得ることができる。刊行されているスクリーニングテストと同様に、教師が用意した1節の文章を生徒に読ませることや短いものを書かせる課題は、よりフォーマルなアセスメントを行う前に、極めて有力な情報源となる。診断のためのフォーマルなアセスメントは、複数の情報に基づいてなされるべきで、学業の達成度と認知機能に関する標準化されたテストだけに基づいてなされるべきではない。たとえば、DSM-5（APA, 2013）には、生育歴、成績表、および、カリキュラムに基づくアセスメントが追加データとして列挙されている。DSM-5 は、時間経過にともなう生徒の困難さの変化とともに、日常生活の文脈（たとえば、家族歴、教育歴や、家庭、学校、または、就業環境での機能への影響など）における記録の重要性も強調している。

最後に、ダイナミックアセスメントによってもたらされる可能性について述べる必要があろう。ダイナミックアセスメントとは、その名称が示すように、テストの完了時に、その成果に対してすぐにフィードバックを与えることで、生徒が達成できうるものを明らかにしようとするものである(Feuerstein, 1980; Lantolf & Poehner, 2011)。このタイプのアセスメントは、生徒の潜在的な学習能力を測定し、テストに取り組んでいるときに支援が与えられることで、生徒は何ができるのかについての情報をもたらす。支援には、情報の提示形式の手立て（たとえば、視覚的提示を聴覚的提示に変更する）や試行回数を増やすことなどが含まれる。テストの施行者は、生徒の解答方略を観察し、その方略の効果についてフィードバックを行う、あるいは、明示的に、指示、ヒント、手掛かりを与えることもできる（Swanson & Lussier, 2001)。ダイナミックアセスメントテストのスコアは、特定のテストの達成度ではなく、支援を受けたときと受けないときの成績の差を示すものである。

2.3　異なる言語と正字法体系での読み

　多言語における読み書き学習の学習困難を判別することに関する幅広い事柄や疑問について論じる前に、言語によって正字法体系がどれほど異なっており、その異なりが、読みのプロセスと読み習得にどのように影響するかを考える必要がある。言語間の正字法体系の多様性は、読み書きに関連する学習困難、特にディスレクシアとも関連がある。というのは、ディスレクシアが読みの発達と読みのプロセスにどのような影響を与えるかは、言語によって異なると思われるからである。
　世界中の正字法体系は、表語文字か表音文字に分けることができる(Treiman & Kessler, 2005)。表語文字の典型例は、中国語である。中国語では、各書記記号（書記素）は、連語あるいは、形態素を表す。表音文字のシステムでは、書記素は、音節、音節の一部、あるいは音の断片（音素）を表す。書記素が音素を表す正字法体系が、アルファベットと呼ばれるものである。正字法体系が読み習得と読みの困難にどのような影響を与えるのかを理解するためには、純粋に一貫してアルファベット的な正字法体系はないということを記憶にとどめておく必要がある。なぜなら、音韻的、形態音韻的

な特徴、歴史的要因、方言の多様性、借用語が、文字表象に影響を与えているからである（Treiman & Kessler, 2005）。アルファベットの体系には、音を表すのに比較的数の少ない文字を用いればよいという点で有利な点もあるが（たとえば、英語は 26 文字であるが、中国の子どもたちは 3000 の漢字を学ばなければならないことを比較すればわかるように）、その一方で、つづりを覚えることや読み書きスキルの獲得を考えると、不利な点もある。

　アルファベットの文字体系の不利な点の一つは、基礎的な読み書きスキルが、子どもが単語の音を音素に分けて、音素と書記素を対応させる能力に依存しているということである。このことについては、心理言語学的な音の粒の大きさの理論（Ziegler & Goswami, 2005）を紹介する際に、また、触れることにしよう。そのほかのアルファベットの文字体系の不利な点としては、音と視覚的なシンボルは、完全に規則的な一対一対応関係を形成することは難しいことである。そのことと関連するが、アルファベットを表記に用いる言語間にも異なりがある。正字法の不規則性は、言語ごとにつづり体系の透明性、別の言い方をするなら、書記素と音素の対応の規則性の度合いが異なることの結果であると考えられる。フィンランド語やトルコ語のような言語では、ほとんどの音は文字と規則的に対応しており、こうした正字法は、透明性が高い（transparent）と言われている。透明でない言語、いいかえると、不透明で深い正字法では、音素—書記素対応に一貫性がなく不規則で、一文字に対して多くの音が対応したり、一音に多くの文字が対応するものが多いのである。英語での読み書き習得の困難さは、音と文字の対応のバリエーションが多いことによる。たとえば、/ɔ/ の音は、**o, a, oa, augh, aw** というつづりで書き表されるし（これらはほんの一例に過ぎないのだが）、‘i’ という文字は、/ɪ/ とも /ɑ ɪ/ とも発音される。英語は、透明性が低いことに加えて、フランス語と似ていて、サイレントレター（silent letters：つづりに含まれているが発音されない、発音には関与しない文字；訳者注）があり、不透明な言語である。英語のつづりは形態素からも影響を受けている。形態論的に関係があることが、つづりの類似性で示されているものの、発音は異なるものがある（たとえば、heal & health；Caravolas. 2004）。

　以上のことを踏まえると、アルファベットを用いる言語において、正字法体系の透明性の度合いは、読みのプロセスと読みの困難さが顕在化する度合

いに影響を与えるのかという疑問が起こる。この疑問に対する答えになる仮説として、**正字法深度の仮説**（orthographic depth hypothesis）が提唱された。その仮説では、透明性の高い言語と透明性の低い言語では、読みのプロセスが異なると想定している。この仮説は Coltheart の二重経路モデル（1978）に基づくものである。モデルについては、セクション1.4 で説明されている。このモデルでは、読み手は、単語を**非語彙経路**を使って、音読する、すなわち、単語の個々の文字を音に変換し、変換された個々の音を総合して単語の音韻形態（音声言語の形）を得ると考える。もう一つの方法として、読み手は、単語を音韻単位に分析することなく、単語全体の視覚形態を認識して、**語彙経路**を活用することもありえる。正字法深度の仮説を強く主張する研究では（Turvey, Feldman & Lukatela, 1984）、透明性の高い言語の読み手は、書かれた単語を非語彙ルートで音に変換することが圧倒的に多く、一方、透明性の低い言語の読み手には、語彙経路が好まれるとしている。しかしながら、実験結果は、正字法深度の仮定を強く主張する研究を支持するものではなかった（Besner & Smith, 1992）。正字法深度の仮定を強く主張していない研究では、読み習得の初期の段階にいる子どもたちは、正字法体系の透明性の程度によって、異なる処理方略を好むのではないかと仮定している。たとえば、Wimmer & Goswami（1994）は、英語より透明性の高いドイツ語の読みを習得中の子どもたちは、英語の読み習得途上の子どもたちよりも、疑似語をより正確に読むことができることを明らかにしている。疑似語は、非語なので、非語彙経路での処理が必要とされる。Wimmer & Goswami は、透明性の高い言語で読みを習得している子どもたちは、最初は、非語彙経路を好み、単語を分析し音変換するための最小の単位として音素を活用すると思われるが、読みの発達には、読みの指導方法など他の要因も影響する可能性があることを強調している。ドイツ語の読み指導法のなかで優勢なのはフォニックスによるアプローチである。それは、音素・書記素対応を明示的に教えることに力点が置かれている。一方、英語では、全単語アプローチ（Whole word approach：単語を小さな音の単位にわけることなく、単語全体を意味の最小の単位としてあつかって読みを指導する方法；訳者注）が依然として読みの指導法として採用されることが多い（詳細は第6章参照のこと）。

　正字法体系に見られるもう一つの違いは、音と文字対応をかなりよく予

測しうる単語内の単位の大きさである。透明性の高い言語においては、最小の単位は音素である。しかし、Ziegler & Goswami（2005, 2006）が心理言語学的な音の粒の大きさの理論で論じているように、言語によって単位の大きさが異なり、大きさの異なりによって、読みと読みの発達へプラスに働く作用の仕方も異なるのである。たとえば英語では、ライムと言われる音節の末尾の母音・子音連続の方が、単一の書記素よりも、発音に一貫性がみられる（たとえば、band, hand, land と call, bark, band を比較してみてほしい：前者のライム部分の and は、3つの単語の中ですべて同じ発音で、一貫性があるが、後者の3つの単語の中の単一の書記素であるa は、発音に一貫性がない；訳者注）。したがって、英語のような透明性の低い言語でよい読み手になるためには、音素意識だけではなく、ライムのような、より大きな単位を操作できる能力が必要である（音の粒のさまざまの大きさについては図2.2 を参照のこと）。さらにいえば、音素のような粒の小さな単位よりもサイズの大きな粒では、より多くの音の組み合わせが可能になるため、読み習得中の読み手には、一層困難な課題が課せられることになる。なぜなら、彼らはこれらの単位を数多く学習しなくてはならないからである。習得すべき単位の数が多いにもかかわらず、bead と head の場合のように、同じつづりの発音がいつも同じとは限らないのである。

　言語間の正字法体系の違いを考えれば、アルファベットを用いる言語間でも、読み書きの発達の速度が異なることは驚くべきことではない。13 の言語間で、小学1年（Grade1）の学年末に、子どもたちの単語レベルの読みの達成度と比較した調査において、Seymour, Aro & Erskine（2003）は、ドイツ語、フィンランド語、ギリシャ語、スペイン語の子どもたちは、読みの正確さが、ほぼ100%の結果であり、ポルトガル語、フランス語、デンマーク語の協力者は約80%であったが、英語ではわずか34%であったことを見出した。この研究は、子どもたちのアルファベットの知識の違いや正規の学校教育開始年齢の違いでは、こうした言語間に見られた結果の異なりを説明できないと結論づけている。透明性の高い正字法体系が、子どもたちの読み書きスキル習得に有利に働くということは、つづりの発達においても、同様に、観察された（たとえば、Caravolas, 2004 を参照）。

　ここまでは、アルファベットを用いる言語やヨーロッパの言語を中心に論

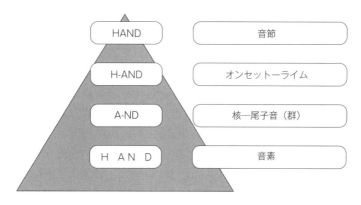

図2.2　単語内のさまざまな心理言語学的な音の粒の大きさ
　　　　Ziegler と Goswami（2005）に基づいて作成

を進めてきたが、中国語のような表語文字や日本語のような音節を表す正字
法体系においても、読みのプロセスは普遍的なのかという疑問は、当然起こ
ることである。これらの言語においては、単語の読みの処理では、音韻的分
析は行われず、語彙的な処理が優勢なのではないかという仮説がたてられ
るかもしれない。しかしながら、正字法体系のタイプにかかわらず、読み
において、音韻処理は必須で普遍的な要素であるといわれてきた（Perfetti,
Zhang & Berent, 1992）。たとえば、中国語では、音節の組み合わせは極く
わずかしかなく、単語はすべて単音節語である。そのため一つの音節が 20
の異なる語を表すということが生じている。それらは、全く発音が同じも
のもあるし、トーン（声調）で区別されるものもある（Chao, 1968）。中国
の文字は、左側の意味を示す部首と右側の音を示す部首からなり、読み手
は、まず、意味的情報を活性化させ、次いで、音韻情報を活性化させること
になる（Wang, Georgiou, Das & Li, 2012）。Perfetti, Lui & Tan（2005）は、
実験に基づき、中国語において、音韻処理が単語の読みにおける必須の部分
であるという研究成果をまとめた。要するに、読みに関わる処理には、音韻
処理が大きな役割を果たすという、言語をこえて共通する、なんらかの普遍
的な特性があると思われる（Perfetti & Harris, 2013）。とはいえ、各言語の
正字法体系（writing systems）は、それが表す言語そのものと相互に関係し

ており、正字法体系の特徴が、読みのプロセスと読み習得に影響することを認識することも重要であることはいうまでもない。

2.4　さまざまな言語における読みの学習成果と読みの困難さを予測する認知的および言語学的指標

　世界のすべての言語において、音韻が読みにおいて重要な役割を果たすという**普遍的な音韻原則（Universal Phonological Principle）**（Perfetti ら、1992）に基づくなら、まず最初に考えるべきことは、言語の異なりを超えて、読みの達成と読みの発達の速度に音韻スキルの個人差はどのように関係するのかということである。読みのスキルと単語レベルの読み困難（すなわち、ディスレクシア）を予測すると認められている重要なものは、音韻意識（phonological awareness）である（より詳しいことは第1章を参照のこと）。音韻意識とは、音節、オンセット、ライムや音素などの（図2.2参照）さまざまの粒の大きさの音韻単位を操作する能力のことである（Ziegler & Goswami, 2005, 2006）。音素意識は、音韻意識の構成要素の一つであるが、単語を分節音に分解したり、単語から語頭音や語尾音を削除したり、音を合成したり、単語に音を付加するなど、音を操作するスキルを意味する。音韻意識（phonological awareness）と音素意識（phonemic awareness）の区別は重要である。なぜなら、諸研究から、単語や音節レベルの音韻意識は読みの指導を受ける前に発達するが、音素意識は、就学前の子どもや読み書きのできない成人にはそれが確かにあるとはいえないことが示されているからである（概説は Ziegler & Goswami, 2005, 2006）。音節、オンセットとライムのレベルの音韻意識は、オランダ語やフィンランド語において、就学前に、その後の単語レベルの読みスキルを予測でき、すなわち、ディスレクシアを予測するに適した指標であると言われている（de Jong & van der Leij, 2003; Puolakanaho他、2007）。縦断的研究からは、オランダ語やドイツ語においては、子どもたちの読み習得が始まると同時に、音素意識も発達し始めるが、その一方、音節やライムレベルの音韻意識は、ディスレクシアの指標としての信頼度が低下することが示されている（de Jong & van der Leij, 2003）。

音素意識（phonemic awareness）は、中国語（最近の研究としては Wang 他、2012）だけでなく、アラビア語やヘブライ語（Abu-Rabia, Share & Mansour, 2003; Share, 1995; Share & Levin, 1999）などの非印欧語も含む多くの言語において、単語レベルの読みスキルの発達とディスレクシアの予測する適切な構成概念であると思われる。とするなら、次に解明されるべきことは、音素意識は、どの言語においても、単語レベルの読みにおいて、中核的な役割を果たすのか、あるいは、その影響は、言語によって異なるのかという疑問である。ドイツ語やフィンランド語のように透明性の高い言語では、音素と書記素がほぼ一対一の対応関係にあるので、読み習得の初期段階の読み手にとっては、読み学習そのものが音素意識を促進すると考えられる（de Jong & van der Leij, 2003;Wimmer, Mayringer & Landerl, 2000）。そのような言語的背景のある所ではフォニックスに基づいた指導方法が広く用いられているので、子どもたちの音素意識はより一層高められる。（Ziegler, Perry, Jacobs & Braun, 2001）。したがって、音素意識は、透明性の高い言語においては、不透明な言語より、読み習得に果たす役割の重要性や、ディスレクシアの予測指標としての信頼性が低下すると考えられる。この問題についての数多くの研究が、透明性の高い正字法体系を有するドイツ語とギリシャ語において、音素意識は、高速自動命名課題（RAN課題：rapid automated naming）についで、２番手の役割を果たすことを明らかにしている（Georgiou, Parrila & Papadopoulos, 2008; Mann & Wimmer, 2002）。その一方で、同様のテストバッテリーを用いた大規模な多言語間の比較研究は、異なった結果を見出した。Ziegler他は（2010）、５言語（フィンランド語、ハンガリー語、ポルトガル語、オランダ語、フランス語）において、小学２年（Grade2）の単語レベルの読みスキルを予測するものを比較した。その研究では、５言語の中で最も透明性の高いフィンランド語以外では、音素意識が、最も重要な予測因子であることが明らかになった。フィンランド語とフランス語以外では、RAN課題もまた、重要な役割を果たしており、一方、語彙知識と音韻性短期記憶は状況によって予測力が相当変化することが示された。Landerl他（2013）は、ディスレクシアを予測するものについて、同様の比較研究を行い、ディスレクシアでない対象に対して行った Ziegler他（2010）の結果と同様の結果を見出している。すなわち、調査した６言語(ハンガリー語、

オランダ語、英語、フランス語、フィンランド語、ドイツ語）において、音素意識が、ディスレクシア予測指標として最も強力であり、その次がRAN課題であったのである。音韻性短期記憶はディスレクシアと有意に相関するが、その相関の程度は弱いものであった。Landerl他（2013）の研究から得られた他の重要な知見は、単語の読みの困難さに関する音素意識とRAN課題の寄与率が言語によって異なることであった。英語のような透明性の低い言語で読みを習得している子どもでは、第1言語が透明な書記体系をもつ言語の子どもたちよりも、音素意識とRAN課題のスコアによって、より正確にディスレクシアであることを判定できたのである。最近の縦断的研究は、正字法体系の透明性の程度にかかわらず、読み書き（つづり）の発達における音素意識の重要性を強調している。Caravolas他（2012）、Caravolas, Lervåg, Defior, Seidlová, Málková & Hulme（2013）は、チェコ人、スロバキア人、イギリス人、スペイン人の子どもを対象に縦断的に読みの発達を追跡する一連の研究を行った。その結果、正規の読み指導開始前、あるいは、開始直後に評価した音素意識（phonemic awareness）が、単語レベルの読みスキルの発達速度と、読みの正確さと速さの有意な予測指標であることを見出した。

　透明性の高い正字法体系では、子どもたちは、比較的早期に、かなり正確な単語レベルの読みを獲得するので、これらの言語では、正確さではなく、読みの速度が、単語レベルの読み能力についてのより優れた尺度と考えられる（たとえば、Seymour他、2003）。透明性の低い言語よりも、ドイツ語のような透明性の高い正字法体系では、ディスレクシアのある子どもでさえも、単語をより正確に読むことができる（Landerl, Wimmer & Frith, 1997）。単語レベルでは、音素意識が読みの正確さと速さに有意に寄与するが、RAN課題は、時間を計測するものであるので、とりわけ、透明性の高い書記体系では、読みの速度の重要な予測指標であると思われる（Wimmer他、2000）。RAN課題は、通常、物品、色、あるいは、数字の呼称速度を測定するものだが、ディスレクシアの単語の読みの問題や単語レベルの読みのスピードと正確さに対しても、優れた予測指標であることが知られている（概説はKirby, Georgiou, Martinussen & Parrila, 2010 を参照のこと）。しかし、RAN課題がどのような役割を果たすのかについては、測定の仕方によってさまざまである。たとえば、Ziegler他の研究（2010）では、物品呼称の速度を測定し

ているが、彼らが調査したほとんどすべての言語において、RAN課題の結果は単語レベルの読み能力とごく弱い相関しか見出されていない。その後行われたLanderl他のフォローアップ研究（2013）では、RAN課題として数字呼称の速度を用いており、数字呼称速度がディスレクシアの強力な予測指標であること、ドイツ語とオランダ語においては、統計的効果量においては、音素意識よりも大きいことを見出している。RAN課題の読み書き（つづり）能力の予測に関する役割は、英語、チェコ語、スペイン語では、音素意識と同程度であるが、就学後2年間の読みスキルの発達の速さの予測では、重要な役割を果たすのはRAN課題だけであった。RAN課題は、就学後の読み指導を受けた後に、音素意識が読み能力の高いものと低いものを区別する基準として機能しなくなっても、長期にわたって読みの問題に対しての重要な指標の役割を果たすと思われることは、特筆すべきことである（Landerl & Wimmer, 2008; Lervåg, Bråten & Hulme, 2009）。

　アルファベットを用いる言語の読み書き能力習得の初期の段階で、単語レベルの読み書き（つづり）能力を予測する第3の指標は、文字知識である（たとえば、Caravolas他、2012）。文字知識は、正書法情報の処理という構成概念の一部であり、音を文字と対応させる能力だけでなく、それを即時に行う効率性をも含むものである。正字法処理スキルは、中国語においてディスレクシアとそうでないものとを区別し（Wang他、2012）、アラビア語においては、読解能力を予測することが見出されている（Elbeheri他、2011）。多様な言語で読みの困難を見出すのに、生徒の正字法処理スキルを評価することは大切だが、RAN課題と正字法処理に重複する部分がある可能性について記しておくべきであろう（Georgiou, Parrila & Kirby, 2009; Wang他、2012）。

　アルファベットを用いない言語において、単語レベルの読みに寄与する別の重要な要因は、形態素の意識である。中国語の場合、多くの研究が、形態素の意識がディスレクシアの予測の鍵を握ることを示している（たとえば、Chung & Ho, 2009）。形態素の意識は、単語レベルの読みスキルと関係することも示されており（たとえば、Mahony, Singson & Mann, 2000）、英語（Carlisle, 2000）、アラビア語（Saeigh-Haddad & Geva, 2008）、ヘブライ語（Ravid & Malenky, 2001）では、理解と関係することが報告されている。

　単語レベルの読み能力とディスレクシアの予測因子は、音韻性短期記憶と

ワーキングメモリである（Jeffries & Everatt, 2004）。音韻性短期記憶は、言語情報の一時的な貯蔵と操作を支え（Baddeley & Hitch, 1974）、単語を処理する間、音韻情報を活性化し続ける（詳細は 3.1 を参照のこと）。図2.3 は単語の読みの困難さを評価するうえで考慮すべきものの概念図である。図2.3 に示された各部分のスキルや能力が低下していても、それがディスレクシアの直接的な原因とはいえないことを心にとめておくことは重要である。ディスレクシアの原因に関する理論は第1章第6節で論じているが、ここでは、ディスレクシアと判断するのは、どのようなスキルと能力に基づいているのかという点に焦点をあてる。

　ここまで、単語の読みとディスレクシアに焦点をあてて論を進めてきた。しかし、第1章で説明したように、子どもも大人も、単語のレベルよりも上のレベルで読みの困難さをもつこともある。もし、第1章で取り上げた Gough & Tunmer（1986）の "Simple View of Reading" に立ち戻るな

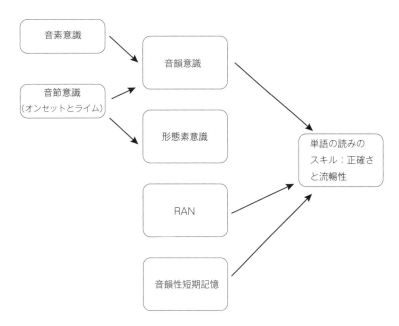

図2.3　単語レベルの読みスキルの予測因子

ら、単語レベルの読みの問題は、読解困難の考えられる原因の一つに過ぎないということがわかるだろう。単語レベルでの読みスキルには問題がないのに、テキストの読解に困難がある場合、多くの言語的かつ認知的な評価が用いられることになろう。限局的な読解困難を予測するものとして、ワーキングメモリの機能に関わるむずかしさがわかっている（Cain, 2006; Cain他, 2004）。第1章で説明したように、ワーキングメモリは、処理された情報の切片を活性化させ続け、新たな情報によって、理解を更新し、すべての理解プロセスを統合するという重要な機能を有している。効率的にテキストを処理するのに必要なその他の重要な認知的要素には、注意配分能力がある（Oakhill, Hartt & Samols, 2005）。これは読み手に、読んでいる間は注意を保持し、他の無関係な情報へ注意がそれることを抑制するものである。

　読解困難の言語学的な予測因子は、統語意識、形態素意識、そして音韻意識の低さである。統語意識とは、"言語の統語的側面について、論理的に考えることができ、明確な意図をもって文法規則の適用を制御できる能力"（Gombert, 1992, p.39）をいう。統語意識は、読み手が、節やセンテンスの統語的構造を理解し、テキストの続きの部分を予測することを助ける。統語意識は、子どもの初期の読解スキルの発達において重要な役割を演じ（Willows & Ryan, 1986）、読解困難の重要な要因であることが見出されている（Tunmer, Nesdale & Wright, 1987）。形態素意識は、読解が成立するうえで不可欠であり（Elbro & Arnbak, 1996）、音韻意識は、影響力としては最小であるが、これもまた読解の問題を予測する（Siegel, 2008）。最後になるが、正確なテキストの理解にとって重要な要素の一つは、適切なレベルの語彙知識である。それには、心的辞書内の十分に発達した語の音韻表象、文字表象、意味表象が含まれる（Perfetti, 2007）。

　読解困難を特定するために、テキストレベルで評価する重要なものとしては、推論能力がある（Oakhill他, 2003）。推論ができなければ、テキストの適切な心的表象を形成することはまず不可能である。推論は、各文が提示する情報を結合し、テキストに明示されていないことを解明し、間接的な意味を読み解き、背景知識をテキストに述べられている情報と関連付ける際に必要とされる（最近の概説はKendeou他, 2014）。図2.4 は読解困難の予測因子の概観を示す。

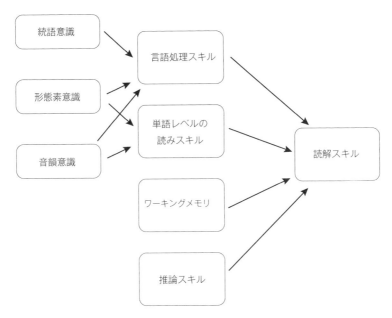

統語意識 → 言語処理スキル

形態素意識

音韻意識 → 単語レベルの読みスキル

言語処理スキル → 読解スキル

単語レベルの読みスキル → 読解スキル

ワーキングメモリ → 読解スキル

推論スキル → 読解スキル

図2.4　読解スキルの予測因子

2.5　読み困難における社会的、教育的、環境的要因の役割

　認知的要因は単語レベルおよびテキストレベルの読解に重要な役割を果たすが、社会的要因や、指導に関する要因、心理的要因を軽視してはならない。**リーディングの構成モデル**（**component model of reading**）において、Aaron, Joshi, Gooden & Bentum（2008）は、読み困難の判定と治療において、心理的な要素と環境的要素が考慮されるべきであると主張している。読みに関する心理的な決定要因として、彼らは、読むことに対するモチベーションと態度、自己調整と主観的信念、学習スタイル、性差や教師の期待を挙げている。Chiu と Chow（2010）は、41 か国で実施された大規模な国際的研究において、読むことに対する興味、外発的動機づけと努力、根気強さが読みの成果と明確に関連することを見出した。女子の方が優れた読み手

であることも見出されたが、そのことについては、男子とは異なる社会化の慣習と関連付けて説明している（詳細は、Chiu & McBride-Chang, 2006 を参照のこと）。

　Aaron他の component model of reading（2008）では、社会経済的な要因や指導法に関する要因は、読みの環境要因の項目の中に含められている。極めて個人的な要因には、家族の教育や読むことに対する姿勢や読み書きに関係する活動だけでなく、社会経済的地位や両親の教育レベルなどの家族のさまざまな社会的な特徴が含まれる。それらと密接に関連するのが、質問紙調査でよく用いられる変数、すなわち、家庭にある本の冊数である。家庭外の重要な要因は教育環境である。学校に関する要因としては、学校の教育資源、利用可能な専門的な支援、学校と両親とのコミュニケーション、同級生の習熟度や読み書きに対しての姿勢などが含まれる。教師の資格のレベル、読み書き指導の専門的知識や仕事に対する満足感が生徒の読みの成績に重要な働きをすることが見出されている（Podhajski, Mather, Nathan & Sammons, 2009）。

　45 か国180,000名以上の協力者を得て行われた読みの習熟度に影響を与える要因についての大規模な研究から得られた知見は、診断や判別において考慮するに値するものである（Chiu ら、2013）。認知的な変数の測定は、回想的なものであり、あまり正確でない可能性があるものの、この研究では、認知的要因は、読み困難のごくわずかを説明するに（1％）すぎないことを見出している。個人レベルの変数の説明力もまたごく小さく、わずか8％であった。読み習熟度全体に対して最も重要な寄与を示したものは、一人当たりの国内総生産額の変数であり（83％）、それは、家庭にある本の冊数や包括的な社会経済的地位の要因（図2.5）に直接影響することが認められた。社会経済的地位は、生徒が利用できる学習に関わる資源だけでなく、読むことに対する態度や自己概念と強い関連があった。両親の読みに対する態度は、社会経済的地位とは無関係で、読みスキルに寄与する重要な要因であることがわかった。Chiu他（2012）の結果は、直観とは幾分反するのであるが、読みの習熟度に対して教師の果たす役割はごく限られており、読みの成果と関係するのは、学校風土、同級生の読み書きのレベル、学校の教育資源、家庭と学校の関与であったことを示している。

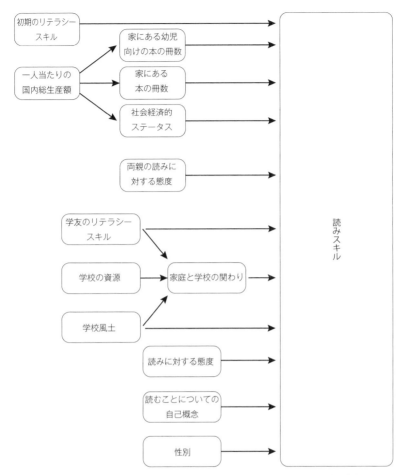

図2.5　Chiu, NcBride-Chang　と　Lin の研究（2012）における読み成績に寄与する因子

　これらの知見に基づいて、Chiu他（2012）は、"読み習熟度の低さは、個人の問題というより、社会現象という側面が大きい"（p.402）と結論づけている。彼らの結論は、読みの困難の原因を特定しようとする際に、認知的な原因に加えて、あるいは、認知的原因以上に、社会的、心理的要因を注意深く検討すべきであると注意を喚起するものである。もし、子どもの家族や社会経済的背景が類似しており、学校での教育資源もほぼ同様である環境で、

読み困難の判別や診断をする場合には、認知的原因が、まず、アセスメントの焦点になるだろう。しかし、生徒の社会経済的地位や教育指導環境が一様ではない場合には、生徒の家庭や教育環境を考慮することが、特に重要となる。読みの習熟に一人当たりの国内総生産額が大きく寄与することと関係して（Chiu他、2012）、移民の子どもや成人の場合は、移住する前の読み書き学習環境、資源、家族的な背景についての情報を入手することが不可欠である（面接での質問や事例研究の詳細については、Geva & Wiener, 2014 を参照のこと）。

2.6　多言語環境にいる生徒の読みと学習困難の判別

　2.4 で述べてきた単語レベル、テキストレベルの読みの困難さの予測因子に関する分析では、読み書き能力の習得に、認知的、言語学的能力が相対的にどの程度の役割を果たすかについては、言語間でバリエーションがあることが明らかになっている。しかし、困難さをもたらす基本的な要因はかなり共通している。Geva と Ryan（1993）は、「共有基底認知処理の枠組み」（**common underlying cognitive process framework**）で、言語を超えて、多言語環境にいる生徒の読み習熟度の異なりは、ワーキングメモリ、音韻性短期記憶、音素意識、RAN課題、自己制御機能といった中核的ないくつかの個人因子によって説明されると論じている。Geva & Ryan（1993）の枠組みは、Cummins(2000)の「**相互依存仮説**」（2000）に基づいている。それは、"第1言語（L1）で読み書きの能力を発達させた生徒は、第2言語（L2）においても読み書き習得の進歩が速い傾向を示し、学習言語の運用能力は言語を超えて、転移される（p.173）という仮説である。Cummins（1981, 2000）の第1言語での読み書きが確立していれば、それは第2言語においても促進的役割を果たすという議論は、特に、高次のテキスト読解と関係する。低次の単語レベルの処理とつづりの発達に関しては、言語間の類型的、正字法体系の異なりと「**正負の転移**」を考慮することが必要である（Genesee, Geva, Dressler & Kamil, 2006; Geva & Lafrance, 2011）。アルファベット言語と非アルファベット言語、透明性の高い正字法体系の言語と透明性の低い正字

法体系の言語など多様なバイリンガル環境にいる学習者を対象に行われた一連の研究は、Geva & Ryan（1993）の「共有基盤認知処理の枠組み」を支持する結果を出している。これらの研究では、協力者の第1言語と第2言語の単語の読みの正確さと速さに一貫して決定的な影響をもつのは、音素意識とRAN課題であることを示している（最近の概説はGeva & Wiener, 2014を参照のこと）。音素意識とRAN課題は、単語のデコーディング能力にとって決定要因であるだけでなく、第1言語と第2言語のつづりのスキルの信頼性の高い指標でもある（Geva & Lafrance, 2011）。

　Melby-LervågとLervåg（2014）によるメタ分析によると、環境変数と社会経済的環境の影響により、第1言語の読み手は、第2言語あるいはバイリンガルの生徒より、目標言語で実施された読解と全般的な言語理解のテストにおいて、はるかによい成績を示すことを明らかにした。しかし、単語レベルのデコーディングの異なりはモノリンガルのほうが少しばかり優位であることを示すだけであり、モノリンガルの生徒は単語の読みテストでも若干高いスコアを示すだけであった。これらのテストは通常はモノリンガルの人々を対象として標準化されているので、そうしたテストを読み困難を見つけ出すために使うと、多言語環境にある生徒に対しては、ディスレクシアと読解困難を過剰に判定してしまうことになるだろう。言い換えるなら、根底にある学習困難の評価が不正確になるということである（Samson & Lesaux, 2009）。モノリンガルとマルチリンガルな読み手の単語の読みとテキストの読みの成績の異なりは、適切な時期にアセスメントをしそこなうと、問題を引き起こすことがある。たとえば、LimbosとGeva（2001）は、教師はモノリンガルな生徒なら、読みで苦労していることを正確に見出せるが、マルチリンガルな生徒では、単語の読みの困難さを言語能力の未熟さによるものと見誤ってしまうことが度々あると言っている。

　ディスレクシアと読み書きに関連した学習困難の原因をアセスメントするうえで最も重要な問いかけの一つは、バイリンガルやマルチリンガルの生徒の判別や診断プロセスでどの言語を用いるかということである。Cummins（1981、2000）の言語相互依存説に基づけば、一つの可能性として、生徒の第1言語で認知面のテストと読み書き能力についてのテストを実施することが考えられる。なぜなら、読み能力は一つの言語から他の言語へ転移すると

考えられるからである（たとえば、Lindsey, Manis & Baikey, 2003; Sparks, Patton, Ganschow, Humbach & Javorsky, 2006, 2008）。とはいえ、この考えは実用的とはいえない。というのは、すべての言語で、同じような標準化された読み困難のアセスメントとそれに関係する認知能力のテストがあるわけではなく、その言語に通じた検査者がいるとは限らないからである。適切なテストがあり、よく訓練された専門家がいるなら、子どもの第1言語でのアセスメントは、必ずや、読みの困難さの原因に有効な洞察を与えてくれる。

　他の可能性は、Geva & Ryan（1993）の「共有基盤認知処理の枠組み」に基づいて、認知テストツールを活用するというものである。認知テストからは、読みの成果を予測する因子に関する情報を得ることができる。Geva（2006）によって企画されたカナダでの大規模な調査研究は、目標言語で学校教育を2年以上受けたバイリンガル／マルチリンガルの子どもたちに対しては、目標言語で実施された音韻意識、音韻性短期記憶、RAN課題テストがディスレクシアを判別する信頼性の高い予測因子として活用できることを説得力ある形で示した。Geva & Yaghoub Zadeh（2006）およびLesaux & Siegel（2003）もまた、子どもの第2言語での口頭言語の理解力がモノリンガルの子どもたちより有意に劣っている場合であっても、これらのテストがディスレクシアの有力な診断ツールであることを示している。同様の結果が、英国でバイリンガルの7～8歳児（Everatt, Smythe, Adams & Ocampo, 2000）とそれよりやや年長の10～12歳児（Frederickson & Frith, 1998）を対象とした研究で得られている。これらの研究では、対象児の第1言語にかかわらず、ディスレクシアのスクリーニングテストの中の音韻意識、RAN課題、ワーキングメモリによって、単語レベルの読みの困難のある生徒を判別できることが見出された。

　目標言語において少なくとも2年の学校教育を受けている、あるいは、それと同程度の期間に学校外で（家庭やプレスクールなどで）目標言語の環境に置かれていたバイリンガル児では、認知的なアセスメントツールを用いて、単語レベルの読みやつづりの問題を見出しうることが示されたが、問題は、読解の問題も同じように、子どもたちの第2言語での測定方法で診断することができるかということである。GevaとMassey-Garrison（2013）がカナダのモノリンガルとバイリンガルの子どもに対して行った最近の研究は、

読解の成績の低いものには共通した認知的特徴があることを示している。どちらの言語グループにおいても共通に、語彙の乏しさ、統語処理レベルの低さ、聴覚的言語理解と推論能力の困難さが特徴的であった。読解困難のある子どもは、音韻、音韻性短期記憶、RAN課題に問題は示さないという点で、単語レベルのデコーディングの問題のある子どもと確実に区別された。カナダでの研究では、モノリンガルとバイリンガルの子どもたちに違いが見られたのは、RAN課題のスピードと理解語彙においてだけであって、実施されたテストの他の項目では両群に異なりは見出されなかった。Gevaと Massey-Garrison は、子どもが学校で十分な言語刺激を受けているなら、第2言語でのテストは、"文化的、環境的な事柄を考慮したうえで"(p.398)単語レベルおよびテキストレベルの読み困難のアセスメントとして活用できると結論づけている。

　この章は、ここまで読みに関連する学習困難に主に焦点をあててきたが、バイリンガル、マルチリンガルの子どもたちの書きの問題には何が関係するのかを考えることも重要なことである。つづりと単語レベルのデコーディングの決定因子は第1言語でも第2言語においても極めて類似していることは、すでに指摘されてきている（Geva & Lafance, 2011）。それは、書くことと単語レベルの読みも、ともに、音韻処理と正字法体系の知識に依存するという事実によるものである（Berninger, Abbott, Abbott, Graham & Richards, 2002）。読解困難とテキストレベルの書きのスキルの問題は第1言語での口頭言語能力と強い関連があることも見出されている（Berninger 他, 2002）。Ndlovu & Geva（2008）の研究は、カナダのモノリンガルおよびバイリンガルの子どもたちにおいて、音韻意識、単語のデコーディング能力と、物語構成スキルとの間に強い関連性のあることを確認している。彼らの研究は、学校の学習で用いる言語を約4年間経験している学習者では、音韻意識、RAN課題、単語の読みのテストが、低次の書きの問題（つづりと句読点）と高次の構成スキル（統語的、語彙的に正確で適切な文を産生し、結束性を保ち、出来事の論理的な順序を維持し、面白いストーリーの筋を創出すること）の優れた予測因子であることを示唆している。

　しかし、目標の言語と十分な接触がない学習困難のある子どもや成人の移住者の場合は、様相は異なると思われる。残念なことに、今日まで、こ

うした対象に対する研究はほとんど行われていない。Elbro, Daugaard & Gellert（2012）は、成人のデンマーク人の移住者とデンマーク語を第1言語とする人を対象とした研究で、同一のディスレクシアスクリーニングテストを行い、同一のカットオフ値を用いると、第2言語では8倍近く過剰にディスレクシアと判定されることを見出した。彼らは、こうした対象のディスレクシアを原因とする困難さに対しては、ダイナミックアセスメント（dynamic assessment）（2.2参照）が、より正確な情報を提供しうると示唆している。彼らは、調査対象者が新規の音─記号対応（たとえば、$\Vdash$ = /s/, $\Diamond$ = /m/,= $\blacksquare$ /a/）を学習したうえで、その対応を用いて2文字あるいは3文字の単語（たとえば、$\Vdash$ $\blacksquare$ $\Diamond$ = /sam/）を読むテストを考案した。調査対象者は補正フィードバックを与えられたが、正解は教えられなかった。Elbro他（2012）は、このテストが、適切な心理測定的特性を備えており、優れた予測力をもっていることを見出した。彼らの分析は、このテストの成績は、社会生活で使う言語能力や学校教育の年数とは関係しないことも見出した。このようなマルチリンガルな対象に対するディスレクシアのアセスメントとして活用が期待される言語に依存しない方法は、Smith によって開発中の新しいテスト（2013）にも採用されている。

　学級内での外国語学習において、Pižorn & Erbeli（2013）は、12歳のスロベニアの子どもたちにおいて、第2言語の読み成績の予測因子の構成は、ディスレクシアのある子どもたちと正式なディスレクシアの診断のない子どもたちとでは、やや異なっていたことを報告している。非ディスレクシア群における第2言語である英語の読解スコアは、単語レベルの読みの流暢性と正字法体系の知識によって最も強力に予測されたが、ディスレクシア群では、読解の成績は、主として、形態素と単語の聴覚的理解、語彙知識、正字法スキルと関連していた。単語の読みの流暢性は、調査対象となったディスレクシアのある学習者では、二次的な因子でしかなかった。第2言語において、読解スコアの予測因子の相対的な重要性が異なるという結果（Pižorn & Erbeli, 2013）は、目標言語に触れる機会がほとんど学級での教育指導だけであったとしても、第2言語で実施される認知テストが信頼しうる情報を提供することを示唆するものである。同様の結果が、フィンランドで行われた Alderson, Haapakangas, Huhta, Nieminen & Ullakonoja の研究（2014）

からも得られている。彼らの研究では、第2言語である英語で実施されたワーキングメモリ、RAN課題、音韻意識と単語読みのスピードのテストが、第1言語でのテストよりも、第2言語の読み能力の高いものとそうでないものとを判別できていた。

2.7　マルチリンガルな学習者の SpLDs のアセスメントの概観

　マルチリンガルの学習者の SpLDs を適切なタイミングでアセスメントすることは、モノリンガルな子どもたちに対するのと同様に重要なことである。過去20年にわたる Geva の研究は（概説については、Geva & Wiener, 2014 を参照のこと）目標言語における口頭言語能力の欠如、あるいは、低さは SpLDs の判別を遅らせる何ら理由にならないということを反論の余地もなく論じている。この章で紹介する研究を概観すると、学級内だけで第2言語を経験するような生徒でさえ、第2言語で行われるテストが読み書きの困難の優れた予測因子であることが示されている。ダイナミックアセスメント（Elbro 他、2012）とマルチリンガルな生徒向けに考案されたアセスメントツール（Smith, 2013）の分野で、有望な進展がみられる。

　2.1 のセクションでも説明したように、アセスメントのプロセスは、学級内活動や、読み書きの活動のいずれか、または両方で観察される生徒の強みと弱さの詳細な分析から始まる。2.5 で述べたように社会経済的環境、教育環境、心理的要因を詳細に理解することが必要である。そのための最適なツールの一つが、生徒、家族、教師とのインタビューである。生徒の読み書き能力の評価も重要である。これは、生徒の第1言語と第2言語で行うことができ、この目的のために、標準化された単語とテキストの読み、つづりと書きのアセスメントを用いて行われる。教師が選んだ読み教材も読みの正確さ、デコーディングのスピード、高次のディスコース理解に関する有益な情報を与える。

　読み書きに関する SpLDs のアセスメントの重要な要素は、音韻意識のテストである。音素意識の情報を与えてくれる課題では、対象者に単語を単音に分解したり、単音を合成して単語を形成したり、単語の音を削除する、付加する、順序を変えることを行わせる（たとえば、5～24歳向

けには、Wagner, Torgesen & Raschotte, 1999 の Comprehensive Test of Phonological Processing（CTPP）、6〜14歳向けには、Frederickson, Frith & Reason, 1997 の Phonological Assessment Battery（PhAB）がある）。語彙知識は、マルチリンガルな環境では特に読みと関連するが、語彙知識が結果に影響することを避けるために、これらの課題では、非語を用いることが望ましい。音節レベルでの音韻意識は、韻を感知したら叩く課題や、音節に分解したり、音節を合成する能力で評価することができる（たとえば、PhAB, 1997）。聞こえた二つの単語の異同弁別を行う聴覚的識別の検査項目を含んだテストもある（たとえば、Gardner の the Test of Auditory Processing Skills for ages 4-18, 2005）。Smith の Cognitive Assessment for Multilingual Learners（2013）にも対象者の第1言語での音の識別課題が含まれている。

　さらに、アセスメントバッテリーには、音韻性短期記憶とワーキングメモリのテストも含められることが必要である。音韻性短期記憶には、通常、徐々に語長が長くなる非実在語や、桁数が増える数字の復唱課題が用いられ、ワーキングメモリには数字の逆唱課題がよく用いられる（Wechsler & Stone, 2009）。これらの課題は、生徒の第1言語で実施されればより信頼できる情報を与えてくれるが、第2言語でのツールも、カットオフ値を調整し、非語が単純な音節構造で構成されるなら活用することができる。生徒に段階をおって複雑さが増す一連の図形を思い出させる視覚記憶のテストも SpLDs のアセスメントテストの構成要素である（たとえば、Smith, 2013）。

　RAN課題のテストも重要な要素で、判別ツールのほとんどに含められている。RAN課題は、2.4 で述べたように、生徒に、複数の物品、色、数字、文字、あるいは月名をできるだけ速く呼称することを求める課題である（たとえば、Wagner, Torgesen & Raschotte, 1999 の Comprehensive Test of Phonological Processing：CTPP）。Smith（2013）は、このテストは、よく知られた物品の写真を用いて、生徒の第1言語で行うことができると提案している。

　本章前半で指摘したように、母語以外の言語を教える教師を含め、教師は、教室内の SpLDs のある生徒を見出すうえで大きな責任をになっている。生徒が言語の学習に成功し、モチベーションと自尊感情を失うことがないよう

望むなら、早期発見が最も重要である。したがって、この章で述べられた言語と正字法体系の違いを超えた SpLDs の特徴を教師が正確に認識していることが不可欠である。教師は、生徒の困難さが SpLDs によるものかどうかを直観だけで判断することがないよう、活用できるスクリーニングと判別方法やツールに精通していなければならない。学習がどのようになされるのかそのプロセスと SpLDs のある生徒が言語を学習することがどれほど大きな挑戦であるかを理解することが、効果的にインクルーシブな形で言語指導の実践と教育的介入を行うためのもう一つの重要な基盤である。

第3章

限局性学習困難が第2言語学習プロセスへ及ぼす認知的影響

　限局性学習困難（以下SpLDs）は、第1言語における話し言葉や読み書きスキルの獲得に影響を及ぼすだけでなく、第2言語学習プロセスにも影響を及ぼす。この章では、音韻意識、ワーキングメモリや音韻短期記憶の弱さ、注意を集中するうえでの困難や、暗示的学習に対する苦手感として現れるSpLDs が第2言語学習プロセスにどのような影響を及ぼしているのかについて、詳細に検討する。特に、SpLDs のある学習者が、新たに学ぶ言語を用いて話したり、書いたりする中で、そのアウトプットから、どのように学習していくのかという点に加え、その言語のインプットがどのように処理され、定着していくのかについて考察する。さらに、明示的または暗示的学習過程に及ぼす SpLDs の認知的影響についても触れる。そのうえで、SpLDs が第2言語の読み書き習得に及ぼす影響を論じている先行研究について検討する。この章は、主に、SpLDs と注意制御の困難との認知的関連性について議論することになるが、この章の終盤では、自閉症の学習者の言語習得過程と学習成果について、認知的観点から論ずる。

　すべての学習者を対象として、言語学習が成功するか否かの鍵と考えられている認知的要素には、知能（Skehan, 1986）、言語学習適正能力（Carroll, 1981; Carroll & Sapon, 1959）、ワーキングメモリ容量と音韻的短期記憶容量（概要：Duffs & Harrington, 2011 を参照）がある。SpLDs のある学習者は、そうでない学習者と比べると、ワーキングメモリや音韻的記憶の容量、適性

能力の基本的な構成要素において、明らかに違いがある。よって、この章では、これらの認知的要素の機能についてのみ議論する。注意制御は、あるモデルでは、ワーキングメモリの一部とされていたり（Baddeley, 2003）、また別のモデルにおいては、中央実行系が制御するもの（Miyake他, 2000）とされているが、ここでは、SpLDs のある学習者の言語学習プロセスに関連付けた観点から議論するものとする。

　第1章で述べたとおり、SpLDs のサブタイプの症状は、かなり重複する部分がある。注意欠如・多動症（以下ADHD）と同様にディスレクシア、統合運動障害、および計算障害の特徴と、それぞれの関連性を区別することは難しく、それがゆえに、学び方の違い（leaning differences）が第2言語習得に及ぼす認知的かつ情緒的影響を見分けることもほぼ不可能である。したがって、この章では、SpLDs のサブタイプそれぞれが個別にもたらす弁別的な特徴よりも、SpLDs のある特定の認知的特徴が第2言語学習に与える影響を主に取り上げる。研究結果がある特定の学習者集団に関係する場合、たとえば、ディスレクシアといったある特定の SpLDs についてのみ言及することになる。研究参加者の診断と識別の方法は、研究や時代をまたいで、さまざまであるので、これらの研究参加者について述べる際、そこで取り上げている研究論文の著者が使用する用語をそのまま用いている。

3.1　ワーキングメモリの構造

　SpLDs のある個人のワーキングメモリが、どのように言語学習プロセスに影響するかを説明するために、ワーキングメモリの構造と構成要素を明らかにしておくことは重要である。ワーキングメモリの概念化について考察する際の重要な問題は、ワーキングメモリと長期記憶の関係である。Baddeley & Logic（1999）によると、ワーキングメモリは長期記憶とは異なっているが、相互に作用している処理モジュールである、としている。一方、他の研究者らは、ワーキングメモリを長期記憶が関係する活性化された構成要素と考えている（Cowan, 1995, 1999; Engle, Laughlin, Tuholski & Conway, 1999）。これらの二つの見解はかなり異なっているものの、それらは両者ともに、長期記憶表象、すなわちこれまでに獲得された知識や専門

知識が、ワーキングメモリ内で実行される知的活動において重要な役割を果たしているとしている点では、共通している（詳細は第3、4章を参照）。

　今日最も広く受け入れられている短期記憶の概念は、Baddeley（1986）、Baddeley & Hitch（1974）によって提案されたワーキングメモリモデルである。Baddeley（2003）によって提唱されたワーキングメモリモデルは、音韻ループと視空間スケッチパッドといった、感覚に特化している二つの下位システムを制御する中央実行系を含む複数の構成要素からなるメモリシステムである。後に、4番目の構成要素となる、エピソディック・バッファー（episodic buffer）が加えられた。これは、多次元符号化を用い、複数のソースからの情報を時空間的に統合したまとまりとするために、情報を統合・操作し、長期記憶とのインタフェースとして働いている（Baddeley & Logie, 1999）。音韻ループが口頭での会話を操作したり、保持する役割を司る一方で、視空間スケッチパッドは、視覚的および空間的情報を取り扱う。中央実行系は、注意を制御したり、システムの中での情報の流れを監視したり、そしてプランニング（Gathercole, 1999）といったいくつかの機能を持っている。認知操作における中央実行系の構造は、さらに複雑であり、現在、注意制御の三つのプロセスにおいて重要な役割を果たしていると考えられている（Miyake他, 2000 を参照）。まず、中央実行系は、同時に並行して行ったり、または連続して実行される必要のある複数のタスクの間を行ったり来たりすることを手助けする（Monsell, 1996）。それは、注意の「タスクスイッチング」機能と呼ばれる。第二に、注意制御を更新したり、監視する機能は、人々が、タスクをうまく終わらせるために、関係ある情報を選択し、修正し、考察するのに役立つ（Morris & Jones, 1990）。最後に、中央実行系は、ある情報が特定のタスクに関係しておらず有益でない場合、自動的に反応することを妨げる抑制機能を持っている。

　ワーキングメモリの別の構成要素には、音韻ループがある。この下位システムは、他の機能とともに、情報を数秒間保持する音韻貯蔵庫と、薄れゆく情報をリフレッシュさせる音声リハーサルプロセスから成る。リハーサルは、心の中で言葉にする内言と似ており、リアルタイムで起こっているために、短期記憶容量が限られてくることになる。

　第1章で触れたとおり、SpLDsのある学習者、特にディスレクシアの学

習者は、そうでないクラスメートに比べて音韻的短期記憶容量が小さく、ワーキングメモリ容量もまた小さい（Jeffries & Everatt, 2004）。注意を集中させることと注意制御に問題があることが深く関わるのは、中央実行系であり、たとえ ADHD と正式に診断を受けていなくても、SpLDs のある学習者によく観察されることである（Fletcher, Morris & Lyon, 2004; Snowling, 2008）。いくつかの研究結果から一貫してわかっているのは、ADHD を持つ人々は、そうでない人と比べて、ワーキングメモリが弱いことと中央実行系の処理過程があまりうまく制御されない、ということである（Willcutt, Pennington, Chhabildas, Olson & Hulslander, 2005）。

3.2　言語学習適性能力とワーキングメモリとの関係

　第 2 言語習得研究分野で、言語学習適性検査を最初に開発した Carroll は、言語学習適性を「外国語を学ぶ際に、その学習者が後に到達するであろうと期待される学習成果に影響する特性」と定義している（1974, Sawyer & Ranta, 2001, p.310 に引用）。Carroll による当初の適性能力の概念では、この認知要素は学習効率を予測するものと考えられ、第 2 言語習得が実際に成功するかどうかを予測するものではなかった。しかしながら、言語学習適性の役割に関する最近の研究では、適性を再概念化する提案が行われている（Kormos, 2013）。Snow（1992）が指摘するように、適性には、特定の状況における学習へのレディネス、適合性、センス、傾向といったいくつかの意味がある。彼はまた、適性とは、不変で先天的な知的能力ではなく、むしろ、学習が起こる状況と交互にやり取りがある、個人のもつ特性の集合体であると主張している。適性をこのようにとらえると、多様な学習条件において、さまざまな能力は学習を促進することができるということになる。このことに関しては、3.5.1 においてその詳細を議論する。
　第 2 言語習得研究分野において長年議論されている問題の一つは、言語学習適性能力によって何が意味されているのかということに関して明白な定義が欠けているという点である。それは、ほとんどの言語学習適性検査開発者が、テスト開発に向けて、経験に基づく計量心理学的アプローチをとっていたと

いう事実から生じている。たとえば、Carroll & Sapon (1959) は、約5,000人の学生に対して、言語学習の成就を予測すると考えられた多種多様なテストを実施した。その結果に基づいて、言語学習がうまくいった学習者とそうでない学習者を最もよく分別していた複数のタスクを選びだしたが、それらは互いに相関していなかった（Carroll & Sapon, 1959）。言語学習適性の構成要素には、次のものが含まれていた。(1) 音韻符号化能力：別個の音を識別し、音とその音を表す記号を同定する能力、(2) 文法の敏感さ：文の中にある単語（または言語的材料）の文法的機能を認知する能力、(3) 機械的暗記能力：音と意味とのつながりを即座に効果的に学び、そのつながりを保持する能力、(4) 帰納的学習能力：一連の言語材料が与えられると、それらを制御する規則を推理、推測し、導きだす能力（Carroll, 1981, p.105）。

　伝統的な適性能力の構成要素に対する批判を受けて、Robinson (2001) は、理論的に導き出された適性能力モデルを提案した。そこでは、認知的資源と能力は、適性能力の複合体の中にまとめられている。Robinson のモデルでは、主要な能力は、パターン認識、音韻的ワーキングメモリの処理速度および文法に対する敏感さを含んでいる。音韻記憶を除いて、適性能力の伝統的構成に基づくこれらの一般的な認知能力は、いわゆる二次的能力を助けるものである。これら後者の能力は、言語学習に特有なものであり、違いに気付いたり、随時行われるスピーチを記憶したり、深い意味処理を行うこと、随時の文章記憶やメタ言語的規則のリハーサルなどを含む。

　Robinson（2005a）は、ワーキングメモリと音韻的短期記憶容量は、帰納的能力など、これまで適正能力として考えられてきた能力のなかでも、より重要な要素と見なされる、と主張している。Robinson（2002）は、また、ワーキングメモリと言語学習適性能力の関連性を調査し、リーディングスパンテストによって測定されたワーキングメモリは、適性能力スコアとやや強い相関関係を持っていることを発見した。別の研究の中で、Sáfár & Kormos（2008）は、難易度の高いワーキングメモリテストである逆唱スパンテストと適性能力の合計スコアとの間には、やや強い相関関係があったと報告している。これらの二つのテストは、およそ13%の寄与率を示した。この発見により、これらの二つの構成要素は関係しているものの、ほんの一部だけが一致していることがわかる。適性能力のさまざまな構成要素とワーキングメ

モリとの相関について、Sáfár & Kormos（2008）の研究で明らかになったのは、ワーキングメモリのスコアと帰納的能力テストにのみ明確な関係性がある、ということであった。これは、ワーキングメモリの中に言語情報を維持したり、操作する能力は、適性テストの中で計測される、学習者が未習の言語入力から言語的規則を帰納的に導き出す力と関係している可能性があることを示唆している。Sáfár & Kormos（2008）は、また、非単語再生タスクを用いて、適性能力テストのスコアと音韻的短期記憶の関係を調べたが、音韻的短期記憶、適性能力、そして適性能力テストスコア合計点との間には、相関関係はみられなかった。このことは、言語を貯蔵する容量には、処理や機能を統制する注意力は入らず、伝統的適性能力の構成要素とは性質の異なる認知力であることを示しているのかもしれない。この仮説は、短期記憶は、ワーキングメモリ容量よりも適性能力全体とより弱い関連を持つことを示している、教育心理学分野でのある研究結果によって確認されている（Daneman & Carpenter, 1980; Engle, Laughlin, Tuholski & Conway, 1999）。

　第1、第2章の音韻障害の説明で触れたとおり、ディスレクシアは音韻的処理やアウトプットの際の障害によって引き起こされる一種の学習障害である（Frith, 1985; Snowling, 2000; Stanovich, 1988; Vellutino, 1979）。その結果、ディスレクシアを持つ人々に、言語学習適性の一つの構成要素である音声符号化能力と強く関係している音韻意識に弱さが観察されたことが、複数の研究によって示された（Fletcher他, 2006; Snowling, 2000）。SpLDsのある言語学習者は、ワーキングメモリ容量が小さく、かつ音韻的短期記憶容量も小さいとされており、それらは、機械的記憶力と帰納的学習能力のようなさまざまな言語学習適性能力の要素と関係している、とも指摘された（ワーキングメモリと帰納的学習能力の相互関係についての結果参照　Sáfár & Kormos（2008））。

3.3　言語学習適性と SpLDs

　これまでに述べた音韻的短期記憶、ワーキングメモリ、適性の間の相互関係に関する考察に基づくと、SpLDsのある学習者の言語学習適性能力テストの結果は、そうでない学習者に比べると低いと予測される。実際、ディス

レクシアの言語学習者の言語学習適性に関する実証的研究によれば、彼らは、ディスレクシアの症状が全くない学習者に比べて、言語学習適性テストのすべての項目において一貫して低いスコアであった（Downey, Snyder & Hill, 2000）（図3.1 を参照）。Sparks & Javorsky（1999）では、「学習障害[1]」があるとみなされたアメリカ人大学生の現代言語適性検査（MLAT）の完全版の結果は、平均値を下回っていることがわかった。しかしながら、彼らはまた、採点に使われた基準が古いものであったかもしれないことを指摘した。重要なことに、Sparks, Philips, Ganschow & Javorksy（1999）は、学習障害と診断され、外国語学習が免除された大学生は、適性検査項目において、学習困難はないが外国語の学習成績が低い学生と比べて、顕著な違いはみられないことを発見した（Sparks, 2001）。

　外国語学習が免除された学習者の言語学習適性に関する発見と、学習困難を持つ学習者と学習到達が低い学習者の間に明確な違いがないことに関する

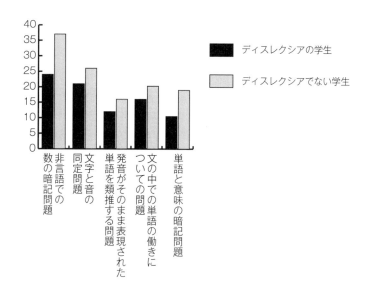

図3.1　MLAT におけるディスレクシアの学生とディスレクシアでない学生との比較（Downey, Snyder, Hill（2000））（出典：Kormos & Smith（2012）, Teaching Language to Students with Specific Learning Differences, p.63 Multilingual Matters複製許可）

発見には、多くの重要な点が含まれている。まず、Sparks他（1999）が強調したように、多くのアメリカ人大学生が、外国語学習での問題が理由で、学習障害の正式な診断を受けていた。また、多くの場合、免除の判定や診断を決定する唯一の基準に、MLATテストにおいて標準以下であるとする結果のみが使われていた、と報告している。しかしながら、MLATテストは、学習困難を診断することを目的とはしていない。それは、第2言語学習成果を予測するうえで重要であると考えられているが（最近の文献については Granena & Long, 2013 を参照）、それはあくまでも第2言語学習の成功に影響を与え得る多くの要素の一つにすぎない。第二に、研究結果から、正式な診断を持つ学生と、そうでないが第2言語学習に困難を持つ学習者の認知的特性に関して、外国語学習の免除を正当化するだけの大きな違いが、適性の中には見出せない、ということが明らかになった（Sparks, 2001）。これらの発見から、母国語以外の学習を望む、または学習の必要がある SpLDs のある学生の学びを確保するための学習環境やカリキュラムを作る必要があるということが議論されるべきである（詳細は第6章）。

　Sparks（2001）の報告中で示唆されているように、SpLDs のある学生と第2言語学習の成果が期待できない学生との間に、大きな適性の相違はないのかもしれないのだが、Borodkin & Faust（2014）によれば、これらの二つの学習者グループの間には、ある音韻意識スキルの重要な違いがあることを明らかにしている。これらの音韻意識スキルは、以前には言語学習適性の要素とは考えられていなかった。にもかかわらず、そのスキルは、第2言語学習にとっての重要な基礎となり、適性の中の音声符号化にも関係している。Sparks & Ganschow（1993）は、「言語符号化能力の相違仮説」（Linguistic Coding Difference Hypothesis）の中で、英語学習不振者と学習困難を持つ学習者の大きな違いは、音声処理において経験する困難の程度にある、と主張している。第1章で、学習方法の違いが生じるのは、SpLDs のさまざまなタイプが幾通りにも併発したり、それぞれの個人の中での併発がさまざまであることが原因であるとする、SpLDs の多重障害モデルを振り返った（Bishop & Snowling, 2004; Pennington, 2006）。この点において、SpLDsのある学生と成績不振者の違いは、音韻処理困難の程度の違いにあるのではなく、むしろ音韻処理に関わるどの構成要素に問題があるのかによって生じ

ているのかもしれない。実際、Borodkin & Faust が示す結果（2014）にお
いては、後者が支持されている。彼らは、その発見から、母国語の音韻意識
と RAN（rapid automated word naming）課題において、ディスレクシア
の学習者と成績不振者との間には、明らかな違いがあると指摘している。し
かしながら、これらの二つのグループは、音韻的短期記憶課題と、人為的に
作られた TOT課題（tip-of-the-tongue task）において、第 1 言語の単語を
音韻的に想起する課題では、成績上位者グループとは明らかに異なっていた。

　Borodkin & Faust（2014）の結論は、「第 2 言語学習は、第 1 言語に
おける読みの獲得よりも、音韻システムにさらなる負荷を与える一連の要
因を含んでいるので、第 1 言語の音韻的困難の影響を受けやすいかもしれ
ない（p.136）」ことを強調した点において重要である。彼らのこの発見は、
Sparks他（1999）が報告した、第 1 言語における困難がないにもかかわら
ず、外国語学習では成績不振となる多くの学生が学習困難の診断を求め、実
際に診断を受けている、という状況がなぜ起こっているのかを説明できる。
Borodkin & Faust の発見は、また、成績不振の言語学習者と SpLDs の学
生を区別するために、全般的言語領域を視野に入れた言語学習適性テストよ
りもむしろ音韻処理にかなり特化したテストが必要であることを示唆してい
る。

　Spark他の研究でもまた、ADHD のある生徒の言語学習適性が調査され
た（Sparks, Humbach & Javorsky, 2008）。アメリカの公立高校において、
ADHD のある高校生と「学習障害」として診断された生徒のすべての適性
能力スコアを比較すると、ADHD のある生徒の結果と学習障害があると診
断された生徒の結果は類似しているという結果となった。また別の研究にお
いて、Sparks, Ganschow & Patton（2008）は、学習障害を持たない生徒
たち、学習障害のある生徒たち、ADHD のある生徒たち、それぞれに実施
した短縮版MLAT のさまざまな適性要素のサブスコアを報告している。こ
れらのグループの標準偏差をみると、ADHD のある生徒たちは、機械的記
憶力を評価する対連合学習課題において、第 2 言語学習成績上位層の生徒た
ちと同等の結果を残していることがわかる。適性テストの文法的感受性項目
において、ADHD のある生徒たちのスコアは、成績不振者や学習障害のあ
る生徒たちのスコアに勝っていた。しかしながら、誤ったつづりから正しい

つづりの単語を類推する問題では、成績不振者や学習障害のある生徒たちのグループよりも低い結果となった（図 3.2 を参照）。Sparks, Humbach他（2008）の研究において、これらと比較する上で統計的有意性を示すテストは報告されなかったが、記憶力や文法的感受性の点において、ADHD のある学習者と SpLDs が全くないクラスメートと比べて顕著な違いはないということが示された。ADHD のある学習者の能力が他の生徒たちと異なっている点は、効率的な注意制御と細部への注意を必要としている適性項目である。また Sparks, Ganschow & Patton（2008）では、ADHD のある生徒のグループが大変多様な認知的また言語的特性を持っていることが明らかになった。認知的特性によって、生徒たちを分類しようとした際、ADHD のある生徒のわずか 40.9% だけが正しく分類されていた。興味深いことに、生徒の 36.4% は、認知的、言語的特性が高成績の生徒たちと一致していた。しかしながら ADHD のある生徒たちの中で、学習障害があると誤って分類された生徒は誰一人としていなかった。

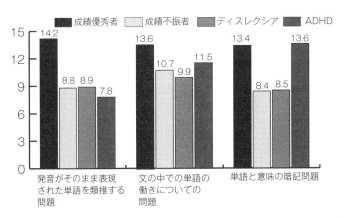

図.3.2　MLAT における成績優秀者、成績不振者、ディスレクシアの学習者、ADHD の学習者の
　　　　比較（出典：Sparks, Ganschow & Patton,（2008））

3.4　認知力、第1言語スキルと第2言語学習の相互関係

　SpLDs が、第2言語学習プロセスと学習成果に与える認知的影響を議論する前に、認知的要因や第1言語スキル両方が、またはそれぞれが、第2言語習得にどのような影響を与えるのかを考えることが重要である。すなわち、第2言語学習における困難は、習熟が遅れている第1言語能力が影響し、引き起こされているのか、または第1言語と第2言語学習の両方に関係する認知的能力によって引き起こされているのかを考察する必要がある。

　第2言語習得が成就するか否かに影響する可能性のある個々の要因には、母国語や第1言語の読み書き能力を習得するために必要とされる基本的認知力があることを我々は知っている。音韻的短期記憶は、第1言語と第2言語の両方において、新出単語を学ぶ際に重要である。それはまた、一連の音のデコーディングや、それらを単語や意味と関連づける際に重要な役割を果たす。そして、音韻的短期記憶は、第1言語、第2言語の両方において、読みやつづりを学習するのに必須である。言語的類推力は、言語学習適性の二つの要素である文法的感受性と帰納的学習能力と一致している。そして、これら両者ともに言語学習者が第1言語や第2言語において、パターンや規則を発見するのに役立っており、統語や形態の習得において重要な役割を果たしている。中央実行系は、関連する言語的特徴に注意を向けたり、さらに情報処理のために言語のまとまりを記憶にとどめたり、第2言語で話しているときに、無関係な刺激や第1言語の語句といった自動的な反応パターンを抑制したりすることを助ける。第1章で示したとおり、音韻意識と命名の速さは、第1言語と第2言語の両方における読み書きの学習がうまくいくかどうかを予期するものである。第1言語と第1言語の読み書き能力の獲得に必要な認知スキルと、第2言語学習の成果に見られる類似点から、Geva & Ryan (1993) は、そこに**共通にみられる認知的処理**の枠組みを作り上げるに至った。彼らは、同じ基本的認知処理がゆえに、第1言語と第2言語の似通ったスキルと学習成果との間には、強い関連性があると主張している（2.6 を参照）。 Sparks & Ganschow (1993) の「言語符号化能力の相違仮説」でも

また同様に、第2言語習得がうまくいかない理由は、第1言語における学習困難の要因と非常に類似していると述べている。

　もし、第1言語スキルが、第2言語学習にとっての重要な基盤となると考えれば（Cummins, 1981, 1991; Dufva & Voeten, 1999; Skehan, 1986; Spolsky, 1989）、直接的な影響に加えて、第1言語スキルが第2言語学習の中で使われることから、言語学習適性の認知的要素が、第2言語の最終達成にも間接的に影響している、と言えよう（図3.3 を参照）。主に過去の経験が土台になる専門的または個人的な知識からなる結晶性知能は、流動性知能（すなわちワーキングメモリ容量と言語的類推力）よりも、学校などの公的な学習現場における学習成果を予測するより重要な要素である、というAckerman（2007）の主張は、注目に値する。これは、認知力には、知識の初期段階、つまりここで言う、第1言語スキルや第2言語能力の成長が始まる初期段階に寄与する、相加的効果があることを示している。この相加的効果は、SpLDs のある学習者が経験する第2言語学習上の困難を説明することができる。第2言語学習での困難は、しばしば第1言語での読み書きスキルでの困難さより深刻であることが多い（図3.3 を参照）。

　Sparks ら（Sparks, 2012）の研究に加えて、第2言語習得分野には、第1言語スキルと第2言語学習成果の間に強い相関があるという確証が示さ

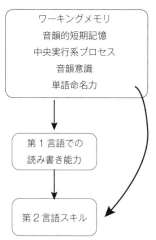

図.3.3 第2言語習得の最終到達点における認知力の役割

れており、それらは SpLDs のある学習者にとって第 2 言語学習が困難に
なり得ることを示しているので、考察するに値する。たとえば、Dufva と
Voeten（1999）は、フィンランドの小学生たちを対象とした研究の中で、
第 1 言語での単語の音声化スキルと音韻的短期記憶によって、第 2 言語での
語彙、ライティング、聴解力スキルのかなりの不均衡が説明できるという。
Van Gelderen 他（2004）は、また、第 1 言語と第 2 言語の読解力にも強
い相関があることを発見している。Sparks（2012）にもあるとおり、認知
力と第 1 言語スキル、第 2 言語学習の間の強い関係は、第 2 言語の語彙量と
リーディングにおいて見出され、リスニングには弱いながらも明確な関連が
ある。

　しかしながら、認知力、第 1 言語での読み書きスキルと第 2 言語学習成果
の相互関係には、学習者の第 1 言語と第 2 言語間の類型、書字、音韻的違い
が影響する（2.4 を参照）。環境要因もまた、認知処理に相互作用をもたらし、
学習成果に及ぼす認知的障害の影響を強めたり、弱めたりする。これらの要
因には、他の要素とともに、学習者の社会経済的な、また教育的な事情（経
済協力開発機構、2009）、家庭における読み書きの経験（Heath, 1983; Teale
& Sulzby, 1986）、そして学校における読み書きの経験（Cummins, 2012）、
読書や読み書きに取り組む姿勢（Spolsky, 2004）、そして目標言語に触れた
年齢（Jean & Geva, 2012）などが含まれる。

3.5　第 2 言語学習プロセスに SpLDs が与える　影響

3.5.1　明示的、暗示的学習に SpLDs が与える影響

　第 2 言語学習プロセスに SpLDs が与える一般的な影響について説明す
ることは、ほぼ不可能であり、そこには多くの理由がある。まず第一に、
SpLDs は、多種多様な認知と行動の相関関係を示す、幅広いスペクトラム
の学習困難から成り立っている（第 1 章を参照）。第二に、ディスレクシア
といった SpLDs の特定のタイプは、個人それぞれ、程度はさまざまであり、
他の SpLDs を併発し得る。したがって、SpLDs の全体の影響を説明する

というよりも、上述した SpLDs の潜在的な認知的特徴がどのように第2言語習得のプロセスに影響し得るのかについて詳細に述べたい。これは、もしかすると、より有効なアプローチかもしれない。というのは、SpLDs のある、仮説上典型的な学習者を分析の基本とはせず、認知的特性に関する情報が与えられている、特定の学習者の潜在的学習困難を検査しているからである。

　次のとおり、N. Ellis（1994）によって紹介された、学習がなされる二つの重要な方法がある。

　暗示的学習とは、自然発生的に起こり、意識的操作を伴わないプロセスを経て、複雑な刺激環境の基底構造の関わる知識を獲得するものである。一方、明示的学習とは、より意識を伴う操作であり、個人が刺激配列のある点にひきつけられ、構造を探し求める中で、ある仮設を自ら立てて、試行するものである。(p.1)

　ほとんどの場合、第2言語学習には、明示的、暗示的学習過程が組み合わさっている。長い間、教育心理学や認知心理学においては、明示的学習メカニズムは、結晶性知能や中央実行機能やワーキングメモリなどを含む流動性知能といった、個々の学習者の違いによってかなり影響を受ける、と考えられてきた（Reher, 1993）。対照的に、暗示的学習は、自動的な連想過程と考えられてきたので、個々の学習者要因は、最小限の役割を果たしていると考えられた（Feldman, Kerr & Streissguth, 1995; Reber, Walkenfeld & Hernstadt, 1991）。しかしながら、これらの仮定は最近になって、暗示的学習における注意力の働きが考察されるようになり、疑問が呈されている。多くの研究の結果、暗示的学習が起こるためには、入力される刺激に関連することへ注意が選択的に向けられることが必要であり、入力される刺激に注意が与えられた後にだけ、自動的かつ無意図的学習メカニズムが働き始める、ということがわかった（Jiang & Chun, 2001; Jiménez & Méndez, 1999）。したがって、選択的注意は、暗示的学習プロセスの結果に影響を及ぼすものと仮定できる。暗示的学習課題で結果に差が出てくることを説明する要因を調査する研究において、Kaufman他（2010）は、認知的変数の中で、処理速度と言語的推論テストのスコアが、課題の結果を最も予測するも

のであることを発見した。第2言語習得研究分野では、De Graaff（1997）、Robinson（1997, 2002）、や Williams 他（1999）が、言語学習適性とワーキングメモリ容量は、明示的学習、暗示的学習の両方において、学習成果に関係していると証明している。

　上記の研究結果より、ワーキングメモリの弱さと言語学習適性の低さは、SpLDs のある言語学習者の特徴と言えるので、彼らにとっては明示的学習でも暗示的学習でも、あまり効果は期待できないのかもしれないことは明らかである。実際、インタビューの中で、SpLDs のある参加者は、暗示的学習において文法のパターンや規則を導き出すことは非常に困難であり、さらに、彼らは統語や形態、つづりに関しては、より明示的説明を好むとその経験を語っていた（Kormos & Mikó, 2010）。SpLDs のある学習者が、より明示的指導やメタ言語的説明を好むということは、Robinson（1997）による、明示的指導よりも暗示的指導において適性と学習成果の間に強い関係がみられたという報告とも一致する。教育心理学分野の研究もまた、適性の低い学習者は明示的かつ構造化された学習活動においてより高い学習効果を得る傾向にあり（Kyllonen & Lajoie, 2003）、一方、適性の高い学習者は、あまり構造化されていない学習においてもかなりの学習成果を得ることができたという。

3.5.2　SpLDs がインプット処理に与える影響

　インプットは、言語発達において重要な役割を果たし、学習が行われるために必要な条件である（Gass, 1997）。それにもかかわらず、第2言語学習者が受け取るすべてのことが習得されるわけではなく、インプットだけでは、言語発達に不十分な条件であるとする証拠が挙げられている（Sharwood Smith, 1993; White, Spada, Lightbown & Ranta, 1991）。この項では、第2言語学習者がインプットを理解し、さらなる学習に向けてのインプットを処理する際に、SpLDs がどのような影響を及ぼすのかについて論じる。

　インプットは、「言語学習者が偶然であろうと意識的であろうと、入手可能な潜在的に処理し得る言語データ」と定義できる（Sharwood Smith, 1993, p.167）。この定義からすると、学習者が受け取るほとんどすべての刺激が、学習の潜在的な材料とみなされる。インプットに関する別の考え方は、

インプットの内容を学習者の注意の焦点の中にある情報に限定し、その結果、さらに処理されて学習者の知識システムに組み込まれていくとされている（Sato & Jacobs, 1992）。ここでは、インプット処理をより一般的な意味で論じるために、前者のより広義の意味でインプットを定義する。これにより、学習者が読んだり、見たり、聴いたり、また文字や音声を使って彼らがやりとりするほとんどいかなる言語材料も、インプットと見なすことができる。

　音韻意識の弱さ、音韻的短期記憶の弱さ、ワーキングメモリの機能障害が関係する SpLDs は、第2言語学習者が、書かれたり話されるインプットを理解し、その後の学習のためにいかにそれを処理をするのかに、重要な影響を及ぼす。学習のためのインプットにアクセスする1つの方法は、リーディングである。第1章4節において、SpLDs のある個人のリーディングプロセスについて述べた。第2言語でリーディングに関して、音韻意識の弱さとRAN課題の難しさが単語の音韻化の問題へとつながっている。読解の難しさは、単語デコーディングの問題、または全般的な言語理解の障害が原因となり得る（Geva & Massey-Garrison, 2013）。SpLDs のある個人のワーキングメモリの問題は、学習者がテキストを読んでいる際に記憶にとどめることができる、言語上の単位の数（第2言語の音素、形態素、単語、節）を制限してしまい、理解を妨げてしまうかもしれない（Abu-Rabia & Siegel, 2002）。

　最近の研究において、Geva & Massey-Garrison（2013）は、カナダの第1言語と第2言語を話す子どもたちの読解力の決定因子を調査した。彼らは、3つのグループの子どもたち（単語音韻符号化能力の低い子どもたち、読解課題のスコアが低い子どもたち、そして通常の子どもたち）について、ワーキングメモリ、単語命名能力、音韻意識、言語知識、統語スキルそして聴解力の役割を分析した。その結果によると、第1言語と第2言語の子どもたちでは、単語やテキストレベルの読解力を予測するうえで、同じ程度の認知力であることが重要であることが示唆された。彼らは、第1言語と第2言語の音韻符号化の弱い学習者では、命名課題能力の役割が異なっていることに気付いた。しかし、二つの言語グループでは、音韻意識とワーキングメモリがデコーディング困難に関係するという点において類似していた。彼らはまた、読解力の低い学習者グループの音韻処理の難しさが「語彙や統語スキル、

聴解力を含む言語スキルをより弱くしてしまうことにつながる」と主張した（p.397）。音韻処理の困難やワーキングメモリ容量の弱さが観察されないのに、読解スキルの弱さがあった子どもたちは、理解語彙サイズがより小さく、統語的にもあまり複雑でない文を作る傾向にあることがわかった。さらに、彼らは、判断を下すことがあまりうまくいかないだけでなく、聴解のテストで事実に関する質問に答えることにおいても間違いが多かった。これらの結果から、SpLDs の二つのサブタイプ、すなわち伝統的にディスレクシアタイプの読み困難と考えられていた単語レベルでのデコーディングの難しさと読解の困難が第 2 言語を扱う状況で文字や音のインプット処理にもたらす負の波及効果を示している。

　第 2 言語でのリーディングについて SpLDs のある個人の難しさもまた、外国語と第 2 言語学習両方における研究で明らかにされている。たとえば、第 2 言語として英語を学んでいるノルウェー人の子ども（Helland & Kaasa, 2005）とハンガリー人の子どもの両方のケースにおいて（Kormos & Mikó, 2010）、ディスレクシアと正式に診断を受けている子どもたちは、第 2 言語の単語読みテストにおいて、ディスレクシアではないクラスメートよりも顕著に低い得点であった（表3.1 を参照）。文章理解のテストにおいても、ハンガリー人のディスレクシアの子どもたちは、同年齢の子どもたちよりもかなり得点が低かった（Kormos & Mikó, 2010）。Geva, Wade-Woolley & Shany（1993）は、第 2 言語学習において、カナダ系イギリス人にも同様の結果が、Crombie（1997）は、フランス語を学んでいるスコットランド人の小学生と中学生の子どもたちにも同様の結果が観察されたとしている。Sparks & Ganschow（2001）は、外国語としてスペイン語を学んでいる米国の高校生や大学生の両方において、第 2 言語での単語デコーディング・スキルは、第 2 言語学習困難としばしば相関していることを、いくつかの研究結果より明らかにした。Kormos & Mikó（2010）もまた、ディスレクシアの正式な診断があるハンガリー人生徒が、第 2 言語としてのドイツ語や英語の読解に、ディスレクシアではないクラスメートよりもかなり難しさを感じていると報告している（表3.2 を参照）。この発見により、比較的透明性の高い正字法であるドイツ語でのリーディングでさえ、SpLDs のある言語学習者にとっては、かなり難易度が高いものであるということがわかる。スウェー

表3.1　ディスレクシアとそうでないハンガリー人生徒における言語学習困難の自覚

質問項目	参加者	平均	標準偏差	Fディスレクシア	F言語	F交互作用
単語を綴るのは簡単だと思う	英国人ディスレクシア	2.83	1.38	99.40**	0.81	0.28
	ドイツ人ディスレクシア	2.69	1.35			
	英国人非ディスレクシア	3.75	1.11			
	ドイツ人非ディスレクシア	3.72	1.17			
	全体	3.59	1.22			
文章を読むことは簡単だと思う	英国人ディスレクシア	2.89	1.23	78.93**	0.18	0.22
	ドイツ人ディスレクシア	2.92	1.21			
	英国人非ディスレクシア	3.65	0.99			
	ドイツ人非ディスレクシア	3.70	1.04			
	全体	3.55	1.08			
単語を発音するのは簡単だと思う	英国人ディスレクシア	2.82	1.38	23.97**	5.14*	1.22
	ドイツ人ディスレクシア	2.94	1.24			
	英国人非ディスレクシア	3.21	1.21			
	ドイツ人非ディスレクシア	3.56	1.25			
	全体	3.25	1.26			
授業でのリスニングは理解しやすいと思う	英国人ディスレクシア	3.13	1.18	3.47	4.44	0.01
	ドイツ人ディスレクシア	2.94	1.08			
	英国人非ディスレクシア	3.31	1.21			
	ドイツ人非ディスレクシア	3.11	1.03			
	全体	3.22	1.11			
文法規則は理解しやすいと思う	英国人ディスレクシア	2.90	1.18	24.98**	0.46	0.09
	ドイツ人ディスレクシア	2.86	1.22			
	英国人非ディスレクシア	3.40	1.11			
	ドイツ人非ディスレクシア	3.31	1.12			
	全体	3.30	1.14			
第2言語で口頭で自分の考えを表現するのは簡単だと思う	英国人ディスレクシア	2.94	1.08	40.61**	2.51	0.23
	ドイツ人ディスレクシア	2.76	1.14			
	英国人非ディスレクシア	3.45	1.02			
	ドイツ人非ディスレクシア	3.36	1.02			
	全体	3.34	1.05			
新出単語を覚えるは簡単だと思う	英国人ディスレクシア	2.98	1.21	85.68**	0.57	0.27
	ドイツ人ディスレクシア	2.96	1.28			
	英国人非ディスレクシア	3.86	1.03			
	ドイツ人非ディスレクシア	3.75	1.08			
	全体	3.69	1.12			

出典：Kormos and Mikó（2010）.

表3.2　Helland and Kaasa（2005）によって開発された英語第2言語テストにおけるハンガリー人とノルウェー人のディスレクシア学生と非ディスレクシア学生の成績比較

	グループ	平均	標準偏差	T検定	正答率	Helland and Kaasa（2005）におけるノルウェー人のデータ
文の理解（リスニング）	D	8.4	2.50	1.89	0.56	9.95
	ND	10.9	3.34		0.73	13.60
文の算出（口頭）	D	3.6	4.08	3.78**	0.24	4.35
	ND	10.2	3.70		0.68	9.45
会話	D	6.1	1.52	2.27*	0.76	n.d.a.
	ND	7.3	0.67		0.91	
つづり	D	12.6	4.46	4.14**	0.57	5.75
	ND	19.5	2.75		0.88	13.90
文の読み	D	9.2	1.31	1.63	0.92	n.d.a.
	ND	9.9	0.31		0.99	
文の翻訳	D	4.2	2.25	4.80**	0.42	n.d.a.
	ND	8.5	1.71		0.85	
単語の発音	D	20.1	2.02	2.96*	0.91	11.8
	ND	22.0	0.00		1	19.9
語彙知識	D	13.4	5.62	3.01*	0.60	12.25
	ND	19.1	2.17		0.86	19.10

D＝ディスレクシア
ND＝非ディスレクシア
n.d.a＝データなし
* $p < 0.05$
** $p < 0.01$

デン語とフィンランド語のバイリンガルである大学生に対して行われた研究において、Lindgrén & Laine（2011）は、ディスレクシアは、フィンランド語よりつづりの透明性が若干低いスウェーデン語の読み速度に、ほんの僅かな影響を与えているが、リーディングの正確性では、両方の言語において同等の影響を与えている、ということを発見した（SpLDs が、異なった言語でのリーディングに与える影響についての更なる詳細な議論は第2章3節を参照）。一方で、同じ Lindgrén & Laine による研究の中で、ディスレクシアの疑いがあると診断されたバイリンガルの学生たちは、どの言語においても読解テストの点数は低くなかった、とも報告している。これは、大学教育に参加するような年齢の人々や両方の言語において堪能な人々にとって、SpLDs は、高次の理解プロセスが困難になることには必ずしもつながらないかもしない、ということを示唆している。

Sparks, Ganschow & Patton（2008）他の研究では、第2言語のリーディングの困難は、ADHDの高校生や大学生のケースでは現れていないようだったが、この発見には、この研究に参加した学習者の特性が影響している、と考えられるかもしれない。第1言語のリーディングに関する最近の研究では、ADHDの不注意、または不注意と多動の両方の特性があると判断された学生が、単語レベルでのデコーディングと読解上の問題があることを示している（Cain & Bignell, 2014）。ワーキングメモリと中央実行系機能は、どちらもADHDの学生には弱さがみられる傾向にあるが、（Barkley, 1997; Gathercole他, 2008）、それらは第1言語の読解においても重要な役割を果たしている（Cain, 2006）。結局、我々は、ADHDの言語学習者、特に不注意な学習者は、第2言語の読解において困難を経験するであろう、と仮定できる。

　話される言葉を理解することは、複雑な相互作用を伴うプロセスである。よって、それは心理言語学的処理の観点において、リーディングと多くの類似点を共有する。Anderson（1995）の言語理解の枠組みでは、個人は知覚処理の段階で入ってくる一連の話し言葉の音に注意を払っている。構文解析が進む間、音声信号は言葉に分割されて、それから、発言の単語認識と構文解析は行われる。利用する段階において、メッセージの処理された意味は、既存の背景知識と会話の文脈と関連づけられる。これらの処理メカニズムは、ある部分、互いに並行して、相互に作用しながら機能する。しかしながら、リーディングと同様に、受容や構文解析段階における低次処理である程度の自動性や効率は、使用する段階での発話の意図された意味をきちんと理解するために必要である。しかし、第2言語理解はしばしば負荷のかかる作業であり、Goh（2000）は、第2言語学習者が、流れるように入ってくる一連の音のつながりにおいて、音素や単語の区切りを判断することの難しさがゆえにリスニングの際感じる困難を詳細に説明している。第2言語学習者はまた、音素のつながりを単語と結びつけることにも難しさを持つ。そして第2言語の統語的知識や文章的知識が潜在的に欠けているがゆえに、聴いたテキストの意味を解釈することができないのかもしれない。第2言語のリスニング能力もまた、話されるテキストを理解するには、より長い言語情報を音韻的短期記憶の中にためながら操作することと、注意をコントロールする

ことが必要であるので、ワーキングメモリの影響を大きく受けることになる（この領域の研究の最近のメタ分析は Linck, Osthus, Koeth & Bunting, 2014 を参照）。すでに触れたが、SpLDs は、しばしば音素意識と音韻的情報処理スキルの欠陥に関係している。これらの困難は、第 1 言語においてディスレクシアと診断されている子どもの話し言葉の理解率においても明らかである（Bowers & Swanson, 1991; Wolf, 1991）。さらには、音声理解での問題は、読解の困難の特性をしばしば伴っている（Oakhill, Cain & Elbro, 2014）。学習者が、他言語の音素を識別し、一連の音素を第 2 言語の単語やその意味と結び付ける必要があるとき、これらの理解に関する問題は、第 2 言語のインプットを聴くことにおいて、さらなる難しさを与えるかもしれない。彼らはまた、他言語で文法構造を処理し、文の意味を組み立てて、十分に理解できていない文化的、言語的要素のある会話の文脈の中で、文の意味を考える必要があるのだ。

　SpLDs がある学習者が、第 2 言語で話されたテキストを理解することにおいて経験する困難の本質は、音韻的処理スキル、音韻的短期記憶と第 1 言語での口頭言語の理解力に関係する。Geva & Massey-Garrison（2013）の研究では、第 1 言語話者であれ、第 2 言語話者であれ、理解力の弱い者は、聴解テストにおいて、文字と音にすることに難しさのある学習者や何ら難しさのない学習者よりも、成績が悪かった。すなわち、聴解力の困難の度合いは、音韻的処理に問題があるかまたは話し言葉全般の理解に問題があるのかのどちらかであった。他の研究結果によれば、SpLDs のある学習者が第 2 言語のスピーチを理解する上での難易度は一様ではなかった。Geva & Massey-Garrison（2013）の研究において音韻符号化能力が弱いとされたグループと同様と考えられる、ディスレクシアの診断を受けている学習者の中で、音韻処理であまり重度な困難がなく、口頭言語処理の困難のない学習者は、ノルウェーで行われた英語を第 2 言語とするディスレクシアテスト（English2 Dyslexia Test）のリスニング問題で困難があるようには思われなかった（Helland & Kaasa, 2005）。ハンガリー人の生徒たちに対して同じテストを用いて得られた結果（Kormos & Mikó, 2010）では、正式にディスレクシアと診断を受けている者とそうでない者との間には、文レベルでの聴解の結果には、大きな違いはなかった。また、彼らの研究において、ディスレ

クシアの子どもたちは、自分自身が聴覚を通してインプットされる第2言語を処理する際に、明らかに他の子どもよりも困難であるということをわかっていなかった（表3.1 と 3.2 を参照）。しかし、Crombie（1997）は、ディスレクシアと診断された子どもたちとそういった片鱗を感じさせない子どもたちのリスニングテストの平均はかなり差があった、と報告している。

　読解過程でのあるレベルの理解力と自動化は、学習にとって必要な条件である。理解が全くできないような場合、新しい言語的知識を発見することを手助けするものがほとんどない。語彙獲得において、Laufer（1989）は、第2言語学習者が十分に理解し、語彙を獲得するためには、テキストの95％の単語を知っておく必要があると提言したが、一方で、Hu & Nation（2000）は、後に、それは98％である必要がある、と主張した。第2言語学習者が学習を発展させるために、インプットの統語、形態素の何％が理解可能である必要があるのか、この分野でも同様に、高い割合であることが想像できる。理解されるインプットと理解されないインプットの違いをつなぐプロセスは、第2言語習得研究分野では、「違いに気づくこと」と言われている（Schmidt, 1990）。違いに気づくという概念は不正確であることから、Truscott & Sharwood Smith（2011）は批判しているが、気づくということは、注意を要する意識的なプロセスであるというコンセンサスがあるようだ（最近の議論については、Godfroid, Boers & Housen, 2013を参照）。インプットを処理する間、気づくことに注意力が利用できるかどうかは、第2言語学習者の音韻符号化プロセスがいかに自動的に行われるかによる。というのは、自動化されるとその分注意をしなくてもよくなるからだ。こういった議論の経緯からすると、もし音韻的短期記憶の中で行われる音韻的処理の難しさや弱さが、書かれたインプットや話されたインプットを音韻符号化する上での困難につながっているとすれば、SpLDs のある第2言語学習者は、体系化されていない学習条件のもとで単語を習得したり、文法的な構造に気付いたりすることは、両方とも難しく感じるだろう。このことは、Kormos & Mikó（2010）が教室以外の状況で、書かれたインプットから学ぶ上での困難がある学習者に対して行ったインタビューによって証明された（Kormos & Kontra, 2008 によって行われた未出版のインタビュー調査）。

　心理言語学的に、Robinson（2002）の気づきの概念化は、知覚されたイ

ンプットを記憶痕跡に変換するメカニズムを説明するのに役立つ。彼は、気づくことはワーキングメモリ内でのリハーサル（繰り返し）を伴っており、まさに、音韻的短期記憶における内的リハーサルが、語彙学習といった多くの第2言語習得プロセスにおいて、重要な役割を果たしている、という。それは、ちょうど、電話番号を書き留めるか、記憶するまで繰り返すように、長期記憶の中に書き込まれるまで音韻的短期記憶の中で言語材料を活性化させ続けるのを助ける（Baddeley, 2003）。Robinson（2002）は、また、リハーサルは、電話番号を暗記する例のように、アイテム学習につながる、ワーキングメモリの中に痕跡を維持することだと説明している。このプロセスによって、第2言語学習者がどのように単語の形と意味を結びつけるのかが説明できる。さらに、リハーサルは、分析された知識と統語的または形態学的な規則と共起パターンのようなインプットの中の統語的特徴を認識することとなり、同時に、ワーキングメモリ中での言語材料を推敲しているかもしれない（Robinson, 2002）。気づきのプロセスにおける主な構成要素は、ワーキングメモリと中央実行系であり、それゆえに、しばしば SpLDs と関係しているこれらの認知機能における障害は、第2言語学習にさらなる困難を引き起こすかもしれない。

3.5.3　新しい知識の長期記憶における音韻符号化と自動化に SpLDs が及ぼす影響

　長期記憶における記憶痕跡を作り上げることと、新しい知識と既存の知識の関連性を強くするためには、学習事項に頻繁に触れる必要がある（頻度中心型学習については N. Ellis, 2002 を参照）。Nation（1990）は、学習者が新出の単語を獲得するには、5回から16回繰り返すことが必要であると示唆したが、Webb（2007）の研究では、学習者が目標とする単語知識すべてを習得するには、10回繰り返して目にしても十分ではない、と指摘した。これらの繰り返しはまた、忘れる前に再度目に触れるようにしなければならない（Baddeley, 1999）。SpLDs のある言語学習者と彼らの指導者の両方にとって、新出単語を記憶するためには、それらを大変高い頻度で目に触れるようにすることと、多くの練習問題にあたることが必要なことである、と報告している（表 3.1 と 3.2、ディスレクシアの言語学習者の単語学習における困

難については Sarkadi（2008）を参照）。

　SpLDs のある学習者が第 2 言語の単語を長期記憶で記憶する上での困難さは、彼らの音韻的短期記憶の弱さが原因であることがほとんどである。音韻的短期記憶と第 2 言語学習の関係は、Service らによって最初に示された（Service, 1992; Service & Kohonen, 1995）。彼らは、英語音の擬似語を繰り返す能力は、小学校の最初の 3 年間に及ぶ指導をうけたフィンランド人小学生においては、英語学習の熟達を予測するものであることを発見した。12 歳の中学生に対して実施された Cheung（1996）の研究においても、語彙レベルが平均よりも低い子どもたちの間では第 2 言語の語彙学習をもっとも正確に予測するものは、非単語の繰り返しのスコアであると述べられている。一方で、さまざまな語彙を使って小グループを調査した場合、二つの変数の間にはそのような関係は観察されなかった。Cheung によると、これは、音韻的短期記憶と第 2 言語での長期音韻論知識は相互に影響しており、このことは、語彙力の高い学習者の場合、どのように彼らの長期的知識が新出単語の学習を助けているのかを示唆している。Papagno & Vallar（1995）は、音韻的短期記憶と単語学習能力は、成人においても同様に関連性があることを示している。Speciale, Ellis & Bywater（2004）が行った大学生を対象とした研究において、音韻系列学習と短期記憶容量が語彙学習に寄与することがわかった。言語を学びはじめる際、これら二つの認知力がそれぞれ独自に語彙学習を助けていた。学生が言語学習を進めていくにつれ、彼らは、言語の音韻的規則性を認識しはじめ、語彙知識がさらなる音韻系列学習のみならず、短期的音韻貯蔵の効率も高めていった。これらの結果は、音韻系列学習と語彙知識の拡大が相互に関係していることを示している。Martin & Ellis（2012）の研究においても、人工言語における音韻的短期記憶と形と意味の連合が関係していることが示されている。彼らによれば、音韻的短期記憶は、新しい音韻入力を長期記憶の中に形として安定させることにおいて重要であり、それは音韻的短期記憶容量が小さい SpLDs のある個人が持つ第 2 言語学習における困難を説明している、と結論づけた（p.383）。

　前章において、アイテム学習について触れたが、他言語を学ぶことはまた、インプットから共起関係の規則と頻度を帰納的に理解し、これらを新しい文脈に、そして新しい構造を作り出すために使うことが必要である。これは文

法学習と伝統的に呼ばれているけれども、それは、統語や形態よりもさらに広い範囲での第2言語習得に使われており、共起関係や実用場面における知識の獲得と関係していると考えられる。音韻的短期記憶とワーキングメモリ容量は、文法学習が成功するか否かを予測する重要なものであることがわかっている。最近の研究では、Martin & Ellis (2012) は、「音韻的短期記憶とワーキングメモリの両方が、言語の生成と理解の両方において、文法規則を般化させて応用する能力と強い関係がある」ことを発見している (p.394)。単語を長期記憶の中に定着する場合に触れたとおり、ワーキングメモリや音韻的短期記憶に弱さのある SpLDs のある言語学習者は、第2言語の文法習得においても困難を経験する。

　Kormos & Mikó (2010) は、文法構造に関する知識について、ディスレクシアとそうでない子どもたちの違いを調査した。彼らは、小学校での4年にわたる研究の後、ディスレクシアの診断を持つハンガリー人の英語学習者は、ディスレクシアでないクラスメートより文法知識に関して遅れをとっていることがわかった。ディスレクシアの子どもたちはだれも受動文を作ることができなかった。ディスレクシアの子どもたちにとって、肯定文を作ることは、疑問文を作ったり、否定文を作ったりすることより難しいことではなかった（図3.4 を参照）。これらの発見により、SpLDs のある子どもたちにとっ

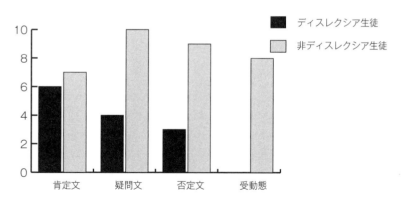

図3.4　Kormos & Mikó (2010) におけるディスレクシアの子どもとそうでない子どもの文法知識の比較（出典：Kormos & Smith (2012), Teaching Language to Students with Specific Learning Differences, p.72　Multilingual Matters複製許可）

て、より複雑な統語的構造を習得することはより困難が大きいことがわかった。文法学習の際経験するこれらの困難は、Kormos & Mikó (2010) によって行われたアンケート調査の中で、学習者自身も感じていることがわかっている。

　第2言語学習におけるもう一つの重要な段階は、自動化のプロセスである。その過程で、獲得された知識は手続き化されて、次に自動化のプロセスへ発展する（Anderson, 1995 の ACT理論—Adaptive Control of Thought　思考の適応制御理論を参照）。教育心理学の研究では、ワーキングメモリ能力が知識の自動化において重要な役割を果たしているかもしれないと述べている（Ruthruff, Van Selst, Johnston & Remington, 2006 を参照）。第1章で述べたとおり、SpLDs はしばしば自動化プロセスの遅延や不成功と関連しており（Nicolson & Fawcett, 2008）、それは、第2言語学習分野にまで影響が及んでいるが、第2言語を習得する際の自動化プロセスに、SpLDs がどのような影響を与えるのかについての実験的証拠は示されていない。間接的ではあるが、文法学習に関する自動化の難しさへの手立てについて、Kormos & Mikó (2010) のインタビュー調査の中で観察できる。そこでは、調査参加者の一人が、文法構造の形式的特徴や意味は比較的容易に理解できるものの、それらをコミュニケーションの中で応用して使おうとすると困難さを感じると述べている。このことは、困難は自動化の段階でのみ生じるのではなく、第2言語学習者が明示的知識を手続き知識に変換する際に生じる、ことを示唆している。

3.5.4　SpLDs がアウトプットに及ぼす影響

　アウトプットは、第2言語習得の研究分野において言語発達を促進するうえで重要な役割を果たすと考えられている。Swain (1995) の**アウトプット仮説**では、アウトプットが学習を促進する次の3つの主な方法が示されている。まず、まとまったテキストを書いたり話したり、コミュニケーションをとることで学習者は第2言語に関する仮説を確認することができ、そして知識の相違に気づき、その後、彼ら自身が持つ言語に関する知識を広めることができるのである。SpLDs のある個人の学習機会がどのように、SpLDsのない人々と異なるのかを考える前に、第2言語を使って学習者が書き言葉と話し言葉をアウトプットすることに、SpLDs がどのように影響するかを

述べる。

　第1言語であれ第2言語であれ、ライティングは最も複雑な読み書き活動の一つである。第2言語で書く際には、第1言語の経験とスキルが第2言語のテキストを作る際に用いられるが、この第1言語のライティングスキルは、自動的に第2言語に流用されるわけではない。第2言語を使う書き手は、新しい手書きシステムやこれまであまり使うことのなかった運動協調スキルを習得する必要があるのかもしれない。彼らはまた、第2言語を書くことができるように、新しい音と文字を同定させ、統語的、形態的規則を学ぶ必要がある（第2言語でのライティングに関与する認知的メカニズムSchoonen, Snellings, Stevenson & van Gelderen, 2009 を参照）。

　ワーキングメモリ容量、音韻的短期能力、および音韻意識は、第2言語でのライティングプロセスに影響する重要な役割を果たし、それゆえ、これらの能力の弱さに結び付く SpLDs は、学習者のライティングの質とテキストを組み立てる方法の両方に深刻な影響を与える。たとえば、SpLDs のない書き手は、自動的に統語的、形態的な構造を音韻符号化して、単語と関連する統語上の情報を検索し、正書法の形を語彙と結び付けるかもしれないのに対して、第2言語の書き手にとっては、これらのすべての音韻符号化の手続きには、意識的に注意し、浮かび上がる第1言語の手がかりを抑え込む必要がある。これら両方とも、ワーキングメモリに依存している。ライティングの編集、改訂や校正に含まれるリーディングプロセスは、第1言語よりも第2言語で自動化が進まない傾向がある。そして、上述したとおり、リーディングスキルは SpLDs に関係する認知的欠陥に大きな影響を受ける。実際、Lindgrén & Laine（2010）は、ディスレクシアと診断を受けているバイリンガルのフィンランド人とスウェーデン人の学生は、そうでないクラスメートよりも、どちらの言語においてもテキストの中にみられる間違いに気づいた人数が少なかった。さらには、手書きやタイピングといった最も第1言語のライティングにおいて自動化されている転写プロセスは、第1言語の正字法やつづりシステムが第2言語のそれらとかなり異なっている場合、第2言語では注意を要する。転写プロセスはまた、統合運動障害にしばしば観察されるような微細な運動スキルの潜在的な問題によって影響を受ける可能性がある。結果として、第2言語でのライティングの各ステージが SpLDs によっ

て影響されるかもしれないことと仮定できる。

　さらに、ライティングは、一般的に時間によって制限されず、スピーチでの平行処理を必要としていないけれども、書き手が各プロセスを統合し、そしてあるライティングメカニズムが並行して進められていることが重要であることに留意する必要がある。したがって、ワーキングメモリは、また、タイピングしながらその構成を考えるといった、並行して進むライティングプロセスを調整することにも関係している。注意の割り当てを司る中央実行系の機能は、第2言語学習者がプロセスのそれぞれの段階にどれだけ注意を払うことができ、どのように注意を正確さ、内容、構造に分配するのかを決定する。例を挙げて説明するならば、編集する間、書き手はアウトプットされたものを読むと、同時に、首尾一貫性、まとまり、正確さ、および適切さなどのライティングの具体的な点に注意する必要がある。ライティングのこういった点での注意の調節を司る中央実行系もまた SpLDs の影響を受け、SpLDs のある第2言語学習者にとって困難をもたらすことになるかもしれない。

　第2言語習得の研究分野では、第2言語でのライティングにおけるワーキングメモリと音韻的短期記憶容量の役割に関する研究が少ない。Kornos & Sáfár（2008）は、英語能力テストのライティングセクションのスコアは、音韻的短期記憶容量と弱い相関があるが、複雑なワーキングメモリを評価するために使われた逆唱数唱テストとは相関がみられないことを発見した。この研究により、第2言語でのライティングにおける音韻的短期記憶の役割が示されたが、それは、第2言語でのライティングプロセスにおける複雑なワーキングメモリが重要であることを証明したことにはならなかった。バイリンガルの書き手によるスペリングスコアと音韻的短期記憶容量との関係を示した、Adams & Guillot（2008）によって、同様な発見が多少なされたものの、作文とワーキングメモリとの間の特別な関係性は見出されなかった。

　SpLDs のある学習者に対して実施された調査によれば、SpLDs のある学習者とそうでない者との間には、明らかな違いがあるという。Ndlovu と Geva（2008）は、カナダの第1言語、第2言語話者の子どもたちで読みに障害があると評価されている子どもと、そうでない子どものライティングスキルを比較した。彼らは、言語背景にかかわらず、読みに障害があると判断

された子どもたちには、スペリング、句読法、そして統語に関して確認する作業に困難があることを発見した。またその結果によれば、「興味のある話の筋を使って、ストーリーを作り上げる能力を含む作文全体の構造と同様に、文構造制約と語彙の生成と統合といったライティングの高次のレベルで苦労する」(p55) という。Crombie (1997) は、また、フランス語でのライティングテストにおける結果について、ディスレクシアの診断を持つスコットランド人学習者と彼らのクラスメートには、明らかな違いがあることを発見した。しかし、Lindgrén & Laine (2011) の研究では、自由作文課題における流暢さについて、バイリンガルでディスレクシアのある学生は、どちらの言語においてもクラスメートと違いがあることは示されなかった。しかしながら、これらの学生は大学で学んでおり、二つの言語において非常に熟達している一方で、SpLDs のある学生には、ライティング速度に違いが生じていたかもしれない、ということに言及する必要がある。

　スペリングなどのより低次のライティングスキルについて、Kormos & Mikó (2010) は、ディスレクシアと診断を受けている子どもとそうでないハンガリー人英語学習者のスペリングテストの点数には顕著な違いがあることに気づいた（表3.2 を参照）。Helland & Kaasa (2005) の研究では、同様の調査を用いて、同様の結果を得た。Sarkadi (2008) は、ケーススタディにおいて、調査参加者にスペリングを困難なものとしている英語の特徴を挙げてもらった。学習者たちは、単語の中に母音や子音の一連のつながりがあることに気づいており、そのようなつながりのある単語において、しばしば文字を飛ばしたり、文字がひっくり返ったりすると、説明した。しかし、興味深いことに、ドイツ語と英語を学習している、ディスレクシアをもつハンガリー人の子どもたちに、スペリングの難しさを尋ねると、ドイツ語の学習者は、英語を学習する子どもたちと同様にスペリングを困難と感じていることがわかった (Kormos & Mikó, 2010)。同様に、Lindgrén & Laine (2010) の研究では、バイリンガルでディスレクシアのスウェーデン人とフィンランド人の生徒は、ディクテーション課題においては、正しく綴れた語はかなり少なく、間違いが多く、正書法的に透明な言語であるフィンランド語においても同様の結果であった。学習障害のある学習者とそうでない学習者とでは、第２言語としてのスペイン語のつづりにおいて顕著な違いを発見した、

Sparks, Ganschow & Patton（2008）他の結果と合わせると、これらの発見は第2言語のスペルの透明性にかかわらず、SpLDs のある学習者は、ライティングの段階で困難を経験すると言える。

　SpLDs は、第2言語でのスピーチ生成メカニズムにさまざまな影響をもたらし得る。第2言語スピーチ生成には、人が発言したいことをまず構想を練り、それを言語音になおし、明瞭に発音し、そしてアウトプットの正確さを監視する複雑なプロセスが含まれる。第2言語話者が概念的計画を立てて、モニタリングすることには、注意をコントロールする必要があるだけでなく、能力の程度にもよるが、言語的音声符号化における自動化のレベルは、第2言語話者それぞれでさまざまである。スピーチ生成プロセスを統合するには、注意をコントロールすることが必要である。したがって、中央実行系とワーキングメモリの弱みは、第2言語でのスピーチ生成メカニズムに影響を及ぼし得る。Crombie（1997）と Kormos & Mikó（2010）によれば、ディスレクシアの診断のある言語学習者とそうでない学習者には、口頭での言語活動での結果に顕著な違いがあったという。しかし、ノルウェーでの研究を行った Helland & Kaasa（2005）ではそのような違いは報告されていない。第2言語習得分野では、大部分の研究が、ワーキングメモリが口頭での言語活動に限定的な影響を及ぼすとしている（Kormos, 2015 を参照）。それにもかかわらず、音韻的短期記憶容量とさまざまな音声生成手段との関係は強いことが発見されている（Kormos & Sáfár, 2008; O'Brien, Segalowitz, Collentine & Freed, 2007）。音韻的短期記憶容量が小さいことは、ワーキングメモリの障害よりも、第2言語スピーチ生成プロセスに大きな影響を及ぼすと仮定できる。

　この章の最初に議論したとおり、アウトプットは、言語発達を促進することにおいて潜在的に重要な役割を果たす。しかしながら、言語学習者がアウトプットを通して学ぶことができるためには、アウトプット生成プロセスにおけるある程度の自動化と効率が必要である。そして注意力が新しい言語情報に気づき、処理することに割り当てられることとなる。他の学習者では、しばしば自動的に行われ、意識的な注意のコントロールをあまり要しない下位レベルのアウトプットプロセスでさえ、SpLDs のある学習者にとっては努力を要することに触れた。ワーキングメモリの弱さと注意を制御すること

の難しさを総合的に考えると、第2言語学習者は、アウトプット活動を通して学べる可能性は低いのかもしれない。この仮定の間接的な証拠は、ワーキングメモリテストで高いスコアを持つ学生は、ワーキングメモリが弱い学生よりも、口頭コミュニケーション課題におけるフィードバックからより多くのことを学んでいることを示している Mackey & Sachs（2012）によってなされた最近の調査結果を考察すれば得られる（同様の調査結果 Mackey, Philp, Egi, Fujii & Tatsumi, 2002 を参照）。

3.6　ASDの学習者における第2言語学習プロセス

　第1章で説明したとおり、自閉スペクトラム症（以下ASD）の子どもや成人の特徴は、言語的コミュニケーションの問題がさまざまに変化することである。ある子どもたちは、最小限度の言葉の遅れが観察されるが、文法的には正確に自分を表現し、さまざまな語彙を使うことができる。ただ、社会的語用論レベルの言語の扱いには難しさがある。したがって、この個人のグループがさまざまな第1言語スキルと言語能力を第2言語学習課題に使うことが期待される。残念なことに、Jegatheesan（2011）が報告するとおり、ASDの子どもたちは一つの言語のみを学習すべきである、と両親は専門家からのアドバイスを受けるのが一般的なことである。このことが示唆することは、マルチリンガルな環境において、両親はその国の言語のみ、または通常の教育機関で使われている言語を自宅で使い、他の言語でのコミュニケーションは避けるようにアドバイスをされていることである。このアドバイスは、複数の言語に触れることが言語発達のさらなる遅れを引き起こし、ASDの子どもが他言語の社会的語用論上の慣習を理解して、使用することにおける困難を助長することになってしまいかねないという仮定に基づいている。専門家からの助言は、ASDの子どもたちの言語発達上の難しさにかかわらず、しばしば行われている。

　ASDの子どもたちは、家庭において、親族との、そして宗教的な状況でのコミュニケーションからしばしば除外されており、それが感情に影響を及ぼし得るのだが（詳細な説明は Jegatheesan, 2011 を参照）、第2言語を学ぶ機会を失うことも、ASDの子どもたちに重大な影響を与える。過去数

年で、多くの研究がバイリンガルの環境で行われ、単一言語の環境で育った子どもたちと比較すると幼少時における二つ以上の言語に触れることは、ASD の子どもたちの言語発達の遅れとはつながらないことを示している。Petersen. Marinova-Todd & Mirenda（2012）は、14人の中国語と英語のバイリンガルの子どもたち、14人の ASD で英語のみのモノリンガルの子どもたちに対して、多くの理解言語と使用言語の測定を実施した。その結果、バイリンガルとモノリンガルのグループの間には顕著な違いは観察されなかった。Ohashi他（2012）は、カナダにおいてさまざまな言語背景をもつ子どもたちを含むより多い人数に対して、追跡調査を実施した結果、同様の結果が得られた。Hambly & Fombonne（2012）は、複数言語に触れる年齢が、ASD の子どもたちの言語発達に影響を及ぼすのかどうかについて調査した。その結果によれば、12 か月以降に第 2 言語に触れた子どもたち同様、生まれながらにしてバイリンガルの子どもたちは、モノリンガルで ASD の子どもたちと比べ、言語発達に遅れは見られなかった。

　これまでは、バイリンガルの言語獲得を中心に議論してきたが、ASD の個人もまたしばしば学校で第 2 言語を学習する。残念なことに、ASD の人々の外国語学習プロセスに関する研究はあまり行われていない。高機能自閉症（以下HFA）の人々に関する確証のない事例ではあるが、これらの学習者は、高い外国語能力を獲得しているという（Kanner, 1971）。出版されていない修士論文である Prainsson（2012）においては、母国語（アイスランド語）では発達障害が確認された、HFA で、3 か国語を学ぶ学習者の第 2 言語である英語能力が顕著にクラスメートより高かったことを確認している。また、McMullen（2013）は、香港の小学校において HFA の 5 人の子どもたちに調査を行った。英語と標準中国語の点数の分析に加え、教師と生徒へのインタビューを行った結果、5 人のうち 4 人が英語において平均以上の成績を収めていたが、標準中国語における読み書きスキルは、平均または平均以下であったことを明かしている。一方、McMullen は、英語と中国語の書記素や指導方法の違いが、このような成績の違いを生じさせていると説明している。また、彼女の行ったインタビューにより、HFA を持つ生徒たちが、英語と中国語に対して抱く、異なったやる気を観察することができた（この研究における動機に関する詳細については 4.2.2 を参照）。

Wire（2005）は、HFA の学習者たちへフランス語を教えた経験について報告し、彼らの多くが第 2 言語の学習を楽しみ、かなりの学習効果をあげたと述べている。彼女は、HFA の生徒たちが持つ特別な強みについて触れている。それらは、新出単語の記憶を助ける機械的暗記力、自動化を補助する単調作業に対する耐性、そしていろいろな外来のアクセントを模倣するすぐれた能力といった第 2 言語学習には有効なものである。第 2 言語を学んでいる HFA の個人に関して当初発見されたことと合わせ考えると、言語の社会語用論的な面での潜在的な困難にかかわらず、ASD の子どもたちや成人は第 2 言語学習において、かなりの成功を収めることができる可能性を示唆している。

3.7　第 2 言語学習がもたらす認知的効果

　これまでこの章では、認知的要素がどのように言語学習プロセスに影響するかについて焦点を当ててきたが、SpLDs の学生がもつ潜在的認知的特性は容易に変わりうるのか、そしてそれに続くさまざまな認知的機能における改善は、第 2 言語学習における成功の可能性を高めることができるのかどうかを考察することもまた重要なことである。さらに、SpLDs のある個人にとって、第 2 言語学習は認知的な効果をもたらすのかどうかについて議論することも必要である。

　第 2 言語習得研究においては、多くの研究者たちが、「言語適性は誕生時に決定されたものというよりは、発達し続ける能力である」と論じている（Grigorenko, Sternberg & Ehrman, 2000, p. 401）。これは、学習者の適性情報も改善され得ることを示唆し、そのことはひいては第 2 言語学習にとって有益な影響を及ぼすことになるかもしれない。これに賛同する形で、Sparks, Ganschow, Fluharty & Little（1995）は、ラテン語での指導により、学習障害がある高校生にも、学習障害がない高校生にも言語学習適性のスコアが向上した、と報告している。しかし、彼らの研究では、伴う言語能力の向上は計測されなかった。Sáfár & Kormos（2008）も、同じ年度内の最初と最後において二つのグループに対して、ハンガリー語の標準適性テストを行う疑似実験を実施した。一つの集団には、1 週あたり 15 時間の英語

による指導で集中的言語学習プログラムが実施された。一方、統制群は、1週あたり4時間の指導を受けただけであった。彼らは、二つのテスト間の全体の適性スコアの変化が統制群よりも集中的言語学習プログラムに参加していた学生のほうが顕著に高いことがわかった。結果はまた、集中的言語学習プログラムに参加した学生が、音韻的敏感さとメタ言語的意識において、統制群よりかなり改善したことを示した。SpLDs の研究が、音韻意識は、音韻意識向上プログラムを受けることで改善し得ることを示した事実に関心が集まった（詳細について、6.3.1 を参照）。彼らの研究における集中的言語学習のように、音韻意識のかなり明示的な指導なしでの集中的言語学習もまた生徒らのさまざまな音を認識し、記憶する能力の向上につながると思われる。彼らはまた、指導が伴う第2言語習得において、語彙項目の文法機能を理解することは重要であるので、集中的な第2言語教育の結果、メタ言語的意識が高まることは理解できる。これらの研究成果は、SpLDs の学生が、一つ以上の言語を学ぶことから彼らの適性要素の中に潜在的な効果をもたらすかもしれないということを示している。

　最近の研究は、また、ワーキングメモリの機能が訓練を通して改善されるかどうか、そしてそのような訓練は、言語処理に効果的な影響を与えるのかどうかということを調査している。Novick, Hussey, Teubner-Rhodes, Harbison & Bunting（2014）の研究によれば、中央実行系処理の体系的な訓練は、類似のワーキングメモリ課題のみならず、中央実行系のコントロールを必要とする言語処理課題においても、よりよい成果に結びついていると示唆している。バイリンガルやマルチリンガルの認知的優位性に関する発見と合わせ考えると、これは、第2言語を学ぶことは認知システムに良い効果をもたらす証拠となる（Bialystok & Majumder, 1998; Gold, Kim, Johnson, Kryscio & Smith, 2013）。これら第2言語学習の経験から得られた認知機能の潜在的効果は、SpLDs のある個人にとって第2言語を学習する価値をさらに強調することになろう。

3.8　まとめと示唆

　この章の中で、SpLDs の認知的関係とそれらがいかに SpLDs のある生

徒の第2言語習得、理解と生成に影響し得るのかを論じてきた。本書のこの部分は、SpLDsのある言語学習者の認知的機能に関するものであったので、議論がSpLDsの生物学的かつ医学的モデルに基づくものであるのは避けられないことである（第1章を参照）。この章では、SpLDsのある学生の言語学習プロセスに見られる異なる機能に注目し、言語学習困難の原因を見極めることに努めた。これらの困難を熟慮したことと、本章で示したこれまでの研究における成果には、障害の相互関係モデル（第1章を参照）にとって重要な意味を持っており、SpLDsのある生徒への第2言語教育において社会的に作られている障壁を取り払うことに寄与できるかもしれない。

　まず第一に、本章で示したすべての研究結果および成果によって、第2言語を学習することが免除されているASDを含むあらゆるタイプのSpLDsのある生徒を診断する認知的領域の中には確かな証拠はない、ことが示された。第二に、第2言語学習における成績不振の生徒とSpLDsの診断を持つ生徒の類似性に関しての発見は、指導される際の言語が母語である場合、母語の読み書き能力の獲得や、学業成績における社会的に作られた障壁が問題とならない、第2言語学習者集団がいることを示唆している。この集団にとって、彼らが向き合わなければならない教育環境での最初の大きな壁は、第2言語の学習である。この章で述べたとおり、認知機能のわずかな違いにより、母語での学問領域では何の障壁もないが、第2言語学習では困難を経験する生徒と、母語での読み書き指導がすでに困難となり第2言語学習においても成績が振るわない生徒を区別されることとなる。しかし、第2言語学習におけるこれらの学習者の困難を説明するのは認知的相違のみならず、第2言語が教授される教育場面の特徴であり、またこの場面こそが母語の読み書きスキルを習得したものと異なる点である（SpLDsのある言語学習者のための教育場面に関する詳細な議論は第6章を参照）。

　第三に、先行研究でもまた、学習者は書き言葉の能力に関する第2言語学習ではその成果に差があるが、第2言語の話し言葉の能力では同等のレベルの第2言語能力を習得していることが示されている。第2言語での書き言葉の能力が、仕事や学術的な目的では必須である状況は多くある。よって書き言葉の能力への優先順位を下げるようなカリキュラムや教授法へ変更することなど不可能であるかもしれないが、一方多くの状況で、第2言語による話

し言葉の能力で十分であり、この点から、教育的目的、目標が変更されうる
かもしれない。

注
1 Sparks らによって行われた一連の研究で使用された専門用語をそのまま使用した。

第4章

言語学習における限局性学習困難と
情意要因

　個人差は第2言語の学習成果に影響を与える可能性がある。そして、従来、個人差は認知要因、情意要因、性格的要因に分けられていた（Gardner, 1985）。しかしながら、近年、SLA（Second Language Acquistion）研究では個人差の概念を、生徒の特性であるこれら3つの要因が相互に強く関係しあっているものと考える。Dörnyei（2010）は個人差のことを、認知、感情、動機づけの3要素からなる統一体として説明し、認知と動機づけが言語学習課題の評価（Dörnyei & Tseng, 2009）と学習者の自己概念の形成（Dörnyei, 2010）の両方において、いかに流動的に相互作用しあっているか実証している。それ以前の論文では、Schumann（1998）が「学習に費やされる注意と努力に感情的反応が影響し……これまでSLAで動機づけと考えられてきたことがらの根底には評価のパターンがあるのではないか」と主張している（p.8）。生徒たちが学習活動に繰り返し取り組んだり、あるいは学習活動を避けようとしたりする理由を説明する上で、感情的反応が重要な役割を果たしていると提案したのだ。さらには、学習課題に対して情意的に下す評価、指導環境や教室内の社会的関係、感情的反応もそれぞれ相互に関係しあっており、情意要因に社会的側面を加えている（Garrett & Young, 2009）。
　第3章では限局性学習困難（以下SpLDs）の認知的相関関係について述べたが、本章ではSpLDsのある生徒の言語学習プロセスと第2言語の自己概念に影響を与える情意要因の役割について説明する。認知と感情の明白な

関連性について、特に学習者の困難に対する認知的評価が楽しみや不安などを含む感情全般にどれだけ強く影響するか、また情意反応と言語学習の認知プロセスはどのような影響を相互に与えあうかについて重点的に述べたい。SLA と SpLDs の研究に関連する情意要因の中で、本章は、言語学習の動機づけ、自己概念と自己肯定感についても考察する。また、本章では個々の生徒と彼らの情意反応や態度に焦点を当てているが、社会的・教育的環境が SpLDs の情意とどのように作用しあうのかについても簡単に述べる。

4.1　言語学習不安と SpLDs のある生徒たち

4.1.1　外国語不安の形成

　不安はワーキングメモリと認知が複雑に関連する感情で、SpLDs のある生徒の第 2 言語学習プロセスに重要な影響を与える。不安は「自律神経の興奮に伴う緊張、懸念、神経過敏、心配などの主観的な感情」と定義することができる（Spielberger, 1983, p.1）。不安は、あらゆる認知領域の学習プロセスやその成果に影響を与える、最も重要な情意要因の一つである。不安は、一般的な性格的特徴と、特定の状況に反応して引き起こされる感情の両方の可能性がある。また、不安は第 2 言語学習や外国語学習に明らかに関係している。なぜなら、母国語以外でコミュニケーションを取ると、不安感や自己肯定感や自己概念をおびやかす意識が引き起こされることがよくあるからだ（Horwitz, Horwitz & Cope, 1986）。Horwitz 他（1986）は、第 2 言語でコミュニケーションを取るときにこういった特徴が見られることから、一種の状況特定の不安が存在すると主張し、それを外国語不安（FLA）と定義づけた。FLA は一般的な特性としての不安や、テスト不安などといった他の状況特定の不安とは一線を画すものであることが示された（概要については Horwitz, 2000 参照のこと）。

　FLA は第 2 言語学習の達成度とは負の相関関係があることがわかったが、一方で、FLA を測定する尺度と成績やテストの点数との関連性は、程度の低いものから中くらいのものまでさまざまであることが多くの研究からわかっている（Horwitz, 2001）。話す、書く、文法能力のテストなどを含むほか

の言語スキルの達成度とFLAとの間にも、負の相関関係があることが明らかになっている（たとえばGardner & MacIntyre,1993参照）。だが、相関研究では因果関係を示す証拠が得られなかったため、Sparks & Ganschow（1991）はFLAが学習到達度に負の影響を与えるかどうかという疑問にとらえ直した。彼らは、FLAは根底になる第1言語での処理上の問題が原因で起こる、外国語学習困難の結果であると主張したのである。その後の研究でGanschow他（1994）は、FLAの数値が高い生徒は不安の少ない仲間と比べて、第1言語スキルと言語学習適性のスコアが著しく低いことを示した。しかしながら、Sparks &Ganschow（1991）の仮説は広く議論されており、Horwitz（2000）もMacIntyre（1995）も、外国語学習において不安を経験するのは学習困難のある第2言語学習者だけではないという事実を強調している。それにもかかわらず、後述するようにSpLDsのある生徒はSpLDsのない生徒よりもFLAが大きい傾向があることが実証されている。

SpLDsと不安の大きさの相互関係について理解するためには、不安が認知プロセスを妨害することでパフォーマンスに負の影響を与えると主張するEysenckの**認知的干渉理論**（cognitive interference theory, 1992）を参照することが重要だ。Eysenckは、不安の認知的要素である心配は、自分の能力に対して過度の懸念を引き起こすだけでなく、否定的な評価や失敗に対する恐れも誘発すると主張した。このように自分について考えることで、取り組む課題に関係する認知活動への注意が疎かになり、結果的に課題の実行が妨害されることになる。SLAの分野ではMacIntyre&Gardner（1994）が、不安が第2言語学習プロセスに影響を与えるのは、インプットの処理、インプットした情報を知識表現に変換するための認知操作の実行、第2言語での情報アウトプットという3つのポイントであると主張しているが、その際、彼らもTobias（1986）の不安のモデルを引用している。彼らはこの3つの不安をそれぞれインプット不安、処理不安、アウトプット不安と呼んでいる。

処理効率理論（Processing Efficiency Theory）と呼ばれるこの理論のより新しいものとしては、Eysenck & Calvo（1992）の主張がある。人は不安を抱えると、失敗や否定的な評価を恐れてタスクを完成させるためにさらなる努力を重ねることがあるため、不安が増加したからといって必ずしもパフォーマンスの低下につながるわけではないと彼らは指摘している。したがっ

て、単に有効性、すなわちパフォーマンスの正確さだけでなく、課題を達成するために費やされた労力と時間からなる処理効率（本理論の名前の由来）を考慮する必要がある。不安モデルにこの動機づけ要素を含めることで、多くの研究で第2言語パフォーマンス測定値とFLAの間に弱い相関関係しか見出されていない理由が説明できるかもしれない。また、このモデルは、動機づけ、目標、意図的な努力、言語学習への投資など、その他の個人差のある変数がFLAと相互に作用しあっていることも強調している。

　Eysenck & Calvo（1992）の処理効率理論もまた、不安が注意のプロセスにどのような影響を与え、ワーキングメモリの容量にどれだけ負荷を課すか、またその結果、第2言語の学習や産出および理解のプロセスにどれだけ影響を与えることになるかを明らかにしている。この理論は、ワーキングメモリのどの構成要素が不安の影響を受けるか、具体的に予測している。自己に関する認知、言い換えれば心配は、ほとんどが音韻ループと中央実行機能に干渉するので、言葉の材料を短期記憶にとどめて持続的で集中的な注意を必要とする作業は、不安の影響を最も受けやすいと主張している。実証的証拠は、これらの予測を強く支持している（たとえばCalvo& Eysenck, 1996）。この理論はのちに拡張されるのだが、彼らはさらに、不安の影響を最も受けやすいのは注意の制御機能とスイッチング機能であるとしている（Eysenck, Derakshan, Santos & Calvo, 2007）。

4.1.2　SpLDsのある生徒の外国語学習不安

　Riddick（1996）は、一般的な学習領域にSpLDsのある生徒が「自分が抱える困難のせいで失望し、イライラを募らせ、うんざりし、恥ずかしさを覚え、悲しく、落ち込み、怒り、戸惑う」（p.129）ことを明らかにした。同様に、言語学習の領域でも不安が与える重要な影響が特定されている。初期の研究では、Sparks & Ganschow（1991）が、大きなFLAを感じた生徒は、外国語学習適性と第1言語能力を評価するテストのスコアが低くなる可能性が高いことを発見した。このことは第2言語学習の困難を抱えやすい生徒は、第2言語学習で直面する難しさのために不安の影響を強く受けやすいという重要な証拠を示した。Sparks & Ganschow（1991）は、不安の影響は「より切実な問題の症状―行動的顕在化」（p.6）としてみることができると結

論づけている。

　不安とSpLDsの相互関係について調査した数少ない後の研究の一つにPiechurska-Kuciel（2008）のものがある。Piechurska-Kucielは、ポーランドの中等学校の生徒で発達性ディスレクシアの症状と思われる状態像を示す子を対象に、インプット、処理、アウトプットという言語処理の3段階で生じる不安のレベルを調べるため質問紙を配布した。発達性ディスレクシアの症状は、改訂版・成人ディスレクシアチェックリストThe Revised Adult Dyslexia Checklist（Vinegrad, 1994）の質問表を使って評価した。研究の結果、発達性ディスレクシアの症状のある生徒はそういった症状のない生徒と比較して、言語処理のほとんどの段階で大きな不安を感じていることが明らかになった。中等学校の最初の年には、二つのグループでは処理不安にだけ差があったが、次の年には不安の3タイプすべてにおいて有意差が見られた。研究3年目では、発達性ディスレクシアの症状のある生徒は、インプットとアウトプットの処理において同級生よりも不安が大きかった。発達性ディスレクシアの症状のないグループがインプットと処理の段階で感じた不安は、中等学校1年目が終了する段階で著しく減少し、その状態はその後の中等学校2年間を通して安定して続いた。しかし、ディスレクシアの症状のある生徒は、中等学校に在籍している間、継続的にアウトプットの段階で大きな不安を持ち続けることがわかった（図4.1を参照）。

　Piechurska-Kuciel（2008）の研究は、SpLDsのある生徒が外国語教室で経験する不安の種類について調査し、そこからいくつか重要な洞察をもたらしている。第一に、外国語学習のほぼすべての段階で、SpLDsの兆候が見られる中等学校の生徒は第2言語知識の処理、すなわち新しい知識表現の構築や第2言語スキルの自動化を行う際に感じる不安が一貫して大きいままであることを明らかにした。これらの生徒は潜在的にワーキングメモリと音韻的短期記憶の力が弱いため、新しい第2言語知識の処理が妨げられてしまう可能性がある。そういった問題にすでに直面しているかもしれないところに、大きな不安を持ち続けると、さらなる負の連鎖が生まれてしまう（詳細については3項2を参照のこと）。Eysenck & Calvo（1992）の処理効率理論で論じられているように、SpLDsのある学習者が影響を受ける更なる処理不安は、ワーキングメモリの容量をさらに妨害する可能性がある。その結

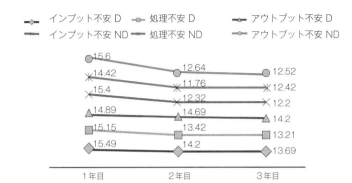

図4.1　通年感じられる不安のレベル（Piechurska-Kuciel, 2008）

注：
D ＝ ディスレクシア症状のある生徒
ND ＝ ディスレクシア症状のない生徒

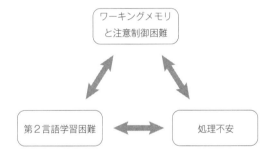

図4.2　ディスレクシアのある第2言語学習者の処理不安と認知機能の相関関係

果、悪循環の環は閉じられ、第2言語学習困難が一層悪化するのを助長してしまう（図4.2を参照）。

　Piechurska-Kuciel（2008）の研究は、SpLDs のある学習者はアウトプット、つまり教室で第2言語を使って積極的にコミュニケーションを取るという行為によっても不安が誘発される可能性があることも示している。Piechurska-Kuciel（2008）は、アウトプット段階での不安は、言語学習者としての自己肯定感が低く自己概念も否定的であること（詳細は第4章第2節3項参照）と、同級生の学習者と比べて獲得した第2言語能力のレベルが

低いことに起因している可能性があると説明する。また、アウトプット不安は、否定的な評価に対する恐怖と、口頭でコミュニケーションを取る際に限られた時間の中で異なる言語プロセスの調整が求められることから起こるという可能性も強調している。第三に、Piechurska-Kuciel（2008）は、SpLDsのある学習者が最初に経験する状況特定不安が、より固定的な特性レベルの不安に変化し、自己概念や行動に広範な影響を与える可能性にも注目している（たとえば、ディスレクシアの生徒の不安に関する研究は Carroll &Illes, 2006 などを参照）。

　Kormos, Csizér & Sarkadi（2009）は、ハンガリーでディスレクシアと診断された学習者の外国語学習経験についてインタビュー調査を行った。参加者は、自らが外国語学習を行う際に覚える不安を助長すると感じた、教室、教師、集団レベルといった複数の要因について報告した。面接を受けた 15 人にとって、不安の最も重大な原因の一つは評価、特に筆記課題で正確性とつづりが重視されることだった。不安の原因として他にあげられた重大なものとしては、教師による SpLDs への否定的な態度や SpLDs のある学習者を教室で受け入れようとしないことが挙げられた。たとえば、インタビューを受けた参加者の一人は「先生たちは私を助けようとはしなかった。私が問題を抱えていることを強調はしていたけれど、それは私を助けようと思ってのことではなく、ある意味私に恥をかかせようとしている感じだった」と語っている（Kormos他, 2009, p123）。インタビューを受けた学習者たちは、友人たちが SpLDs が引き起こす困難さの本質について受け入れておらず、理解もしていないと指摘し、自分たちの学習のペースが遅いことに対して忍耐力が低いと述べている。Kormos他のデータ（2009）には、不安の社会的側面が強く表れているように思われる。このことは SLA における感情に関する他の研究（たとえば Bown & White, 2010; Garret & Young, 2009）からも明らかになっている。したがって、前述の不安を誘発する要因は、教育的環境に根差したものであり、SpLDs のある生徒に特有のものではないように思われる。

　SpLDs と言語学習不安の相互関係について述べたこの節では、認知的要因が SpLDs と相関する情意とどのように相互作用しあうか示した。また、教育環境が不安にどのように影響するかについても簡単に説明した。特定の

状況における環境と生徒の自律性（students' agency）の影響については第4章第2節でさらに詳しく説明する。とはいえ、不安は、SpLDs のある生徒の言語学習における困難さだけが原因ではないことを強調しておくことが重要だ。不安が学習に及ぼす影響は、生徒が置かれている環境によって、緩和されることもあれば強化されることもある。SpLDs のある言語学習者がよく考えられた指導と支援が受けられるインクルーシブな環境（詳細は第6章第1節と第6章第2節を参照）にいるならば、不安と SpLDs の相互関係は観察されないかもしれない。Csizér, Kormos & Sarkadi のインタビュー研究（2010）からの引用は、指導する際に提供されるささやかな配慮が、場合によっては学習者の感情の状態を大きく変えることを示している。

　　私のヘブライ語の先生はディスレクシアの人たちを指導するための訓練は何一つ受けていませんでした。つづりの正確性について問題にしなかった、ただそれだけです。私に必要だったのはそのことだけで、おかげで今ではもう一つ別の言語を話すことができるようになりました……つづりが評価されなければ、ディスレクシアがあったとしても、外国語を学ぶことはそう困難なものではありません。"正確にやらなきゃ"と心臓がドキドキすることもなくなります。このストレスから解放されたら、学習効果はもっと上がるようになります。ずっとよくなるんです（Kormos他, 2009, p.125）。

4.2　動機づけと SpLDs のある言語学習者

　教育環境における障壁や、母国語以外の言語を学ぶ際に経験する継続的な困難は、SpLDs のある生徒の言語学習不安につながるだけでなく、動機を低下させる可能性がある（Csizér他, 2010 を参照）。動機が失われることで、いっそう負荷がかかったり困難につながったりする可能性もある。彼らのような学習者が陥るかもしれない負の連鎖は、学習者の第2言語能力の発達を脅かすことになりかねない。SpLDs のある言語学習者と彼らの教師へのインタビューから、こういった学習者が言語学習の困難を克服して成功を収めるためには、強い動機づけが必要であることが明らかになっている（Csizér他,

2010; Kormos & Kontra, 2008）。そのため、SpLDs のある個人が言語を学習する際、動機づけになるのはどのようなものか、またさまざまな内的・外的要因がどのように相互作用し、動機づけプロセスに影響を与えているのかなどについて、検討することが重要だ。

　人は、なぜある特定の活動を選択するのか、どのくらいの期間継続するのか、そしてその活動に対してどのような努力を行うのか。これらの疑問を説明できるものが動機づけだ（Dörnyei, 2001）。動機づけのこれら 3 要素は、目標および学習努力の開始と維持に一致している。本節では、これら 3 要素について、SpLDs のある人々の言語学習プロセスの観点から、動機づけの側面に焦点を当てていく。また、この節では Kormos, Kiddle & Csizér (2011) が提案した**対話的階層的動機づけモデル（interactive hierarchical motivational model）**の構造を踏襲する。同モデルでは、対話的動機づけシステムの最上位に位置づけられているのが動機づけ行動だ。動機づけ行動は、言語学習において行われる努力と持続性を管理する意識システムとして機能し、実際の言語学習行動に直結している。次のレベルには、学習者の自発性と言語学習態度が位置づけられる。自発性には、第 2 言語学習の価値と重要性に対する学習者自身の内在化された視点、第 2 言語自己概念と自己効力の信念、および自分の置かれている環境についての外部の見解が含まれる。対話的モデルの第三層には言語学習の長期的第一目標が含まれる。これらの目標は自己ガイドや態度の確立を促すが、自己関連の信念と言語学習の経験も、言語学習の目標を修正することができる。

4.2.1　SpLDs のある生徒の言語学習目標

　なぜ母国語以外の言語を学ぶのか。SLA の分野では、この問いに対してこれまでさまざまな言語学習目標が提案されてきた。Gardner（Gardner, 1985, 2006; Gardner & Lambert, 1959; Masgoret & Gardner, 2003）は、ほかの言語を話すという功利主義的な価値観に関連した道具的目標と、対象言語の文化に溶け込むためにその言語を学びたいという個人の願いを表す統合的目標とを区別した。イタリア語やスペイン語、フランス語など現代外国語を学習するときには、統合的動機づけと道具的動機づけを区別することは重要かもしれないが、英語学習の動機づけはもっと複雑である。20世

紀が終わるころまでには、英語はグローバル化した世界においてリンガ・フランカ（国際共通語）の役割を果たす、国際的な言語になっていた（たとえば Jenkins, 2007; Seidlhofer, 2005; Widdowson, 1993）。そのため、英語は母語話者やその文化から切り離されてしまったのである（Skutnabb-Kangas, 2000）。その結果、国際的志向性という新たな言語学習目標が出現した。国際的志向性には"外国や国際問題への関心、海外留学や海外就労への意欲、文化的背景の異なる相手と交流する準備、異文化に対する非民族中心的な態度"が含まれる（Skutnabb-Kangas, 2000, p. 57; Yashima, 2002）。その結果、多くの外国語学習の場面で、国際的志向が統合的志向に取って代わることがよくある（たとえば Kormos 他、2011 の チリでの研究や Kormos& Csizér, 2008 によるハンガリーでの研究を参照）。それ以外の言語学習の目標には友情、旅行や知識といった志向性も含まれることがある（Clément & Kruidenier, 1983）。

　しかしながら、目標はある程度内在化されて初めて効果的な動機づけ要因となる（Deci, Koestner & Ryan, 1999）。これは Deci & Ryan（1985）の内発的動機づけと外発的動機づけの重要な違いに表される仮定だ。内発的動機づけされた人は学習プロセスが面白く楽しいので学習に取り組むのに対し、外発的動機づけされた学習者は報酬を得たり、罰を避けたりするために学習活動を行う。言語学習の動機づけという分野では Noels, Clément & Pelletier（2001）も内発的な言語学習目標を同定しており、これらは言語学習の過程で経験した楽しさや充実感に関連している。

　SpLDs のある生徒の言語学習目標は、Csizér 他（2010）によって行われた質的インタビュー調査で検討された。この研究に参加したのはディスレクシアと正式に診断されている 15 名のハンガリー人の言語学習者で、年齢、学歴、英語以外に学習した外国語もさまざまであった。この研究では、言語学習を行う重要な理由として、国際的志向性、道具的志向性、文化的志向性の 3 つの目標が浮かび上がった。Csizér他は、これらの志向性はディスレクシアのある学習者に特有のものではないと強調している。というのも、ハンガリーの言語学習者を対象にした先行研究においても、参加者たちは特定の外国語を学習した理由として非常に類似した事柄をあげていたからだ(Csizér & Kormos, 2008; Dörnyei, Csizér & Németh, 2006)。しかしながら、彼ら

の研究では、一般的にディスレクシアと正式に診断されている言語学習者が言語学習について主に外発的な興味を持っていたのに対し、同年齢グループを対象にしたハンガリーでの動機づけ研究では、ディスレクシアでない生徒は内在的な目標と内発的な興味を持つ傾向があることが示された（Csizér & Kormos, 2008）。

Csizér他の研究（2010）では15名中14名が国際的志向をあげていた。これは英語が国際語として重要だからで、ほとんどの人が「ディスレクシアだからといって言語学習を免除されるべきではない」という意見だったのもそのためだ。興味深いことだが、インタビューを受けた参加者のうち2名は、英語が国際的に地位の高い言語であるがためにやる気を失っていた。彼らは英語が世界共通言語であることと、英語を学ぶことが既定路線になっていると感じられることから、英語が嫌いだと語った。「英語を甚だしく強制されていると感じる。英語は本当に好きじゃない。英語が世界で重要な言語であることはわかっているが、英語に対して前向きな気持ちには一切なれない」（参加者 Csizér他, 2010, p. 479）。Kormos & Csizér（2010）によって行われた、ハンガリーの小学校で英語を学ぶ児童でディスレクシアのある子とない子それぞれの動機づけ特性の違いを調べたアンケート調査でも、ディスレクシアと正式に診断のある学習者はディスレクシアでない学習者と比べて国際的志向性が著しく低いことが示されている。

ディスレクシアのある学習者の道具的志向性については、Csizér他（2010）の研究では、参加者のほとんどが語学試験に合格するために第2言語の知識を向上させたいと考えていた。参加者たちは、第2言語の知識を高めることで得られる仕事上のメリットについても意識していた。この研究の目的には、海外旅行や海外生活、あるいはその両方も測定項目に加えられていた。Csizér他の研究（2010）では、ディスレクシアと正式に診断されている学習者が外国語学習をする動機づけの重要な側面に文化的志向があることもわかった。これらの学習者たちにとって英語は有用なツールであり、映画、ビデオ、書籍、雑誌や音楽などの第2言語文化製品や芸術品に触れる機会を増やすのに役立っていた。

Sparks, Patton, Ganschow & Humbach の研究（2009）は、言語学習の目標と姿勢を間接的に調査したにすぎない。なぜなら、複数の動機づけの

構成要素が入った動機づけ質問用紙の合計点を使用したためだ。それでも彼らは、学習困難のリスクがある成績の低い第2言語学習者は、高成績の学習者と比べて、好ましい動機づけを示さないことを発見した。興味深いことに彼らの研究は、母国語以外の言語を学習し始める前から、生徒たちには否定的な動機づけがすでに存在していたことも示している。これらの結果から、SpLDs のある学習者は成功への期待が低く、否定的な態度を取り、明確な目標も持たないまま第2言語学習に取り組む可能性があることが示唆された。

　ハンガリーで実施された研究の結果から、SpLDs のある人々の言語学習の一般的な動機は、同世代の人々と比べて違いはないのではないか、という仮説を立てることができる。言語学習の目標は社会的・教育的環境に強く埋め込まれており（図4.3　Csizér他が提示した、ディスレクシアのある生徒の動機づけモデル、2010　を参照）、それゆえ学習者の認知特性や SpLDs の状態によって変化する可能性は低い。しかしながら、Csizér他（2010）や、Kormos & Csizér（2010）の研究結果に示されているように、学習者がこれらの目標をどれだけ強く支持し、どの程度まで内在化させるかということに、SpLDs は影響を与える可能性がある。彼らの結果から、SpLDs のある人々が経験する言語学習の困難さは、たいていの場合、教育的支援を十分得られないことで一層悪化し、言語学習への興味喪失と否定的な態度の形成に大きく寄与していることが明らかになった。また、読み書きに関係する問題を抱えたことがある第2言語学習者は、第1言語で読み書きスキルを獲得する際に経験したことを第2言語学習に転用する可能性があり、第2言語学習プロセスの開始時に特定の目標を持っていない可能性があることも覚えておく必要がある（Sparks他, 2009参照）。

　本章では主に SpLDs のある言語学習者の情意特性に焦点を当てているが、個人の学習者の目標は社会的に構築され、母国語以外の言語を学習することで得られる文化資本（Bourdieu, 1991）を本人がどうとらえるかによって形づけられることを覚えておくことが重要である（最近のレビューについては Norton & Toohey, 2011 を参照のこと）。Csizér 他の研究（2010）では、ディスレクシアと正式に診断されている学習者は知識や文化製品にアクセスすることが増えたとたびたび言及していた。こういった行為はいずれも学習者が文化資本を蓄積するのに役立つ。それにもかかわらず、第4章第2節4

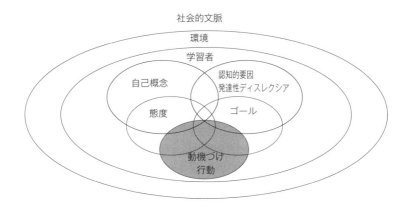

社会的文脈
環境
学習者
自己概念
認知的要因
発達性ディスレクシア
態度
ゴール
動機づけ
行動

図4.3　Csizér, Kormos & Sarkadi（2010）の研究における動機づけシステムの表現
出典：Blackwell Publishing Inc の許可を得て、Modern Language Journal より転載

項で示されるように、教育システムや毎日通う教室での授業に障壁があれば、SpLDs のある学習者は第2言語学習に対して十分に取り組もうとはしたがらないかもしれない。

4.2.2　SpLDs のある生徒の言語学習態度

　言語学習の目標は、感情が喚起されることを通して動機づけに影響を与える（Ford, 1992）。教育心理学では、感情喚起は、学習から得られる内在的な楽しみ（Ryan& Deci, 2000 などを参照）、または学習対象に対する態度（Ajzen, 2005）のいずれかとして概念化されることが多い。MacIntyre（2002）は "感情には、意志があるにもかかわらず行動に移す力が湧いてこないかもしれない場合や、感情喚起によって行動が妨げられる場合について説明する能力がある"（p.63）と主張し、第2言語学習において感情が果たす役割の重要性を強調している。第2言語動機づけの分野では、態度は学習行動が始まる際の最も重要な感情的前兆の一つとして認識されている。

　SpLDs のある生徒の態度の傾向に関する既存の研究は少なく、ほとんどが正式にディスレクシアと診断されたハンガリーの言語学習者を対象に行わ

れている。前述した Csizér他（2010）のインタビュー調査では、言語学習態度の分析から、インタビュー対象者が言語学習に楽しみを覚えないなど否定的な態度を取る最も重要な内的原因は、ディスレクシアに関連していることが明らかになった。否定的な態度を表明している生徒は、英語は正書法の透明性が低いため難しい言語であるという見解を語っている。彼らが言語学習に対して強いストレスを感じ、結果的に楽しめないのは、この難しさに原因がある。このことは、困難さを認知的に評価することが、言語学習の過程や特定の学習課題に対する否定的な情意反応をもたらし、揺るぎのない否定的な情意状態を形成することを示している。また Kormos & Csizér(2010)は、英語とドイツ語の学習者の動機づけ特性を比較した定量的調査を行い、正式にディスレクシアと診断されている学習者はディスレクシアでない学習者よりも言語学習に対する好ましい態度が著しく低いことを明らかにした。興味深いことに、Kormos & Csizér（2010）が行った質問紙調査では、ドイツ語は英語よりも正書法の透明性が高いにもかかわらず、ディスレクシアのある言語学習者はディスレクシアでない言語学習者よりも、外国語としてのドイツ語と英語の両方に対して好ましくない態度を示したのである。

　Csizér他の研究（2010）では、ディスレクシアのある言語学習者の態度が過去の学習経験の中でどのように変化していったかも記録された。たとえば、研究参加者のうち2名は、英語学習を始めた当初は英語を学ぶことが好きだったが、学ぶ難しさに直面すればするほど次第に否定的な態度を取るようになったと報告している。参加者の1人は「はじめのころは、英語を学ぶことが楽しかった。だが、だんだん授業についていけなくなり、そのうち英語があまり好きではなくなってしまった」と語っている(Csizér他, 2010, p.478)。参加者の言語学習歴からは、当初は肯定的な態度だったとしてもディスレクシアによる言語学習の難しさを経験していくうちに徐々にそれが失われていくか、あるいは突然、挫折感を覚えて劇的に変わってしまうことが明らかになった。

　Csizér他（2010）の研究で興味深いのは、多くの学習者が学習している最初の外国語、通常英語に対して強い否定的感情があると報告している一方で、研究参加者は第2言語学習を始めたあとに選択できる二つ目の母国語以外の言語については、肯定的な態度を示すことが多いという点だ。たとえば、

参加者2名はロシア語に対して肯定的な態度を示した。ロシア語は、文字は異なるものの、つづり方の予測が可能なため英語よりも簡単だったと報告している。別の参加者は英語の難しさを埋め合わせるためにスペイン語を学び、別のディスレクシアのある学習者はイタリア語を選んだと答えた。これらの言語の正書法は英語と比べて透明性が高いのだが、透明性が高ければ高いほど、参加者たちは英語を学ぶときよりも達成感を得ていた。そして、こういった肯定的な経験が彼らの態度を向上させ、肯定的感情を喚起させたのである。参加者の1人は以下のように語っている。

　　イタリア語が本当に好きなのは、とても美しい言語でメロディがあるからです。それにどのようなことが書かれていても簡単に音読できるのも嬉しいです。ルールが非常にシンプルなので、本当に好きになれる言語だと思います……自分のために自分で選んだ言語だからこそ、本気で好きになることができるんです（Csizér他, 2010, p.480）。

　Csizér他の研究（2010）の参加者は、同じ文脈で不安と否定的態度についても言及している。 Kormos & Csizér の研究（2010）では、アンケートデータを回帰分析し、ディスレクシアの診断が正式にある学習者もディスレクシアでない学習者も、言語学習態度の最も強い予測因子は言語学習経験の変数で、言語学習経験と最も強く相関した因子は教師の指導実践と行動に対して学習者が行う評価であることが明らかになった。これらの結果は、言語学習で感じる不安や楽しさを含めた、否定的な感情が芽生える環境的原因に関するCsizér他の研究（2010）の質的結論を支持するものである。彼らは、教育学的実践が否定的な感情的反応の原因となり、SpLDsのある学習者の言語学習に対する好ましくない態度を形成することに寄与する可能性があると強調している。 Csizér（2010）は別の研究で、SpLDsに対する教師の態度、利用可能な配慮、生徒の言語学習態度が動的に変化するシステムを形成していることを明らかにしている。
　小規模な研究では、McMullen（2013）が香港のASDのある小学生で、母国語以外の言語として英語とプートンファ（中国標準語）を学習している子どもたちを調査し、教室の外でも使うことができる英語には肯定的な態度

を示したのに対し、読み書きのツールとしてのみ使われるプートンフアについては否定的な態度を示すことを明らかにした。第3章ですでに述べたとおり、高機能自閉症（HFA）のある学習者のほとんどが、母国語以外の言語を学ぶことについては大きな困難を感じておらず、英語ではクラス平均より高い成績を収めていた。彼らは主にコンピューターゲームをやるとか映画を見たり本を読んだりするというような非社会的な娯楽に英語が使えることを気に入っていた。この研究はデータ数が非常に少ないため一般化するには限界があるが、特定の状況下ではHFAのある第2言語学習者は同世代の学習者よりも望ましい動機づけのプロフィールを持っている可能性があることを暫定的に示唆している。

4.2.3　SpLDsのある生徒の自己概念

　目標設定を調整し、目標を行動に移すことに影響を与える動機づけの主な要素は、個人的主体性信念（personal agency beliefs）である。教育心理学では、個人的主体性信念には二つの要素、すなわち自己効力に関する信念（Bandura, 1986）と自己概念に関する信念（Shavelson, Hubner & Stanton, 1976）が含まれる。自己効力に関する信念は、与えられた特定の学習課題を実行する能力があるかどうかについての本人の見解であり、つまり未来志向であるのに対し、自己概念に関する信念は過去の経験に基づくもので、「自己に関連する情報の処理をコントロールする」ものである（Campbell & Lavallee, 1993, p.4）。自己構築において、自己肯定感によって全般的自己の価値や尊厳に対する評価がまとめられ（Bong & Skaalvik, 2003）、理想自己は「個人によって良しとされる理想的な行動基準や特定のスキル」を表す（Lawrence, 1996）。こういった自己概念を、SLAの研究はなぜか最近まで軽視し続けてきた（ただしMercer, 2011を参照）。例外は、Dörnyei（2005）が提唱した動機づけ自己システム理論の一部を形成する**"第2言語理想自己"**で、Dörnyeiは言語学習の主な原動力は学習者が持つ将来の自己イメージだと主張した。彼の動機づけモデルは、第2言語理想自己と第2言語義務自己という二つの自己関連の要素で構成されている。このモデルでは、第2言語理想自己とは、有能な第2言語話者になりたいという願望を表している理想的な自己イメージのことである。第2言語義務自己には、問題になっている

第2言語を話すことができないことに関連した「起こりうる否定的な結果から逃れるために持つべきであると学習者が考える属性（すなわち、さまざまなやるべきことや義務、責任）」（Dörnyei, 2005, p.106）が含まれる。

　子どもたちの自己概念の発達に重要な役割を果たしているのは、学業成績であることが示された。この場合、学習困難があるかないかは関係がない。なぜなら、自分自身の見方や自己評価は、大部分が学校での成績に基づくからだ（Pajares & Schunk, 2005）。自己概念は環境と社会的比較によっても形成される（Bandura, 1997）ため、達成度と自己概念の関係は相互に影響しあうものである。SpLDs のある生徒については、ディスレクシアのある生徒や「特別な教育的ニーズがある」とより全般的な判断をされている生徒は、同世代の生徒よりも自己肯定感が低いことが多くの研究で示されている（たとえばHumphrey, 2002; Riddick, 1996）。自己肯定感が低くなる理由としては、学習困難のある子どもは仲間からあまり受け入れられていないケースが多いという事実（Eaude, 1999）や、生徒の自己評価は8歳から他者との比較に依存するようになること（Gurney, 1988）などがあげられる。SpLDs のある子どもたちの自己肯定感に影響を与える可能性がある追加要因に、通常学級で学ぶのか隔離された SpLDs専門の教室で学ぶのか、また正式な診断を受けていて、その際、全般的な SpLDs とされたのかそれとも特にディスレクシアとされたのかの二つがある。

　SpLDs があり通常学級で学ぶ生徒と隔離された環境で学ぶ生徒についての研究結果は多様である。いくつかの研究では、隔離された場所で学習した生徒のほうが、より多くの手立てや支援が利用可能であり、より訓練を受けた教師から学べ、似たようなタイプの学習困難を抱える仲間と比較もできることから、より高い自己肯定感を示した（Gurney, 1988）。さらに最近の研究としては、Humphrey（2002）が標準化された自己肯定感の質問紙を使って測定したものがある。この研究は、通常学級で学ぶ生徒と比べて SpLDs専門の環境で学ぶ生徒の自己肯定感は、多くの学問領域において一般的に高かったにもかかわらず、生徒の現実の自己と理想自己の違いを評価する別の尺度を使用した場合、どちらのグループの場合も SpLDs のある生徒の自己肯定感は同世代の生徒より低かったということを明らかにした。多少矛盾した結論にもかかわらず、この一連の研究から得られた最も重要な結論の一つは、

同世代の生徒との比較に加えて、教育環境の特徴、特に生徒の学業的、情緒的、社会的ニーズがどのように対応されるかが、自己概念の形成に重要な役割を果たしているということである。

　また、同定されることは生徒が自己肯定感を形成する過程で複雑な役割を持つこともわかっている。Riddick のインタビュー研究（1996）は、生徒はSpLDs と判断され、その後の私生活においてもそのように同定されることを有用だと感じていることを示唆した。同定されることで、生徒は自分が抱えている困難について説明でき、かつ特定の支援も利用できるようになるからだ。また、生徒たちは自分と同じような困難を抱えている人が他にもいると知ることができ、特定の仲間たちと一体感を持てる機会も得られた。さらなるメリットとしては、学び方が異なるという診断に基づいた判断がタイミングよくなされた場合、子どもたちは対処方略を身につけることができ、自己に関連した否定的な信念が形成されるのを防ぐこともできるかもしれないことがあげられる（McNulty, 2003）。対照的に、同定されることが、公の場面で他の子どもたちとの違いを際立たせ、結果として分離されることにつながってしまうような場合は、自己肯定感にとって有害であると感じられることがよくあった。最近の興味深い研究に Taylor, Hume & Welsch（2011）のものがある。彼らは、英国の 8 歳から 15 歳の生徒で正式にディスレクシアと診断されている子どもたちの自己肯定感がディスレクシアでない生徒と比べて有意に低いわけではないことを発見した。対照的に、全般的に特別な教育的ニーズがあると判断されたグループは、ディスレクシアでない生徒やディスレクシアのある生徒と比べて、自己肯定感の点で明らかに異なっていた。Taylor 他（2011）は自分たちの結論について、英国でディスレクシアに対する認識が高まったことと近年の教育制度がこういった生徒たちに対して行ったインクルージョン教育に効果があったことによると説明している。また彼らは、広く全般的にとらえられる特別な教育的ニーズとは異なり、ディスレクシアの場合、どのような学習上の困難を抱えているか正確に特定することが生徒の自己肯定感に有益であることを強調した。そうすることで、生徒はニーズに応じた教育プログラムを受けることができ、直面している課題についても明確な説明を得られるようになるからだ。

　SpLDs のある言語学習者の自己概念については、Csizér 他（2010）がハ

ンガリーで行った研究で調査している。同調査に参加した、正式にディスレクシアの診断のある15名のうち、言語学習者としての自分を肯定的に評価した生徒はわずか4名のみで、残りの11名は全員否定的だった。自己肯定感が高かった生徒のうち2名は、"自分たちは言語学習に対して高い適性があり、全般的な認知スキルもすぐれていると考えている"と質問者に語り、全般的学力に関する自己概念が言語学習の領域に移行されていることが示唆された。第2言語学習領域について肯定的な自己概念を持つ残りの2名の生徒は、"自分たちが成功したのは非常に頑張ったことと言語の基礎に関して確かな知識があったからで、これらが言語学習を積み上げるなかで役に立った"と語っている。Csizér他（2010）が行った、元のインタビューデータを再分析した結果、この4名の生徒は全員、学習プロセスに対して強い主体性を発揮する積極的な学習者であることが明らかになった。否定的な自己認識を持っていた学習者の中で、4名の被験者は言語学習に失敗したと考えており、"成功できなかったのは努力不足と言語適性が低いからだ"と説明した。以下に示すように、言語学習への努力とどれだけ専念するかに関するインタビューデータは、生徒たちの自己評価を裏付けるものであった。これらの生徒たちは上達しない原因を環境ではなく内的要因に求めており、興味深いことに否定的な自己概念や外国語学習の難しさの原因にディスレクシアがあることを明確に上げた生徒はたった1名しかいなかった。しかもこの参加者でさえ、ディスレクシアは自分が抱える困難さの一つにすぎないと考えていたのである。

　不思議なのですが、外国語を学ぶのは私にとってかなり難しいことです。この難しさの背景には三つの要素があります。まず、私自身が怠けものだということ。これは完全に私の問題です。二つめの理由としては、私がディスレクシアだということがあげられます。三つめに言えるのは、母同様、外国語学習の適性がほとんどないということ。母はディスレクシアではありません。ですので読み書き能力はとても優れているのですが、外国語学習の適性は一切ないんです。6年も英語を学んでいるのに、全く上達しないんです（Csizér他, 2010, p. 480）。

Csizér他の研究（2010）では、他にも3名の参加者が同じような見解を持ち、自分自身を表現するのに「怠け者」という言葉を使った。こういった見解はおそらく、生徒が抱える言語学習の困難さに対して環境が示す反応の結果として内在化されたものと思われる。研究に参加した1名はこう説明している。「英語が苦手なのは怠けているからだと繰り返し言われていたので大変でした。でも、事実は違います。だって、私は何時間も勉強していたのですから」（p.480）。Csizér他（2010）の研究の結果は、生徒の環境に起因する評価が自己肯定感に悪影響を与え、仲間や教師の意見を第2言語自己概念に内在化させることを示した点で重要である。

　第2言語理想自己に関しては、Kormos & Csizér（2010）のアンケート調査がある。同調査は、ディスレクシアでない言語学習者と比べて、正式にディスレクシアと診断されている言語学習者は、言語学習者として成功している自分自身に関する洞察力が非常に弱いことを示した。言語学習態度に関する結果と同様に、学習言語とディスレクシアとの間には相互作用は見られず、ディスレクシアのある生徒の第2言語理想自己は、ドイツ語を学ぼうが英語を学ぼうが全く同じであることが示唆された。しかしながら、動機づけ行動の変化を説明するために回帰分析を行ったところ、英語を学んだディスレクシアのある生徒よりもドイツ語を学んだディスレクシアのある生徒のほうが第2言語理想自己の重要性は低かった点が注目に値する。このことは、何が達成できるかという将来への洞察がより重要な活力を与えていたのは、ハンガリーではディスレクシアのあるドイツ語学習者よりもディスレクシアのある英語学習者だということを示しているように考えられる。

4.2.4　SpLDs のある生徒の動機づけ行動、専念、主体性

　教育心理学で意思（volition）と呼ばれ、SLA の世界で意欲的な学習行動と呼ばれる動機づけプロセスが最終的にもたらす成果を考慮しなければ、どのような動機づけのモデルも完全とはいえない。Corno（1993）は意思のことを「個人及び／または環境に起因する注意転導に直面しても、集中力と指示された努力を維持し、学習とパフォーマンスを補助する心理的制御プロセスの動的システム」と定義している（Corno, 1993, p.16）。言語学習の動機づけの分野では、意思と並列的な構成要素として動機づけ行動があり、こ

れは通常、努力と持続力から構成されると考えられている（たとえば Csizér & Dörnyei, 2005; Dörnyei, 2001, 2005; Gardner, 1985, 2006）。

Norton Peirce（1995）が論じたように、動機づけ行動は社会の一員としての個人の目を通してみる必要もある。彼女は、学習者個人のレベルでどれだけ強く肯定的な動機づけがあったとしても、第2言語教育における社会的環境や指導実践が、いかに学習者の学習への専念を喪失させるのかを示唆した。彼女は学習への専念のことを、学習者の置かれた状況や動的に変化する社会的アイデンティティと、言語学習に専念することで得られる文化資本と定義した。ここでは主に SpLDs のある学習者の情意的側面に焦点を当てているが、本章で明らかにしているように SpLDs の情緒的影響は社会的及び教育的環境から切り離すことはできない。そこで、動機づけの社会的側面、すなわち学習に対しての、また、その環境における専念と主体性についても簡単に考察しておきたい。

Csizér他（2010）はインタビュー研究で、ディスレクシアの正式な診断を受けたハンガリーの言語学習者の動機づけ行動を調査した。かなりの数の面接対象者が高いレベルの動機づけ行動を取っていたと報告しており、これらの学習者はしばしば自分の努力を比較し、ディスレクシアでない同級生よりもはるかに優秀であると考えていた。15名の参加者のうち5名は、語学教室以外のところで第2言語の勉強や練習に多くの時間を費やしたと報告している。これらの参加者たちは第2言語学習で成功したのは、主に言語学習に費やしたエネルギーによるものであることも認識していた。面接対象者の1人は以下のように話している。「これ（私の成功）は、多くの努力を重ね、たくさん勉強したことに対するご褒美です」（p.480）。

インタビューデータの再分析からは、これらの学習者たちが学習プロセスに対して積極的に主体性を発揮し、学習環境を変えるためにかなり努力していたことが明らかになった。現状の教室環境では学習効果を上げるのに十分な機会が得られないと気づくと、彼らは家族に助けを求めるか、個人授業を受けることを選択した。また、生徒のうち2人は、学校の管理者と語学教師の両方のもとを繰り返し訪れ、評価の際には合理的配慮をしてくれるよう要請もした。こういった強い動機を持つ学習者は、学習している言語を将来、どのように使うのか明確な目標も持っており、そのために出来得るあらゆる

ことがらに専念して、意識的に行っていた。しかも母国語以外の言語を話すことで社会的資本、経済的資本、文化資本を得られる可能性があるため、そういったことにも専念して行っていた。一方でインタビューデータは、こういった学習者たちは言語学習には意味があると感じられる環境で学習していたか、あるいは自らそういった環境を作り出していたことも示唆している。

　しかし、Csizér 他（2010）の研究が示したように、SpLDs のある言語学習者は、しばしば意欲を失い、言語学習に専念しないことがある。この研究では、学習者側の努力不足は、言語学習の継続的な困難さと、与えられている教育環境での支援不足によるものと説明された。Csizér他のインタビューデータ（2010）からは、学習をコントロールして主体性を発揮する機会がないことが、ディスレクシアのある言語学習者の動機の低下にどう結びついているのか知ることができる。同データは、ディスレクシアのあるハンガリーの言語学習者の体験を紹介しているのだが、この学習者が中等学校にいたころ、保護者がテスト時には合理的配慮をしてほしいと申し出たにもかかわらず、教師はその依頼を繰り返し無視し続けたというのだ。その結果、この生徒は言語学習への興味を失い、一切努力しなくなった。この女子生徒の言葉を借りれば「宿題はやったし、単語も少しは勉強したけれど、やってもどうせ無駄だと思っていた。正直言って、私はとっくに諦めていたんです」。これらの文脈におけるディスレクシアのある言語学習者の状況は、Pavlenko & Lantolf（2000）の「主体性は、個人が 10 数個もの新しい単語や表現の暗記を始めるだけでなく、長く苦痛で無尽蔵で、人によっては終わりのない自己翻訳（self- translation）のプロセスを開始するかどうか決定しなければならない時点で非常に重要である」（p.170）という主張を明確に強調するものである。

　Csizér他（2010）の研究のインタビューも、参加者の言語学習への取り組みは、その態度と同様に、言語学習全プロセスを通じて変化していることが明らかになった。このような動機づけ行動の変化は、しばしば言語学習に対する態度の変化と並行していた。これらの結果は、SpLDs のある言語学習者の動機づけ行動、専念、主体性が固定した先験的な特徴ではなく、社会的・教育的環境に応じて動的に変化するものであることを示唆している。

4.3 結論とその意味

　本章では、SpLDs のある生徒の第 2 言語学習プロセスにおいて、情意要因が果たす役割について考察してきた。本章の最初の部分では、SpLDs のある生徒が経験する不安についての先行研究を概観し、認知特性、特にワーキングメモリの容量と不安との間に重要な関連性があることを指摘した。生徒は第 2 言語学習でさまざまな困難に直面し、それらがしばしば不安を誘発させる。そして、そういった心配の感情がさらに注意力を低下させることを論じた。筆者はまた、SpLDs のある生徒の不安の原因は、認知的要因だけでなく、教育的環境や言語教室に存在する障壁とも関連していることを強調した。

　学習方法の違いにおける情緒的な相関関係に関する先行研究のほとんどは、正式にディスレクシアと診断されている生徒に焦点を当ててきた。だが本章で議論された結論は、ディスレクシアに限定せず、より広範な学習困難全般に関連する可能性がある。このことは、特に SpLDs のある生徒の動機づけの社会的状況と教育的側面に関する結論に当てはまる。本章全体を通して繰り返されるテーマは、同級生や教師が教室で見せる言動と、SpLDs や合理的配慮に対しての態度が果たす重要な役割についてだ。こういったことがらは教育政策と実践という、より広い文脈の中で検討される必要があるのだが、SpLDs のある学習者一人ひとりが直面する最も直接的な障壁は、教室と学校に存在している。こういった障壁は学習者個人の情動反応、自己概念、動機づけなどの側面に絶大な影響を与える。さらには、言語学習への投資や、学習に対して発揮できる主体性など社会的レベルにおいても重要な影響をもたらすのだ。

第5章

限局性学習困難者の第2言語スキル に関するアセスメント[1]

　多くの国々では、外国語の習熟度を証明することが、大学で学位を取得する際の必須条件とされており、何よりもまず大学の入学に際して必要な場合さえある。しかし 、high-stakes（訳注：学校のクラス分けや進級、卒業、入学の判定などに用いられる個人の人生や社会生活上での影響力の高いテスト　Kormos, Smith 2014＝2018：214）な試験を実施するという状況では、多くの場合、限局性学習困難（以下SpLDs）のある学生の語学試験受験に対して特別な調整・配慮（arrangement）が講じられることはほとんどない。仮に講じられたとしても、そうした合理的配慮（accommodation）の適用は、大部分の SpLDs のある学習者にとって平等な機会を保証するには不十分なものである。したがって、外国語能力試験が SpLDs のある受験者を不当に不利な状態におかないということが非常に重要である。この章では、SpLDs という視点から、テストの公平性と妥当性の構造について議論し、この観点で、広く影響を与えうる試験と教室の状況に関する最近の調査研究を振り返る。そして、試験の際に実施されるさまざまな種類の合理的配慮や変更（modification）、SpLDs のパフォーマンスにどのような影響をもたらすのかを検討する。続いて、テストの出題と管理手順という観点で、SpLDs のある学習者が自らの外国語の知識を示すことができるように、彼等に対して公平な機会を与えるにはどのような合理的配慮が必要なのかを述べる。最後に、国際的に実施されている主要な外国語能力試験の受験者と主

催団体の代表者を含めて、当事者たちが特別措置の実施に関連する合理的配慮とその慣例をどのようにとらえているのかについて議論し、この章を締めくくりたい。

5.1　妥当性と公平性

　アセスメントにおいて最も重要なのは、測定方法の正確性、つまりテストの妥当性である。Henning（1987）は、妥当性を次のように定義している。

> 　妥当性とは、与えられたテストや、そのテストを構成する部分が、測定したいものを測定する方法として適切かどうかを意味している。いずれのテストも、意図して測定しようとしているものを測定する範囲内では妥当であると言える。つまり「妥当（valid）」という用語が、あるテストを描写するために使われるとき、基本的にはそこに前置詞の **"for"** が伴われるべきである。どのようなテストでも、そのように前置詞が伴われれば、他の目的にとってはそうではないにしても、ある目的にとっては妥当であると言える。(p.89)

　その後Messick（1989）は、妥当性を「テストの得点やあるいは他のアセスメントの形態・様態に基づき、被験者のある**推論**や**行動**がそれらとどの程度合致し、かつ**適切**であるのか、その経験的な証拠と、理論的な根拠の度合いを統合的に評価した判断のこと」（p.13, 強調は Messick によるもの）と定義している。この定義もまた、妥当性は、テストそれ自体がもともと備えている特徴なのではなく、どのようなテストが用いられ、どのようにそのテストの成績が解釈されるかによることを強調している。Messick は、妥当性を脅かすものとして、主に二つを挙げている。一つは、テスト自体の構造化が不十分で、そのテストで主として測りたいものと関連している部分に焦点が当たっていないがゆえに、測りたいものを測り損ねている場合である（例：ライティングの力を測るためのテストでディクテーションをしてしまう）。もう一つは、テストの構造には関係のないもので散漫になってしまっていて、そのテストが、中心とすべき要素以外のものも測定してしまっている場合である

（例：ライティングのテストの評価基準に、文字を秩序立って手書きできることも含まれている）。主な妥当性への二つの脅威のうち、後者の場合は、テスト受験者のなかの特定のグループに偏りを生じさせたり、他のグループよりも不公平で不利な立場に陥らせる可能性がある（後述の公平性についての議論を参照）。Messick はまた、妥当性にはこれらの社会的な影響だけではなく、実際に実施する状況においてそのテストが適合しているか、実用的かも含まれると強調している。

　言語試験の分野において、近年、妥当性と公平性の関係をめぐる議論が行われている（Davies, 2010; Kane, 2004, 2010; Kunnan, 2010; Xi, 2010 を参照）。アセスメントの基準のなかには、公平性を妥当性とを完全に切り離し独立しているとみなしているものもある（たとえば、教育における公平なテスト実施に関する規約 The Code of Fair Testing Practices in Education（試験実施委員会：Joint Committee on Testing Practices, 1998, 2004）や ETS による公平性と質の基準；the Standards for Fairness and Quality by Educational Testing Service（ETS, 2002））。対照的に、Davies（2010）は、公平性を両立しがたい構成概念だとしており、その理由について「第一にそれは達成不可能であり、第二にそれは不要なものであるからだ」（p. 171）と述べている。Kunnan（2004）は公平性を、妥当性を含む包括的な概念であるとし、テストとは、公平性が保たれた場合のみ、妥当なものでもあると主張している。最後に、教育と心理学の試験基準（AERA/APA/NCME, 1999）は、公平性を、妥当性とは異なりながらも、同時に強い相関関係があるものと概念化している（公平性と妥当性のありうる関係性については、図5.1 を参照）。Kane（2010）も似たような概念化を行っている：

　　　あるアセスメントが、個人や集団の立場を測定し概念化するさいに、構造的に正しく表すことができていなかったり、あるいはそもそもある個人や集団に対する決め方が不適切であったりするという点で不公平な場合、そのアセスメントは解釈したり、使用するのに妥当ではない。同様に、誤った結論を導いたり、ある個人やグループへの不適切な判断を生み出すようなアセスメントも、公平とは言えないだろう。(p.181)

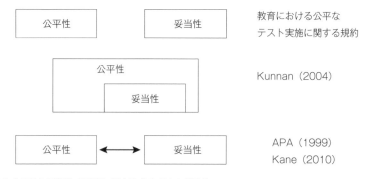

図5.1 公平性と妥当性の関係に関するさまざまな概念化

　米国教育研究協会（AERA/APA/MCME, 1999）によると公平性は、４つの主要な特徴を持つと定義づけられている：ある特定の偏りがないこと、テストの過程における正当な措置、テストの結果の平等性、そして学ぶ機会の公平な確保である。一つめの偏りがないとは、あるテストが「ある特定の被験者集団に対して、結果的に得点をより低く、あるいはより高くしてしまうような構造的関係」（AERA/APA/NCME, 1999, p.76）を持っていないことを意味する。偏りは、テストの内容によって生じることもある。たとえば文化的な背景知識を必要とするリーディングのテストなどは、その文化に馴染みのない人々にとっては不利な影響を生み出しかねない。また偏りは、テストの内容だけではなく、解答形式によっても生じることがある。この場合、テストで測りたい言語能力の要素とは関係のない能力も必要とされるため、課題を順調にこなすことが妨げられることがある。たとえば、受験者がリスニングの内容をもとに絵を描くというテストは、運動障害があるなどの、絵を描くことが困難な受験者にとっては不利である。SpLDs のある受験者がテストを受ける際は、テストの解答形式によって偏りが出ることを考慮することが非常に重要である。そのため、アセスメントに用いられるテストの構成要素の中に、テスト受験者が面食らってしまう可能性のある、測定したいものとは関係のない要素が入っていないか、慎重に見極める必要がある。もしもそのような偏りが見つかった場合は、代替の課題や、解答形式をアセスメントに用いる必要がある。

二つめのテストの過程における正当な措置については、アセスメントの条件と目的を慎重に考慮する必要がある。SpLDs について考えたとき、公平性に関して最も重要なのは、適切な受験条件である。テストは、受験者が彼らの知りうるものすべてを発揮することが認められていて、かつ最高の状態で能力を発揮することが妨げられていないという状況下で実施される必要がある。それゆえテストの管理手順は、SpLDs のある受験者にとって適切な受験条件を確保するために、しばしば変更が求められる。たとえば、注意欠如・多動症（ADHD）の受験者であれば、テスト課題に集中できるように、別室での受験が必要なこともある。

　公平性の３つめの論点である、テストの結果の平等性については、その母語や社会的背景が異なるサブグループの受験者も、同じレベルの能力があれば、テストの成績の分布が比較できるように示されていることが必要である。これはある特定の受験者集団に属しているという事実が、テストの合否に影響を与えてはいけないことを意味している。さらに言えば、学ぶ機会の公平性は、受験者にとって、テスト準備の平等な機会が与えられていることを意味しなければならない。

　４つめの、学ぶ機会の公平性を確保するということについては、場合によっては、テストの作成者や実施者が差配できる範囲を超えていることもあると認めることが重要である。なにか社会的ないしは教育的な要素が影響してしまうことで、ある受験者集団がテストで十分に能力を発揮できなかったり、テストで評価される内容や技能を学ぶ機会を平等に得られていないこともあるだろう。この場合、そのテストは、受験者の特定のグループにとっては公平でもないし、妥当でもない（Davies, 2010）。しかし、たとえそれがテストのデザインの範囲を超えている場合であっても、言語に関するテストそのものを開発するという点においては、公平性はなおも必ず考慮しなければならないものであり続ける。最も影響力のある、国際的な言語テストの二つの学会、国際言語テスト学会 (ILTA) とヨーロッパ言語テスト学会 (ALTE) もまた、公平性について、その倫理指針やテストの実施方針のなかで言及している。ALTE の実施方針（1994）には、はっきりと「公平性はアセスメントにおいて最優先に考えられるべきものである」と示されている。しかしながら「ハンディキャップがあると考えられる受験者」［原著注：原文ママ］

への配慮は、「可能な場合」に実施するべきであると加えられている。ILTA の実施指針 (2000) では、「テスト実施者には、あらゆるテスト受験者にとって不利にならないような実施権限を与えること」がテストの管理機関の責任とされている。障害のある受験者は「テスト上の配慮についてその情報を求め、また受け取る権利がある」。後述するように、障害のある受験者への公平な措置に関する倫理的指針が、曖昧な表現や漠然とした記述になっていると、いざ SpLDs のあるテスト受験者の配慮が申請され、それを承認する際に、振れ幅が大きすぎて定まらない結果になりかねない。

5.2　配慮と変更

　公平性と妥当性は強く関係している。ほとんどの場合妥当なテストは公平であり、公平なテストは妥当である。しかし特別な措置を講じる場合、テスト受験者のうち特定のグループを公平にしようとすることが、試験の妥当性にどう悪影響を与えるのか、その可能性を考えることが重要である。SpLDs の場合、もっとも大切なのは、テスト内容やテストの実施手順における配慮や変更をどこまで承認するかが、テストの構成の妥当性に影響を与えうるということである。「配慮は、その受験者ごとに個別でそれぞれ異なったテストの形式を（その遂行においても）提供するものである。配慮を受けた受験生や受験生のグループは、テストの形式やその管理状況、ないしは解答形式の差などによる悪影響を受けずに、テストや課題を終了させることができるだろう」(Hollenbeck, Tindal & Almond, 1998, p. 175)。つまり配慮とは、テストについて、その成績の解釈も含め、妥当性に影響を与えずに、かつ同時に、さまざまな障害がある人の受験を可能にするよう保証しなければならないものである。それに対して、「変更は、テストそのものを変えてしまう（そのテストがどう与えられ、どう完了し、何を評価しようとするのか）。それゆえ変更は、すべての受験者に対して全く同じ影響を、広範囲に与えてしまう」(Hollenbeck他, 1998, p. 176)。

　何が配慮で何が変更なのかの区別は、容易ではない。SpLDs の場合、最も重要なのは、テスト内容やテストの実施手順において、どの程度の配慮と変更が、テストの構成要素の妥当性に影響するかということである。

Hansen, Mislevy, Steinberg, Lee & Forer（2005）は、言語テストにおいて、あるテストの課題の種類と、それが測定しようとしている構成概念との関係性について、配慮の方法調査に関する分析枠組みを予備的に作成した。Hansen他はこのモデルを実証するために、読解力を測る課題で読み上げの配慮を受けている、ディスレクシアの受験者の事例を用いた。リーディングテストを構成しているのは、デコーディング（活字を音声化できるか）と、理解（音声化したものを理解できるかどうか）の主に二つであり、ディスレクシアの受験者は、書かれているテキストをデコーディングする必要がないために、読み上げの配慮は不当にディスレクシアの受験者にアドバンテージを与えてしまう。このように、読み上げはテストの構成概念の妥当性に影響するため、Hansen他はこれは配慮ではなく、変更であると主張している。一方で、読解に関する問題に筆記ではなく口頭で解答することは、テストで測りたいリーディング力の構成要素に影響せず、またこの調整であれば試験の妥当性に影響しない。Hansen他（2005）のモデルは、high-stakes な試験でのアセスメントと、教室でのアセスメントの両方に適用することが可能であり、言語の試験における配慮と変更を区別することができ、便利である。

　しかしながら、いかに配慮が妥当性に影響するかという問題は、Hansen他（2005）のモデルで示されたものよりも複雑で、そもそもある配慮が、妥当性に影響を及ぼしているのかどうかを判断することが難しい場合もある。Phillips（1994）は、受験者に対して、配慮が与えられるべきかどうか決定する際、検討するべき質問をリスト化している。そのうち特に3つの問いが、この問題に関連している：

- その配慮は、テストが測定したいものの構成要素を変えてしまうか？
- その配慮は、テストの得点の意味を変えてしまうか？
- その配慮によって、SpLDs のない受験者もなにかメリットを得るか？

　これらの問いに答えるためには、配慮を実施した場合とそうでない場合の両方の状況下で、SpLDs のある受験者とそうでない受験者の成績を比較調査することが重要である。ある研究によれば、これは**インタラクション仮説**と呼ばれており、妥当性を侵害しない配慮であれば、SpLDs のある受

験者の得点は上昇するが、SpLDs ではない受験者には得点の上昇は見られ
ない（Shepard, Taylor & Betebenner, 1998; Zuriff, 2000）。もしも明らかに
SpLDs のない受験者も、その配慮によって大きなメリットを得るとしたら、
それはその受験者たちも、現在のテストの管理環境下で能力を最大限に発揮
していなかったということになり、そのテストの妥当性には疑問の余地があ
るといえる（図5.2 のフローチャートを参照）。
　普通教育におけるテストの研究においても、特に時間制限のあるような試

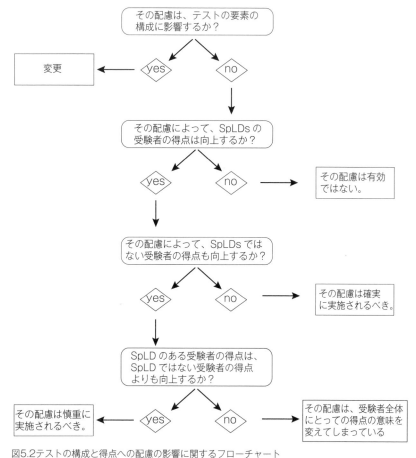

図5.2テストの構成と得点への配慮の影響に関するフローチャート
出　典：Reproduced from Kormos & Smith (2012), Teaching Languages to Students
with Specific Learning differences, p. 151, with permission of Multilingual Matters.

験では、試験時間の延長を認めることが、SpLDsではない受験者に対して
もメリットとなる明確な証拠が示されている（Sireci, Scarpati & Li, 2005 を
参照）。研究によって一つ示唆されるのは、たとえば時間制限のあるテストなど、
テストの管理手順によって、SpLDsのある受験者は不利を強いられている
ものの、かと言って試験時間の延長を認めることが必ずしも有効なわけでは
ないということだ（Camara, Copeland & Rothchild, 1998）。しかしながら、
これはSpLDsのある受験者が解答を完成させるために試験時間の延長を認
めなくてよいということではなく、むしろテストで測定したい構成概念と、
試験時間との相関を再度検討する必要があることを意味している。教育効果
測定の専門家のなかには「配慮そのものの必要がなくなるように、試験をよ
り柔軟に構成するよう義務付ける」、**テストのユニバーサルデザイン化**を主
張する人もいる（Sireci他, 2005; Thompson, Blount & Thurlow, 2002）。ユ
ニバーサルデザイン化したテストは、理論的には新しい方向性を示している。
しかしながらそれは実際のところ、テストは試験受験者のどの集団に対して
も偏りを生み出さない方法でデザインされ、実施されなくてはならないとい
う、試験の公平性に関する基本的条件を言い換えただけである。たとえばコ
ンピューターを使ったテストの普及のように、テクノロジーがもたらす有効
性が、試験に関するアクセシビリティの問題を解決しうることは事実である。
しかしながら、テストを実施する現実においては、まさにさまざまな状況に
拘束されるということを忘れてはならない。たとえば、コンピューターでの
試験であっても、通常は集団で試験を受ける。そうなるとADHDの受験者
にとっては集中を散漫にさせてしまい、結局のところ別室受験の配慮を要請
することになるかもしれない。

　試験時間の延長に関連して、加えて検討されなければならないのは、
SpLDsのある受験者が、試験時間の延長によって、SpLDsではない受験者
よりも利益を得るか否かである。**「効果の差」仮説（differential boost仮説）**
（Fuchs & Fuchs, 1999; Pitoniak & Royer, 2001）によれば、配慮の実施が
SpLDsのある受験者（やその他の障害のある受験者）に差分をもたらす場合
は、その配慮は有効であり、またその差分があることは、試験の妥当性を脅
かすものではないはずである（図5.2 を参照）。たとえば、最近のGreggと
Nelson（2012）によるメタ分析では、SpLDsのある受験者（成人と青少年

のどちらも）は、計算能力とリテラシー能力のテストにおいて、試験時間の延長が SpLDs ではない受験者と比べて有意に高い成績を出していることがわかった。それゆえ、テスト受験者全体が、どの程度配慮によって利益を得るかだけではなく、ある配慮が SpLDs のある受験者に、他の受験者との効果の差をもたらすか否かについても考えるべきである。しかし今後の研究は、天井効果によって SpLDs ではない受験者が、配慮から利益を得られない可能性についても検討する必要があるだろう（Koenig & Bachman, 2004）。それゆえ、配慮が生む効果の差（differential boost）は、そのテストの配慮によって、SpLDs ではない受験者の得点がこれ以上上昇しなくなるという可能性を除外して測定されなければならない。

5.3　アセスメントにおける配慮の種類

　教育・心理テストの基準（AERA, 1999）では、試験の変更として、6つの種類を挙げている。もっともそのうち4つは、テストの提示形式や、解答形式、テストの実施時間・時期や環境の変更であるが、これらはテストそのものの構成に影響を与えないため、変更というよりもむしろ配慮と考えられるだろう（Gregg, 2009 も参照）。残りの二つは変更である。あるテストの一部のみを用いたり、代替テスト・アセスメントを用いることは、テストの構成に影響を及ぼすが、しかしこれらは頻繁に教師によって教室で実施されている。テストの提示形式の配慮は、テスト実施の際の説明や、その提示資材の手法の変更を含んでもいるだろう。たとえば、文字の拡大や行間を広くとるなどの配慮が、SpLDs のある受験者がテストを受験する際に用いられることがある。他にも、スクリーンリーダー（画面を読み上げるもの）や、アシスタントリーダー（文字情報を読み上げるもの）、わかりやすい表現に変えた設問の説明などがある。

　透明カラーシートも、テストでの配慮として提供される。しかし今のところ、透明カラーシートによってスムーズに文章を読むことができたと実証できる証拠はない（Gregg, 2009）。一方で解答形式の配慮は、受験者をそのテストの通常とは別の方法で解答できるようにするものである。たとえば、理解度テストに、筆記ではなく口頭で答えるなどで、こういった配慮は、統合

運動に困難が見られる受験者に対してよく実施される。また、代筆者による受験者の解答の書き取りや、他にも受験者が最後まで解答するための試験時間の延長も、この種の配慮としてよく実施される。さらに、テスト環境に関する配慮には、別室受験や、車椅子を使う受験者が利用しやすい環境の整備、照明の調整なども含まれる。SpLDs のある受験者への可能な配慮についてのリストは、表5.1 を参照されたい。

　主にアメリカで実施されている、high-stakes な標準テストにおける配慮の効果に関する教育的研究によると、SpLDs のある受験者のうち、およそ3分の2が配慮を受けているという（Bolt & Thurlow, 2004）。もっともよく見られる配慮は、試験時間の延長と、テストの受験環境の調整である。数学でも、SpLDs のある受験者たちに対し、設問内容や指示文のアセスメントとして、読み上げがしばしば行われてきた（Bolt & Thurlow, 2004）。配慮がテストの妥当性の問題を引き起こす可能性に関する、読み上げ配慮とその結果の Hansen 他（2005）による分析は、5.2 で言及している。母語での読解テストにおける読み上げが配慮なのか、あるいは変更なのかについての研究者の見解は、さまざまである。Laitusis（2008）は、読み上げが、配慮と変更のどちらに分類されるかについての、米国各州の事例を報告しているが、それらは錯綜している。関連する研究をみても、母語での読解力テスト

表5.1　SpLDs の受験者への提供可能な配慮

提示形式	解答形式	受験時間・時期	受験環境
口頭での読み上げ	コンピューターの使用	時間延長	個別の試験実施
文字の拡大	代筆者による書き取り	複数回または頻繁に行う休憩	別室での試験実施
拡大鏡	解答用紙ではなく、テストの問題用紙に直接記入	テスト日時の変更	小グループでの試験実施
スクリーンリーダー	スペリング補助ディバイスや、ビジュアル・オーガナイザーなどの整理ツールの使用	複数日に分けて実施	照明の調整や遮音器具などの提供

出典：Reproduced from Kormos & Smith（2012）, Teaching Languages to Students with Specific Learning Differences , p. 152, with permission of Multilingual Matters.

における読み上げの配慮が、SpLDs のある受験者に対してどう影響を与えるかどうかに関しては決着がついていない。SpLDs のある受験者と、そうではない受験者との、得点の向上具合に大きな違いはないとする研究もある（例：Kosciolek & Ysseldyke, 2000; McKevitt & Elliott, 2003; Meloy, Deville & Frisbie, 2002）。しかしながら、またある研究によれば、SpLDs のある受験者で、特に単語レベルでの音声化に困難がある場合は、SpLDs のない受験者よりも、読み上げにより利益を得るという（例：Crawford & Tindal, 2004; Fletcher他, 2006; Laitusis, 2010）。Laitusis（2010）はさらに、高学年の受験者の場合、提示形式を変えても得点の差は出にくい傾向があるが、天井効果さえうまく制御できていれば、効果の差（differential boost）は検出可能だとしている。おそらくテストの得点は伸びるだろうが、読み上げ配慮の影響が、テストにおいてどの程度妥当であるかはいまだ不確かなままだ。単語レベルの音声化の正確性が、リーディングテストの評価基準の一部を担っているのであれば、読み上げの実施によって、受験者のリーディングに関する能力を妥当に判断することが難しくなってしまう。

　High-stakesテストにおける解答形式への配慮に関する教育的調査は、それほどなされていない。今のところ研究されているのは、ライティングのアセスメントにおける、ワープロの影響についてのみである。初期の研究では、時間制限のある作文の試験で、ワープロで書いた文章と、手書きの文章の得点の差はなかった（Hollenbeck他, 1998; MacArthur & Graham, 1987）。しかしながら、より最近の Gregg, Coleman, Davis & Chalk（2007）の研究は、評価者が SpLDs のある受験者の作文に得点をつける際、手で書くことによる質に影響を受けていたと報告している。ワープロは、スムーズに文章を書くのに役立つし、また編集や訂正をしたり、これまでの編集履歴をみるのにも便利だ。このような利益を考えると、ワープロを使うことは、SpLDs のある受験者だけではなく、すべての受験者にとって有益である。コンピューターによる受験がより広く認められれば、ワープロの使用は配慮ではなくなり、ユニバーサルデザイン化したテストの標準的な要素となるだろう。

　しかしこれまで、母語による読解力テストでの試験時間の延長については広く議論されてきた。Sireci他（2005）による、SpLDs のある受験者と、そうではない受験者への、試験時間延長措置の影響の研究については、すで

138

に5.2で述べた。SpLDsのある受験者の特徴である、文字の認知（音声化・デコーディング）の遅さは、リーディングのテストにおいて時間延長の配慮が有効であることを示す、大きな理由の一つである。SpLDsのある受験者は、テスト内容をインプットする時間だけではなく、テスト内容の理解度を示すための解答の作成にも時間が必要である。Schulte, Elliott & Kratochwill（2001）の調査では、複数の選択肢の中から正解を選ぶ読解力テストにおいて、試験時間の延長はSpLDsのある受験者にとって、特に有効であることが示されている。

　解答を作成する必要のあるテストでは、SpLDsである受験者もそうでない受験者も、時間延長により同程度の利益を得ることがわかった。受験者がテストの内容を理解できなかった場合は、時間の延長による利益はない（概略についてはGregg, 2011 を参照）。それゆえ、読解力テストにおける試験時間の延長は、妥当性を脅かすものではない。

　試験時間の延長は、ライティングのテストにおいても有効である。なぜなら受験者はさらに念入りに作文の構想を練り、校正し、これまでに書いた形跡を見直すことができるからだ。しかし、SpLDsとそうではない受験者両方の、試験時間の延長による結果への他の影響に関する実証的な研究は、いまだ不足している。Gregg, Coleman, Stennett & Davis（2002）の研究は、作文の質と、作文の長さには強い関連があることを示しており、この研究はライティングテストでの試験時間の延長により、受験者が潜在的に利益を得ることへの間接的な根拠を挙げている。SpLDsのある受験者は、比較的短い作文を書く傾向にあり、得点もより低いことがわかった。ここから仮説として考えられるのは、試験時間の延長によって、SpLDsのある受験者はより質の高い、長い文章を作文しうるということだ。

　テストの日程（例：頻繁に休憩を入れたり、複数回に分けて別日にテストを行う）や、テストの実施環境における配慮はよく推奨されているが、その効果についての研究はほとんどない状況である。Gregg（2011）は、単語レベルでの音声化に困難のある受験者のなかには、自分がどこを読んでいるかに集中できるということで、読み上げを配慮として選ぶ受験者もいると述べている。他にも、集中を削ぐ余分な音を遮断するため、耳栓を使用する受験者もいる（Shaywitz, 2003）。これらのSpLDsのある受験者自身の配慮の好み

は、試験環境における配慮を検討することの重要性を示している。

　概して、配慮が必要な SpLDs のある受験者個人と、それぞれの受験者が異なる配慮を必要としていることに対し、細心の注意を払う必要がある。ある配慮によって、受験者の得点がより向上したのではなく、低下した可能性を研究結果が示すこともある（Elliott, Kratochwill & McKevitt, 2001）。これは、実施したその配慮が、受験者のニーズに適応していなかったり、受験者がこれまでに、その配慮下での予行演習をしたことがなかった時に起こる（例：代筆者や代読者とどのようにテストを受けるかを練習したり、スクリーンリーダーのような支援機器の使い方を練習する）。さらに、受験者が配慮を試験において必要としているか、またどのような配慮が有効かについて教員が常に予測することができるとは限らないという研究結果もある（Helwig & Tindal, 2003）。そのため、いつもどのようなやり方で、どのような機器を使って受験者自身が学習上の問題を乗り越えてきたか、どのような配慮をこれまで試してきたのか、それらの配慮は彼らにとってどのくらい有益なものであったか、そして受験者自身は、配慮の用い方をどのように改善されるべきだと考えているのかについての、受験者本人の意見は考慮されるべきである。さらに、教員やテスト業者もまた、アセスメントを行うことをふまえ、受験者が配慮を必要としているか否か、その配慮はいかに試験の公平性と妥当性に影響しうるのか、そして、どのように配慮を実際のテストの実施環境で行うのか検討するべきである。他にも、配慮をどう改善しうるか、そして受験者が、どう配慮を有効に活用できるかなどについて、考慮する必要がある。

5.4　High-Stakes な第 2 言語能力試験における配慮

　High-stakes なアセスメント試験において配慮を提供することは、法律によってある程度その内容が定められている。しかし、それはまたテスト実施団体の専門家の判断にも委ねられている（Gregg, 2009）。専門家の判断は、適格な配慮の基準の情報提供や配慮の申請手続きに関係している。配慮提供に関するこれらの側面は、公平なアセスメント措置のためのゲートキーパーのような役割を担いうるため、極めて重要である。

学習者が、配慮を申請するかどうかを決めたり、またテストを受けるための適切な調整を選ぶ最初のステップは、通常は試験委員会のウェブサイトで情報を探すことである。配慮情報は、試験を受験しようとしている人だけではなく、その受験を手伝う教員にも利用されている。SpLDs のある学習者は、そのようなウェブサイトに馴染んだり、そこから関係した情報を見つけたりすることに苦労するかもしれない。それゆえ、配慮の申請方法のガイドラインや、異なる配慮の形式についてのデータが、ウェブサイトの目を引く場所に表示されていることが非常に重要である。テスト受験者への情報は、求めている情報が見つからず、試験センターへメールをする必要がないように、わかりやすい言葉で、十分にくわしく提供されるべきである。Kormos, Sarkadi, Kálmos（2010）は、当時ハンガリーで high-stakes な言語能力試験を受けた、ディスレクシア診断のある9人の受験者にインタビューを実施した。9人全員が、配慮についての明瞭で簡潔な情報の重要性を強く主張した。

　Kormos と Smith（2012）は、SpLDs のある学習者が申請可能な配慮の種類について国際的な言語能力テストのうち、high-stakes なものの調査を実施した。その結果、配慮を承認するシステム、提供される配慮の分類、そして公的に提供される配慮に関する情報は、試験委員会によって大きく異なり、そしてそれは SpLDs のある学習者にとって、配慮が必要だと主張するのに、困難をもたらしていることがわかった。Kormos, Sarkadi他（2010）は、ハンガリーで認定されている言語能力試験に関しても同じような結論に達している。これらの研究は 2010年に実施されたが、最近の主な言語試験団体のウェブサイトに関する分析によると、合理的配慮に関する情報は、それ以降ほとんど変化していないという。

　2015年に、私（Kormos）は5つの主な国際的言語試験提供団体のウェブサイトについて調査を行った。それぞれ IELTS、ETS（Educational Testing Service）、Pearson Academic Tests of English、Cambridge English Language Assessment と Trinity College London の5つである。この最新の調査によって、簡単にアクセスできる情報をウェブサイトに掲載していたのは、これらのうち2団体の試験委員会のみであったことが明らかとなった。ETS（www.ets.org/disabilities/test_takers）と Cambridge

English Language Assessment（www. cambridgeenglish.org/help/special-requirements）は、Kormos & Smith（2012）によって、関連した明確なガイドラインや情報をウェブサイトに提示していたことがわかっており、この点においてよい見本となっている。Trinity College Londonは、特別な調整の申請方法の概要のみを記載している（www.trinitycollege.com/site/?id=2933）。どのような配慮が申請可能なのかについての情報は提供されておらず、代わりに団体の方針が書かれている文書にリンクされている。この文書は試験委員会が使うものであって、関連する内容や、情報を伝えているその言語の複雑さからしても、受験者へと向けたものではない。Pearson Academic Tests のウェブサイトは、さらに情報が少なく、受験者に、特別な調整について問い合わせたい場合は最寄りの地域にある事務所へ電話をするように書かれている（http://pearsonpte.com/faqs）。新しいIELTS のウェブサイトには、異なった障害のある受験者に対して、対応可能な配慮に関する情報がわずかではあるが掲載されている（www.ielts.org/test_takers_information/what_is_ielts/special_needs.aspx）。IELTS も、最寄りの地域テストセンターに問い合わせることをすすめている。IELTS公式の地域テストセンターの数は 2015年から減少しているため、受験者の中には国際電話をかける必要がある場合が生じている。

　Cambridge English Language Assessment は、ある試験の全体、または一部に対する特別な調整を申し込んだ件数を公表している、数少ない言語試験委員会の一つである（Geranpayeh & Taylor, 2013; Khalifa & Weir, 2009; Shaw & Weir, 2007 を参照）。公開されているデータは、ある特定の期間のみのものではあるが、Taylor と Geranpayeh（2013）は「これらの試験で配慮を要望した数が、全人口における障害のある英語学習者の割合を反映していないという事実は検討されなければならない」と当然の指摘をしている。たとえば、最もよく知られている英語の能力試験である Cambridge ESOL において、2006年にリーディングセクションでの試験時間の延長か、あるいは試験監督による監視下での休憩を挟んでの試験を申請したのは、たった 639人のディスレクシアと診断された受験者のみであった。同様に 2012年、TestDaf（Test of German as a Foreign Language）で特別な調整を申請している受験者は、24,000人のうち、たったの 66人のディスレクシア

にすぎない（Arras, Müller-Karabil & Zimmermann, 2013）。Field（2013）は、特別な調整を申請する受験者数が少ないのは、そもそも受験者やその教師、そしてテストセンター自体を含む当事者が、配慮の申請が可能だということを認識できていないからではないかと仮説を立てている。Taylorと Geranpayeh（2013）によって指摘され、またCambridge ESOLのウェブサイトの特別な調整に関する文書で確認できるもう一つの重要な理由は、受験者やその保護者にとって、配慮の申請手続きが複雑だと思われている可能性があるということだ。申請のためには、フォームへの記入を完了させるだけではなく、英語で文章を読み、かつ技術的な情報を処理しなければならない。さらに、SpLDsの診断を受け、その証明書を発行してもらうということは、多くの場合テストを受験することに加えてお金がかかることになり、受験者にとっては負担になる可能性がある。

　配慮の申請手続きは、通常SpLDsのある受験者の特性と、どのような配慮を必要としているかについての文書を提出することが求められる。調査対象とした5つの国際的な言語能力試験委員会のうち、ETSのみが受験者が提出する必要のある文書について詳細に規定している。ETSは、専門家による学習における特性に関する所見と診断の際に用いたすべての知能発達検査名がその結果とともに記載された公的文書の提出を求めている。しかし、試験センターによって、SpLDsについての公式な診断書について、いつごろのものまでを認めるかに関しては異なっている。KormosとSmith（2012）による報告では、ETSが学習困難には5年未満、ADHDには3年未満に発行された公式文書の提出を認めている一方で、イギリスの試験委員会のうち、たとえばCambridge English Language Assessmentは、診断を受けてから2年未満の文書を提出することを受験者に求めていた。しかし2015年には、Cambridge English Language Assessmentのウェブサイトからは文書や診断時期についての記載が確認できなくなっている。

　SpLDsのある受験者をどう配慮したか体系的に報告し、またそれらの配慮の実施について見直しを定期的に行っている数少ない試験委員会の一つがCambridge English Language Assessmentである。この試験委員会は、いわゆる「特別な調整」を提供している：

特別な調整とは、試験が目的とするところに関係して、受験生が能力を発揮する上で障害となっているような影響を、可能な限り取り除くことを目的としている。それは、障害のある受験者が他の受験者よりも不公平な状況に置かれることはないことを保証し、そして受験者の能力について、試験の成績証明を参照する者が誤解することのないようにするためである。(Khalifa, 2005, p.8)

　Cambridge English Language Assessment は、SpLDs のある受験者に対して、リスニング、リーディング、そしてライティングの能力を測るアセスメントにおいて、さまざまな配慮を提供している。Elliott (2013) は、SpLDs のある受験者が、元の問題と提示方法が変更されたリスニングの問題で、受験する資格を得たことを報告している。受験者は別室で受験し、収録された音声を一度聞く。試験監督は、二度目の聞き取りの途中、あらかじめ決められたところで、音声を一時停止する。これにより、受験者はテストの内容をよく読んで問題に解答し、そして十分な時間をとって解答を見直すことができる。試験監督は、どこで音声を停止するかの明確なガイドラインは渡されるものの、受験者のニーズに応じ、どのくらい音声を止めるかを決めることができる。音声を停止するポイントはあらかじめ決められているため、頻繁に音を止めすぎて試験の流れを止めてしまったり、あるいは流れてくる重要なポイントに注意を向けさせすぎて、他の受験者と比較して不公平なアドバンテージを与えるようなことはない。色のついた試験用紙と透明カラーシートもまたよく提供されるが、前述のとおり、SpLDs のある生徒へのその有用性は証明されていない (Elliott, 2013)。さらに、SpLDs のある受験者は、手書きの解答が第三者にとって読みづらい場合は、代筆者を立てるという追加の配慮を申請することができる。代筆者は、受験者の解答を、該当の解答用紙の箇所に書き写す。受験者は、自身の解答を代筆者が書く際に同席し、必要であれば説明を加えることができる。
　Cambridge English Language Assessment の試験の、リーディングセクションでは、SpLDs のある受験者は、原則試験時間の延長や、試験監督による監視の下、休憩をとることが認められる。しかし、ディスレクシアのある受験者は、文章や設問の読み上げは認められていない。一方で、運動障

害の受験者は、解答をタイプしたり、あるいは書き取りをするための支援機器を使うことが認められている。スピーキングのテストでは、セリフを読むための時間の延長を申請できる。ライティングの設問に関しては、ディスレクシアのある受験者も時間を延長でき、25〜50% の試験時間の延長を申請することが可能である。試験監督監視の下での休憩は、試験時間の延長に加えて、あるいはその代替措置として、受験者には一般的な配慮となっている。受験者は、支援機器か、あるいは解答を自分で解答用紙に書き写さずに、代筆を利用することもできる。

　2004年まで、Cambridge English Language Assessment は、ライティングの採点の際、スペリングを考慮していなかったため、ディスレクシアのある受験者に対して別の採点方式をとっていた。受験者がこの配慮を申請する際、追加で承認が必要になる。この承認は「試験において受験者が、そこで評価の目標とされている範疇すべてを満たしていなくてもよいこと」と示している。その後、Shaw と Weir（2007）は、試験委員会によってこの配慮の実施が検討された事例を研究している。この研究の第一段階では、ディスレクシアのある受験者が、書くことが困難であることに関する、ディスレクシア専門家による見解が検討されている。専門家の報告では、ディスレクシアのある言語学習者は、スペリングに困難があるというだけではなく、文章を書くことに関する他の分野にも、同時に困難があるという事実が強調されていた。この報告では、試験時間の延長が、最もディスレクシアのある受験者に対する有効な配慮ではないかということが提案されている。これをふまえて、the Cambridge Learner Corpus（学習者コーパス）において、ディスレクシアのある第２言語学習者の解答を、第１言語受験者のものと比較する小規模調査が実施された。24 の解答の分析によって、全体的に、ディスレクシアのある受験者はスペリングでより誤りが出やすく、その誤りは「ディスレクシアに関係する」と特定できるようなものであったことを示している。この事例研究においては、試験委員会は、ディスレクシアのある受験生の書いた回答に対する評価者を用意し、スペリングが評価の結果に関係しないように申請された特別な調整が、最終的なライティングの採点に違いをもたらしているかどうかを示すように求めた。その結果、2001年は 46% の受験者、2002年には 63% の受験者に、この特別な調整による成績の違いが示された。

これらの数値の結果から、試験委員会は、ほぼ 50% の事例において受験者が、その試験が評価しようとしていた範疇を十分に満たすことができていなかったにもかかわらず、不必要に成績が承認されていたと結論づけた。この事例の検討の結果、この特別な調整の実施は中断された。

　Kormos & Smith（2012）は、それぞれの試験委員会が提供している配慮について調査し、主な国際的な言語試験委員会が受験者に提供している特別な調整に関して、一致した意見があるわけではないことを示した。同様に、Kormos, Sarkadi他（2010）の調査により、ハンガリーで公認されている言語試験では、さまざまな種類の調整が行われていることがわかった。まず一つには、言語試験での配慮が多様であるのは、多くの試験提供者が所属している、言語テストの業界団体全体としての倫理ガイドラインないしは原則が、障害のある受験者への配慮提供に関しては比較的曖昧だという事実に起因している（5.1 を参照）。それぞれの試験が置かれている、文化的・社会的な状況が大きく異なるので、言語試験への公平な評価や、平等なアクセスを実現するために全く均一な原則を確立することは、おそらく不可能だろう。しかしそれでも、グローバルなマーケットで国際的な試験は大規模に実施されているし、それゆえたしかにより均一的な原則が求められているのだろう。しかしその一方で、配慮を提案するということは、受験者がとりうる選択肢をしばしば制限するものであるということをテスト実施者は確実に踏まえておくべきであろう。そのため O'Sullivan & Green（2011）は、国際的なテストにおける公平性は、当事者がその配慮決定に関わった時においてのみ保証されると強調しているのだ。

5.5　当事者の視点から見た High-Stakes な言語試験における配慮

　これまでこの章では、配慮がテスト受験者のパフォーマンスに及ぼす影響の研究、特定の試験委員会の文書や事例を提示してきた。これまでこの章で述べてきたような俯瞰的な立場から試験について調査するだけではなく、試験の過程における当事者の観点からも、試験の実施について調査することは有用である。そしてもっとも重要な当事者とは、受験者自身である。

残念なことに、言語能力の試験における配慮について、受験者がどのように考えているかについての研究はほぼ存在していない。Kormos, Sarkadi他（2010）は、ハンガリー国内で公認されているそれぞれ別の言語試験を受験した経験のある、SpLDs のある９人の学習者にインタビューを実施した。9人のうち２人は、特別な配慮を受けなくても試験に合格する自信があったため、配慮を申請しなかったという。この２人が重要だと感じていたのは、SpLDs があることで直面する困難にかかわらず、試験でよい成績をおさめることができることを実際に示すことであった。しかしそれでも、１人のインタビュー参加者を除いて、テストで提供される配慮の種類に関しては熟知していた。もっとも受験者は、特別な調整を申請する際に、困難を感じることもある。被験者のうちの何人かは、試験実施側が受験者の要求を受け入れなかったり、あるいは、受験者の試験時間延長に必要な別室を物理的に準備できず、配慮が受けられなかったりするなどしていた。

　Kormos, Sarkadi他（2010）の調査の対象者は、最も有効な配慮の一つに試験時間の延長をあげている。ハンガリーにおける、多くの公認試験は、翻訳のセクションで、電子辞書の追加使用を認めている。さらにインタビュー参加者は、特に統合運動障害のある受験者にとって、ワープロの使用も有効だと挙げていた。多くの言語試験はそもそも長すぎるので、受験者は、より頻繁かつ長い休憩を求めがちであるが、試験委員会のうち、この配慮を提供している団体は、ほぼないという状況である。

　Taylor & Khalifa（2013）は、Cambridge English Language Assessment による試験で、特別な調整を受けた受験者に、配慮に関して E メールでの調査を行った。しかし、残念ながらそれらには、質問への回答者数や、あるいは回答者のうち何人が SpLDs のある受験者だったのかについて記述されていない。また、質問への回答率も明らかにされていない。これは大切な情報であるにもかかわらずである。なぜなら、SpLDs のある受験者のうち、自発的に英語でその調査に回答したのは、限られた者のみと考えられるからだ。もっとも、受験者の回答からするに、特別な調整の内容と、それが実際にどのように提供されたかについて、全体的に満足していることは明らかである。

　Taylor & Khalifa（2013）はまた、試験の開発者や、試験監督、試験の管理者を含む、他の当事者の見解についても調査している。この調査は、特

別な調整全体に焦点を当てており、SpLDs のある受験者のみに注目しているものではない。世界144のテストセンターの回答から、特別な調整の多くは、試験時間の延長と、監督下の別室受験であることがわかった。他にも、支援機器の利用や、上述したリスニング時の特別な調整が希望され、SpLDs のある受験者への配慮としてよく提供されている。テストセンターの管理者は Cambridge English Language Assessment からの特別な調整の規定に関する情報の程度や詳細さに概ね満足していた。しかしながら、質的な分析をすると、テストセンターの管理者のコメントには、Kormos, Sarkadi 他（2010）の研究でも示されていた、試験受験者の視点とも重なる部分がある。運営者は「特別な調整を準備し、実施するのには時間とお金がかかる」という懸念を口にしている（Taylor & Khalifa, 2013 p.237）。Cambridge English Language Assessment のテストセンターは、他の国際的、または国ごとの high-stakes な試験を組織化している試験委員会と比べて十分設備が整っていると言えるだろう。それでも、特別なニーズのある受験者の特別な要望を十分に満たすためには、テストセンターにかなりの負担がかかることになる。ALTE（ヨーロッパ言語テスト学会）のような、言語テストの業界団体の倫理ガイドラインは、配慮は「可能な場合」に提供されるべきなのであって、試験の提供者は受験者に対して、適切で十分な特別な調整を提供するためのすべてを満たさなくてもよいと示している。これらが Kormos, Sarkadi他（2010）の研究調査に参加した受験者が経験したことに反映されていたのであった。

　Taylor & Khalifa（2013）によるインタビューのなかで、テストの開発者はさらなる問題を指摘している。それは、それぞれの状況によって配慮が異なるため、受験者は、母国でこれまで受けてきたものと同じような特別な調整を受ける資格を認められない可能性があるということである。これらのテスト開発者はまた、Cambridge English Language Assessment が国際試験において、配慮を提供していたとしても、それにアクセスしづらい状況は、受験者を失望させ不安にしているであろうことも認めていた。一方このような状況においては、受験者たちのなかには特別な調整を受ける資格を全く認められなかったり、極めて限られた種類の配慮しか受けることができなかったりする。さらに、公的あるいは制度的に SpLDs への認識が低いため、

配慮そのものの存在を知ることができない受験者がいる国もある。

5.6　結論と提言

　公平性は、SpLDs のある受験者の第 2 言語の能力試験において必要不可欠な要素である。high-stakes な試験はもちろん、教室での評価であっても、偏りのない課題によってなされるべきであり、また SpLDs のある受験者が彼らの知識を最もよい形で表すことができるような環境で実施されるべきであろう。理想としては、テストはすべての受験者にとってアクセシブルにデザインされるべきである。ただし、管理上の制約や、資源の限界によって、常にそれが可能とは限らない。この場合、SpLDs のある受験者が配慮を受けることは当然の権利であって、テスト環境設定や、設問、課題の形式や試験管理、解答形式など、それに関連するような対応がなされるべきである。現に、試験時間の延長は、もっとも頻繁にかつ高い効果が期待でき、SpLDs のある学習者にも求められる配慮の一つであるが、それはリーディングやライティングのテストにおいて、彼らの潜在的な成績を正しく評価できるようなものであった。受験者が配慮を相談の上選択できること、そして試験の前に、配慮に慣れる機会を提供することも重要である。

　複数の国際的な言語試験についての研究により、SpLDs のある受験者への配慮提供に関するさまざまな実践が明らかになった。Taylor & Khalifa (2013) の研究結果もまた、high-stakes な言語テストにおいて特別な調整が認められ、しかもその配慮が、言語テストの業界団体のガイドラインに従って明確化されるような、国際的な連携の重要性を強調している。また、言語能力試験において受験者が権利をもっと強く主張していくことができるように、特別な調整の有効性を広く周知させる必要があるだろう。

注
1　この章の一部は、以下の第 8 章に基づいている。
コーモス, J. & スミス, A.-M. (2012)『学習障がいのある児童・生徒のための外国語教育——その基本概念、指導方法、アセスメント、関連機関との連携』ブリストル：マルチリンガルマターズ。(掲載許可済み)

第6章

限局性学習困難のある学習者への
言語教育

　本書の冒頭で、限局性学習困難（以下SpLDs）の概念を紹介し、多言語文化の中で、私達がどのようにそれらを判断することができるかについて触れた。またSpLDsと言語学習プロセスとの間には、認知的そして情意的な観点から、関係があることについても述べた。前章では、SpLDsのある言語学習者が、公平に、正確にそして信頼できる方法でどのように評価されるべきなのかについて考察した。本章では、これらすべてのことを、教授方法や教室での実践に応用し、考察を深める。

　本章では、まず、インクルージョンの概念とインクルーシブ指導プロセスの特徴について概説する。次に、ディスレクシアに配慮した学校における教育活動をインクルージョンの枠組みとしてとらえたうえで、これまで行われてきた研究が、第2言語教育におけるインクルージョンとディスレクシアに配慮した指導実践について、何を明らかにしてきたのかを再調査する。そして、SpLDsのある生徒の言語学習プロセスを促進するために用いられた具体的な介入方法について詳細に検討する。まず、リーディング介入プログラムと第2言語学習者を指導する場面で、それが応用された方法について検討したうえで、多感覚指導法に関して考察を深める。多感覚指導法プログラムの要素を、第2言語習得、第2言語教育研究における昨今の研究成果の観点から、評価する。本書は、最後に、言語教師教育と教育方針への示唆を提言する。

6.1 インクルージョン教育とディスレクシア学習者への配慮を行う学校

　この50年間で、SpLDs のある学習者への教育改革はかなり大きく変化した。SpLDs の概念と定義は、教育方針や指導方法のレベル決定をする過程に反映されているので、そこでの SpLDs の概念や定義の違いについて考察してみると、その変化がわかる。障害についての医学的見解によれば、SpLDs のある学生には、学習困難から起因する特別な教育的ニーズがあり、それゆえ、彼らが社会において有為な働きができるための必要なスキルと知識を習得できるように特別に策定された指導が必要である、という。この医学的見解は、1970年代初期まで、米国や英国を含む多くの国における法律制定に反映されており（Baker & Zigmond, 1995; Frederickson & Cline, 2009）SpLDs のある子どもたちは、特にその困難が著しい場合、通常学級とは分離した状態で指導された。

　1970年代までに、あらゆる分離政策に立ち向かう人権運動の拡がりに平行して、その分離政策が汚名や孤独につながるだけでなく、SpLDs のある多くの子どもたちにとって、通常学校での教育より、よりよい教育効果は保証されていない事実が明らかになってきた（Dunn, 1968）。このことから、SpLDs のある子どもたちを通常学校にて教育する動きへとつながっていった。それは、重要でかつ歓迎される変化であったが、この分離を廃止して統合する動きは、統合された学校において生徒のさまざまなニーズに適応するように工夫が行われるという前提によって成り立っていた。そして、学校生活に調和していくことの最終的な責任は、結局、生徒自身に委ねられていた（Ainscow, 1995）。インクルーシブ政策はさらなる問題をはらんでおり、すなわちそれは、通常学級での教育はある子どもたちにとってはより効果的な学習環境が必ずしも提供できていないのかもしれないという状況である（Kauffman, 1989）。またインクルーシブ政策では、すべての子どもたちにあてはまる、効果的な学習到達が期待される一般的な原則があり、それゆえに特別教育の必要は全くないという理論上の仮定が強調されてしまっていた。子どもたちの間の違いは当然起こるものであり、「優秀な教師」は、

自分たちの指導をこれらの違いに適応させることができるのだ（この論点は Frederickson, 1993参照）。

　障害に関する社会的見解は、インクルーシブ政策に重要な変化をもたらし、そこに根付く前提の議論につながることとなった。社会的見解においては、障害は、生徒たちを不能にする障壁がその環境に存在するから生じるものである、とされる。したがって、教育現場における障壁に関係する改革の責任は、教育機関にある。障壁を取り除き、多様な生徒に均等に機会を保証する、すべての可能な処置を取る必要があるのは組織であり、生徒自身ではない。この考え方は、インクルージョンの概念の中に具現化されており、「学校がより責任を持つために、カリキュラム、指導方法、教材や指導過程を適応させ、変革する責務は学校にあるとして、手立てのプロセスの中に学校をふくめている」（Frederickson & Cline, 2009, p. 65）。インクルージョンは、最終状態または結果ではなく、学校が常に「学校の中やその地域の多様な子どもたちが学び、より参加できる場所となるために、何がなされるべきかをしっかりと考え続ける」そのプロセスである（Booth, Ainscow, Black-Hawkins, Vaughan & Shaw, 2000, p. 12）。概念としてのインクルージョンとその実践は、障害の相互作用的見解に基づいてさらに改良されてきている。この見解は、SpLDs のある生徒は、他の生徒と比べると、学習においてより多くの困難を経験し、そして、これらの困難は教育制度の障壁と関係していることを強調している。インクルージョンが成功するためには、その困難が把握され、これらの困難と学習環境との関係から生じる障壁は取り除かれるべきであり、そして必要ならばさらなるサポートが与えられるべきである。

　障害のある子どもたちのインクルーシブ教育に関する主たる問題点は、通常クラスへの参加と学習を成功させるために必要で適切なサポートとのバランスをとることである。さまざまなタイプの学習者の多様なニーズに対応するために、学校があらゆる必要な手立てをすることは必須であるが、これらの手立てがそれだけで十分であると仮定するのは、非現実的なことである。すなわち、すべての子どもに有益であるインクルーシブな学校環境を作ることは、必ずしも、障害のある生徒たちのすべてのニーズが満たされるということではない（Frederickson & Cline, 2009）。この点を強調することは重要である。というのは、公的診断と追加支援への権利が与えらえるかど

うかの判断では、生徒が特別な教育的配慮の必要があることがその基準となっているからである。もし、学校が完全にインクルーシブな状況になり得て、すべての生徒のニーズに対応できると仮定するならば、障害のある生徒は一人としてこの世にいないことになるだろう。この問題に対処するために、Norwich（2007）は、**柔軟かつ相互に関連しあう途切れない**一連の教育実践を提案した。Norwich は、インクルージョンは、教育制度が共通性を強化するために持続的な努力をする連続体と考えられるべきであると主張する。たとえば、インクルージョンは、学術的、社会的、そして文化的**参加**、**場所**（通常学校に連携する学校　対　同じ学習グループ）と**カリキュラム**と**指導**（異なった教育進路　対　同じゴールでありながらも個々に対応する指導方法）の点で、その程度はさまざまである。

　問題は、インクルーシブな教育システムの枠組みの中で、SpLDs のある生徒のニーズをいかにうまく対応できるかということである。この問題に答えるには、第2章第1節で触れた、SpLDs の程度と支援の必要性を関連付けている、米国精神医学会の**精神障害の診断と統計マニュアル**第5版（DSM-5; APA, 2013）のガイドラインを再度参照することが役に立つと考える。DSM-5 において、「適切な手立てと支援サービスを受けられれば、障害が補填され、うまく役割を果たすことができるかもしれない」個人（p67）は、SpLDs の軽症例と分類される。こういった生徒たちは、他の生徒たちとかなり共通性の高いインクルーシブな環境においてうまく学ぶことができており、学習者のニーズの多様性に対応するために設計された指導方法から学習効果を得ることができる。彼らはほんのわずかな配慮と追加の支援を必要とするだけかもしれない。中等症の SpLDs のある生徒は、「ある程度の集中的で、特別な指導」を必要とするかもしれない（APA, 2013, p. 68）。それにより、彼らは他の生徒たちに追いつくことができて、通常学校の教育プログラムを受けることができるようになるのである。重度の SpLDs のある学習者は、「継続する、集中的で個別化された特別な指導」を必要とする（APA, 2013, p. 68）。これら後者の2つのグループの学習者にとって、学校は、彼らの読み書きスキルを高めるために、彼らを支援するための場所で、特別なプログラムを必要とする。こういった場合、インクルーシブな学校教育のみならず、SpLDs のある学習者たちに対する特別な支援を行うことができる

体制が備わった学校の存在を推奨する正当な必要性があるように考えられる (Norwich, 2009)。

　英国最初の「ディスクレシア-フレンドリースクール」(英国ディスレクシア協会, 1996) は、インクルーシブな教育的枠組みの中で、SpLDs のある生徒のニーズへの気づきを高めることを目指していた。学校がディスレクシアについて理解するために掲げた基準には、生徒の強み、弱み、ニーズの正確な判定や生徒の成長をみる規則的なアセスメント、この成長に基づく目標と指導方法の調整、子どもたちがさまざまなグループの中で活動できる機会、生徒の自己調整スキル、自信と自尊心を高めること、学習成果の公平な評価と保護者との協力といった、インクルーシブ教育の原則となる特徴が含まれている。さらに、教師の SpLDs への意識、適切な読み書き介入プログラムを実施し、ディスレクシアに有効な指導を開発することに従事し、教室での支援を行うための知識とスキルが基準となる項目に追加されている。ディスレクシアの生徒にとって通いやすい学校では、ディスレクシアの生徒に対して、教室内での支援と取り出しでの支援が適度なバランスをとりながら、特別な手立てが施されている。次の節では、このバランスが第 2 言語指導分野でどのように達成されているのかについて述べる。

6.2　第 2 言語学習の教室における SpLDs のある生徒のインクルージョン

　SpLDs のある生徒に対して、インクルーシブな言語学習環境を提供することの重要性は、1980年代半ば、カナダにおいて (Cummins, 1981) また1990年代米国において (Sparks, Ganschow, Kenneweg & Miller, 1991) 指摘されていたが、二つのごく最近の論文 (Cobb, 2015; Wight, 2015) で明らかにされているとおり、それ以降、SpLDs のある学習者に対して言語学習の機会を強化することにおいて、さほど進展がみられていない。Cobb (2015) の研究では、カナダのフランス語イマージョンプログラムにおいて、ニーズのある生徒への追加的支援が不足していたことが示されている。一方で、Wight (2015) は、米国の多くの州において、いまだに SpLDs のある生徒が第 2 言語を学ぶことが免除されることが一般的に行われていると報告して

いる。Arries（1999）は、インクルーシブな言語教育の実践についての研究が行われるべきであると述べているが、彼のこの主張に応える研究は多くない。

　Abrams（2008）は、SpLDs のアメリカ人大学生のケーススタディの中で、ドイツ語の授業を修了する過程で、カリキュラム調整や試験における手立てによって、いかに障壁を取り除くことができたかを調査している。当該学生は、制限時間のプレッシャーもなく教室以外の場所で仕上げることができる代替の評価課題が与えられ、語彙や文法を復習するための補習を毎週受講した。こういったカリキュラムや評価における調整は、当該学生にも大変好評で、このおかげで彼は無事ドイツ語の単位もとれて、卒業できた。しかしながら、Abrams は、このような追加的支援と代替となる評価課題の準備や調整には、たった1人の学生のケースでも、多くの時間と努力を要することを指摘している。このように、授業担当者と学習支援サービス間と同様、教員間における緊密な協力体制の必要性を強調した。彼女はまた、生じる仕事量の負担を制度上認知することも重要である、と付け加えている。Abrams（2008）の研究は、いかに献身的な言語教師が大学レベルにおいてインクルーシブな言語教育環境を作り上げる一歩を踏み出せるのかの例であり、「障害のある学生の学習経験と学歴さえも変え得るものである」（p.426）。

　Kontra & Kormos（2010）は、公教育におけるインクルーシブな言語教育実践について、ハンガリーの5つの教員集団への調査を実施した。この研究では、障害のある生徒のために言語学習の機会を増やそうとハンガリー教育省が設けた補助金制度に参加した小学校、中学校において、フォーカスグループ（定性調査）インタビューを実施した。学校の所在地は、それぞれ大都市から小さな町にあり、地域的にも離れており、社会経済的にも異なる背景にあった。フォーカスグループは、さまざまな外国語（英語、ドイツ語、およびイタリア語）教師とその学校で教えている特別支援教員のチームで構成されていた。インタビューに先がけて、指導チームのメンバーは、彼らがSpLDs のある子どもたちのために計画し、補助金制度から財政支援を受け取った語学教育プログラムを実施した。インタビューに参加した教師のほとんどは、SpLDs のある生徒を長年にわたって教えてきた経験を持ち、彼らが開発した語学教育プログラムは、彼らがそれまでに行ってきたインクルーシブな実践から継続されたものであった。

データを分析する中で、これら5つの学校に共通する多くのテーマが観察された。Abrams（2008）のケーススタディと同様に、すべての参加者は、カリキュラムと評価方法をSpLDsのある生徒のニーズと能力に合わせて調整することが必要であることを主張した。言語教師たちは、もし彼らにカリキュラムの目的を選択する権限があるのであれば、生徒が学外で必要となる可能性のあるオーラルコミュニケーションと実際に使われる言葉を用いた活動を主に集中して行うであろうと述べた。しかし、彼らは、国の教育カリキュラムと修了試験があることで、カリキュラムの調整ができないことに言及した。インタビューでわかったことは、SpLDsのある言語学習者に対する教室外での追加的支援の必要性に関する推奨と一致していた。インタビューを受けたハンガリーの語学教師のほとんどは、通常の言語クラスへの参加に加えて、SpLDsのある言語学習者は、特に彼らのニーズに対応する1週あたり1、2時間の特別な言語クラスが提供されるべきであると確信していた。補助金申請が採択されたプログラムでは、財政的支援が行われ、SpLDsのある学習者が4人から8人在籍するクラスが2名の教師によって指導された。これらのクラスは、SpLDsのある子どもたちに彼らのペースで学習を進め、彼らが難しいと感じる学習内容については練習する機会を与え、第2言語を学習する自信を高めることにおいて成功した、と報告されている。それにもかかわらず、残念なことに、この補助金制度が終わると、どの学校もこういった追加的な支援を続けることができなくなった。このことは、インクルーシブな実践を進めていくうえで、教育政策レベルでの支援が重要な役割を果たすことを強調することとなった。

　インクルーシブ教育とディスレクシアを意識した実践の特徴について、Kontra & Kormos（2010）の研究においてインタビューを受けた教師たちは、支援する教師の態度がSpLDsのある子どもたちが言語学習に積極的に関わる動機付けに影響することを主張している。この研究に関係した言語教師は、補助金制度の枠組みにおいて、特別支援教育担当教員や心理学者と連携できたことは、大変貴重な経験であったと認識している。この連携を通して、言語教師らはSpLDsの本質についてより多くのことを学び、それにより学習者の強みや弱みをより適切に測定することができたばかりでなく、彼ら自身の指導実践に採用可能である読み書き介入プログラムや特別支援クラスにお

いて使用された指導技術を習得できたのである。

　このインタビュー調査の追跡調査として、Kormos, Orosz, Szatzker (2010) は、複数のケーススタディアプローチを使って、3つのハンガリーの学校におけるインクルーシブな指導実践を調査した。選ばれた小学校1校と中学校2校は、SpLDs のある生徒へさまざまな方法で言語教育を実施する先駆的な学校であった。小学校は田舎に位置しており、SpLDs のある生徒たちは、SpLDs のある生徒たちへの言語教育を特別に訓練された教師らによる通常学級での授業において、外国語として英語またはドイツ語のどちらかを学習していた。5年以上にわたって、これらの教師たちは、SpLDs のある生徒たちのニーズに合うように、多感覚指導方法（6.3.4参照）と教育的配慮を実践していた。一つ目の中学校においては、SpLDs のある生徒たちは、特別支援学級と通常クラスの両方において、英語かドイツ語を学習した。ここでの語学教師もまた非常に経験豊かで、SpLDs のある生徒たちへの指導がよく訓練されていた。二つ目の中学校では、SpLDs のある生徒全員が通常学級で言語学習を受けていた。教師たちは、SpLDs のある生徒への指導を行った数年間を含む約10年の教育経験があったが、この分野での特別な訓練を受けたことはなかった。このケーススタディ研究において、これらの学校で、英語とドイツ語の多くの授業を観察し、観察したクラス毎に2人の生徒と教師にもインタビューを行った。

　年令層、所在地、子どもたちや専門家の社会経済的地位、および言語教師の訓練の程度における違いにもかかわらず、インクルーシブな指導実践とディスレクシアに有効な指導方法が数多くの点で共通していることがわかった。授業参観では、どの学校においても、すべての学習者が積極的に学習過程に参加しており、一人として除外されていたり、参加していない学習者はいなかった。生徒へのインタビューから、彼らは言語の授業を楽しいと感じ、自分たちの将来に必要なものであるととらえていることが確認できた。教師たちと生徒たちとの間には、信頼できる友好的な関係が構築されており、教師たちは、教え子に関する詳細な知識を持ち合わせているようであった。教師たちは、生徒一人一人に対して適した動機付けを行っており、彼らのフィードバックは常に建設的なものであり学習者にとって励みとなるものであった。参加した授業はすべて、ウォーミングアップや導入の段階から始まり、授業

の最後には考察と復習する時間が設定されていた。授業内活動は、比較的どれも短時間で、反応形式や授業設計パターン（たとえば、教師主導の指導の後にはグループワークが入る）において多様な傾向にあった。例外なく、すべての授業は慎重に計画され、論理的に組み立てられていたが、インタビューを受けた教師たちは、生徒の学習進度や疲労と集中力のレベルに応じて、授業計画を柔軟に変更し、グループやペアでの活動がしばしば行われ、ゲーム、寸劇、またコンピューターなどを頻繁に取り入れると述べていた。たまに、教師が具体的に語彙学習方法を論じたり、リスニング方略を生徒のために示したりしている光景を見た。インタビューでは、教師らは年度の初めに、生徒自身がいかに自分の学習プロセスをより効果的にすることができるのかの確認にかなりの時間を費やし、その後学期中にも定期的に行うと述べていた。こういったことから、これらの学校には、多くのインクルーシブな指導実践の要素がある根拠が示された。多感覚教授法といった SpLDs のある生徒へ言語を教える際に推奨される具体的な指導方法がすべての教師によって行われており、授業がディスレクシアの生徒にとって有効なものとなっていた（多感覚指導方法について詳細は、6.3.4〜6.3.6参照）。Arries（1999）によって推奨された SpLDs のある生徒への言語教育に関する4つの具体的指導方法のリストには、語彙学習を助ける、小学校における音韻意識を高めることが入れられている。記憶力を高めたり、不安や注意が散漫になることを抑えたりするための3つの一般的な指導方法は、インタビューの中で際立ったテーマであり、観察を行ったすべての授業において見られた実際の指導実践であった。

　ここに述べたとおり、世界のあらゆる地域において、素晴らしいインクルーシブな言語教育が実践されている。しかし、より一般的な状況を考えると、インクルーシブな指導実践を行うことへの障壁を考察することは重要である。インクルーシブな指導実践への障壁については、研究において、調査に参加した教師らから報告されたり（Kontra & Kormos, 2010; Kormos, Orosz 他, 2010）、研究を行った研究者らによって指摘されている（Abrams, 2008）。ここでの障壁には、制度的支援の必要性、教育チーム間での緊密な連携、最も重要なこととして教員側に必要とされる時間と努力といったことが挙げられている。通常学校においては、SpLDs のある学習者の特徴といえる、より時間のかかる学習、頻繁に改訂や代替の必要な評価方法などが、インク

ルーシブ教育を成功するためにはかなり難しい障壁となる（Abrams, 2008; Kontra & Kormos, 2010）。柔軟性がないカリキュラムと教育を受ける権利を保証する適切な立法が欠けているという状況は、教師、学習者、そして保護者といった利害関係者にも深刻な影響を与え得る（Cobb, 2015; Sarkadi, 2008; Wight, 2015）。

6.3　介入プログラム

　これまでに述べたとおり、インクルーシブな学習環境は SpLDs のある生徒へ効果的な言語教育を行う上で必須であるが、教室外での追加的支援や特別なプログラムなしでは、SpLDs のある学習者が十分能力をつけることはできない。次の節で、SpLDs のある生徒に対しての第2言語や第2言語の読み書き能力指導において用いられた具体的な介入プログラムについて述べる。これらの介入プログラムのいくつかが通常学級での指導実践に組み込まれ、SpLDs のある学習者だけでなく、すべての学習者に有効であることがわかった。もし、補習として少人数のグループでの指導が行われれば、さらに効果的なものとなり得る。以下に述べるこれらの介入プログラムに関する議論は、言語の最小構成単位を学習目標とするプログラムから始まり、一般的な言語力を指導する総合的枠組みを提供するプログラムへと移っていく。

6.3.1　音韻意識養成プログラム

　第1言語での読み書き教育における初期の介入プログラムの一つは、子どもの音韻意識を高めることに関係する。これらのプログラムでは、子どもたちは、音と音節の操作の方法を明示的に教わり、さまざまな活動をしながら、音素と音節の分割、混合、引き算と足し算を練習する。第2章第3節で指摘したとおり、音韻意識は第1言語の読みの達成を予見する重要な要素であり、特に読み書き学習の最初の2年間において、単語を音にする力の発達を支える重要な役割を果たす（Share, Jorm, Maclean & Matthews, 1984）。全米読解委員会（National Reading Panel）の2000年の報告によれば、音韻意識養成プログラムの効果を検証し、単語の読み能力を高める効果をもたらしていることを確認した。1年生以下で音韻意識のスコアが低く、読みに困難を

持つ可能性のある子どもたち、読み障害と診断を受けている子どもたち、読みにおける正常発達が認められる子どもたちの3グループについてメタ分析を行った。

　その結果によると、音韻意識トレーニングは、読み能力の正常発達を遂げている子どもたちにもっとも効果があり、また読み能力に問題がある可能性のある子どもたちにも高い効果をもたらした。音韻意識トレーニングは、読み障害のある子どもたちの音韻意識に影響を与えたものの、その効果は他の二つのグループの子どもたちと比較するとかなり低かった。報告者は、読み障害のある学習者に対して音韻意識トレーニングの効果が他に比べて低かったのは、彼らの年齢が上でありトレーニングを開始した時点ですでに彼らの音韻意識が上達しきっていたためではないか、と推測している。音韻意識トレーニングの効果は単語レベルでの読み能力に移行することがわかっており、ここでも読みに困難がある可能性のある学習者に対して、最も効果があった。読み障害のある子どもたちは、音韻意識トレーニングの結果、単語レベルの読み能力において若干向上した。先行研究を考察すると、綴る力には何ら効果はなかったことがわかる。全米読解委員会は、音韻意識介入プログラムの影響は、第1言語が英語である学習者に対しては、かなり大きいと明かしている。これは、英語における、特に音素レベルでの音韻意識が、より透明な正書法体系（第2章第4節参照）の言語に比べて、単語レベルの読みや綴る力において、より重要な役割があるためと考えられる。さらに、より少人数での介入はクラス全体や個人指導で行われるよりもより効果があり、効果的な時間は5時間から18時間であったことがわかっている。しかしながら、この時間を一定期間のなかでどのように割り振るべきなのかについては、なんら提案されていない。

　全米読解委員会の2000年の報告書とその報告書が刊行された後に行われたさらなる調査（例 Al Otaiba & Torgesen, 2007）に基づくと、読み書き能力が発達する初期における音韻意識養成プログラムは、正常発達の子どもたちに読み能力に問題がある可能性のある子どもたちが追い付くためには効果があり、それにより読みの困難を防ぐことが証明されたが、全米読解委員会によるメタ分析の結果では、読み障害のある生徒たちにとっては比較的効果が薄く、音韻意識トレーニングが功を奏さない子どもたちがいる。

Vellutino, Scanlon, Small & Fanuele（2006）によれば、1.5～8％の子どもたちには効果がないと推定している。

　第1言語の読み書き能力発達に関する多数の研究に比べて、複数言語を話す人々への音韻意識トレーニングの効果を調査した研究があまりにも少なすぎる。Gerber, Jimenez, Leafstedt, Villaruz & Richards（2004）は、米国在住で5歳のスペイン語を母国語とする子どもたちに対して、明示的に音韻意識トレーニングを行った。プログラムでは、読みの困難を発症する恐れがあると診断された子どもたちに対して、ライムとオンセットの検出と音素の切り離しと混合を、1回20分のセッションを9回実施した。指導は母国語であるスペイン語で行われ、音韻意識のプレテスト、ポストテストが英語とスペイン語の両方で実施された。単語レベルの読み能力は英語のみで検査された。プログラムが短期であったにもかかわらず、スペイン語話者で問題のない同級生たちよりも音韻意識がかなり低く読み能力に問題を生じる可能性のある子どもたちは、1年生が終わるころには、ほとんどすべての調査において、同等のレベルを達成していた。重要なことは、両者の間では、1年生終了時での違いはない、ということである。これらの結果から、読みの困難が生じる可能性のある複数言語話者である幼い子どもたちにとって、彼らの第1言語を使って実施された音韻意識養成プログラムは効果があり、ここで得た能力を他言語での単語レベルでの読み能力へと転化することができることを示している。

　Leafstedt, Richards & Gerber（2004）は、Gerber他編（2004）による研究内容を用いて、5時間のトレーニング時間を10週に割り当てて、再現した。彼らはまた、子どもたちを、音韻意識のプレテストのスコアで上、中、下に分けて、トレーニング内容を変えて実施した。このグループ分けにより、研究者たちは、介入プログラムを子どもたちの強みと弱みに対応させてアレンジすることが可能となった。この研究は、調査に参加するすべてのバイリンガルの子どもたちが母国語でトレーニングを受けた結果、音韻意識を高め、単語レベルでの読み能力を習得することができたことを示しており、Gerber 他編（2004）の報告を裏付けることとなった。子どもたちはまた、音韻意識養成プログラムを受けなかった同級生よりもかなり良い成績をあげた。さらには、当初、音韻意識テストで上、中の成績であった参加者が、

介入プログラムからもっとも高い学習効果を得ていることがわかった。もともと音韻意識スキルが低かった子どもたちは、**初期に現れる音韻意識スキル**のオンセット—ライムを識別する力を習得できたが、残念なことに、**後に現れる音素の切り離しや単語を音にするスキル**については、顕著な改善は見られなかった。Leafstedt他によれば、これらのスキルに効果が出ない理由は、音韻意識スキルが低かった子どもたちに提供されたトレーニングにおいて、より複雑な音韻意識スキルを習得するための十分な基礎となる初期の音韻意識スキルにのみ焦点が置かれていたためと説明している。彼らは、継続してトレーニングをすれば、後に現れる音韻意識スキルにも効果が表れるであろうと仮定している。よって、読みに困難が生じる可能性のある複数言語話者への長期にわたる音韻意識トレーニングは必要であろう。

　Gerber他（2004）& Leafstedt他（2004）の研究は、子どもたちが授業以外で学習言語に触れる、多言語にさらされた環境で行われたのに対して、Yeung, Siegel & Chan（2013）の最近の研究は、子どもたちが教室外ではほとんど第2言語を使わない環境において、音韻意識介入プログラムがいかに子どもたちの役に立つのかを調査したものである。彼らの研究においては、香港の幼稚園でおよそ5歳の広東語を話す子どもたちに、英語で集中的な音韻意識養成プログラムが実施された。このプログラムでは、音節と音素のレベルにおける子どもたちの音韻意識スキルを高めることを目的として、12週間にわたって、30分の授業を24回実施した。比較群では、語彙知識を強化することを第一として、英語での導入が行われた。このプログラムは、子どもたちの英語の音韻意識スキルの発達に顕著な効果をもたらすことがわかった。また、英語単語の読み、スペリング、使用語彙知識を向上させることができた。Yeung他（2013）の研究では、読みに困難が生じる可能性のある子どもたちや SpLDs と診断されている子どもたちに特に焦点は置かれてはいなかったが、教室で使われている言語を用いて初期の音韻意識養成プログラムを実施すると比較的大きな効果が得られたとする研究結果から、音韻意識は、第2言語や外国語の学習環境において、生徒の第1言語とは違う言語を用いても発展し得ることを示した点において、重要である。

6.3.2　フォニックス指導

　元来、読み障害のある生徒のスキルを高めるために使われていたもう一つの介入プログラムに、フォニックス指導がある。現在では、フォニックスプログラムは、小学校低学年で広く採用されており、子どもたちが単語レベルで音に変換することと、正確かつ流暢に綴ることができるように、音と文字の対応を直接的かつ明示的に指導している。プログラムは多様で、フォニックス指導を読み書き指導にどのように組み込むのか、音と文字の一致のどの観点に焦点を合わせるのかといったところで、それぞれ異なっている。にもかかわらず、それらはすべて、「きちんと計画された連続体として、音の要素を並べ、これらの要素を明示的に、体系的に教えている」点において類似している（全米読解委員会, 2000, p.89）。それらは、子どもが意味に焦点を合わせた読み書き活動に従事するか、サイトワード（sight-word）の基本的なレパートリーを教えられるのかという、全言語（whole-language）またはサイトワード（sight-word）プログラムと対照をなしている。これらのプログラムでは、子どもたちは、自分たち自身で音と文字の対応を理解することが期待されており、あるいは必要な時に、音と文字の一致を偶発的に教えられることもある。全米読解委員会（2000年）によって実施されたフォニックス指導の有効性に関する調査のメタ分析によると、フォニックスの体系的で明示的な指導は、フォニックスプログラムの種類とは関係なく、単語の読みスキルを顕著に向上させたことがわかった。観察されたスキル向上は、全言語やサイトワードプログラムで観察された向上よりも大幅に大きかった。フォニックスプログラムがスペリング能力にもたらす効果は、特に1年生以降では小さく、読解力が及ぼす影響のために、その結果は一様ではなかった。フォニックス指導は、それが個人に対して行われようと、小グループやクラス全体に対して行われようと、効果があることが示されたが、年齢の上の学習者に対してよりも、学年が下の学習者への指導のほうが、より効果があることがわかった。これまでにみてきた音韻指導プログラムの有用性に一致して、音韻指導は、読み障害と診断された子どもたちよりも、読みに難しさが生じる可能性のある子どもたちの読み能力を促進することに効果があった。読み障害の子どもたちの単語の読みスキルにフォニックスプログラムが与え

る効果は、幼稚園や１年生においてわずかではあったが確認されたが、２年生以降では有意味ではなくなった。しかしながら、フォニックスプログラムは、読み障害のある子どもの読解力の向上に大きな効果をもたらした。

　SpLDs のある言語学習者が、フォニックスに基づく指導プログラムの結果、どのように第２言語の読みのスキルを向上させるのかを調査した研究は非常に少ないが、その中の一つに、カナダで、単語レベルでの読みの困難がある、つまりディスレクシアと診断された複数言語話者の子どもたちに対して行われた Lovett他（2008）のプロジェクトがある。彼らの研究にはまた、母国語を英語とするディスレクシアの子どもたちも含まれていた。６歳から13歳の子どもたちに対して、105時間（１回１時間で週に４回から５回実施）のトレーニングが実施された。子どもたちの年齢と読みの能力を考慮して、小グループに分け、フォニックスを基盤とした指導方法を用いて、音韻意識と単語の読みスキルがトレーニングされた。統制群に対しては、学校の教科課程に基づいた通常の指導が行われた。実験群のすべての子どもたちは、母国語能力の程度にかかわらず、音韻意識、単語のデコーディングと読解の計測において、顕著な向上が見られ、その向上率は統制群のそれらとはかなり違っていた。この発見により、母国語が英語でない子どもたちや、目標言語が話される環境において２年以上暮らしてきた子どもたちは、英語を母国語とする子どもたちと同様にこのプログラムの効果があった。興味深いことに、第２言語話者の子どもたちは、音韻処理スキルと単語レベルでのデコーディングテストの一つにおいて学習曲線がより急な勾配を示した。これは、フォニックスを基本とする読みのプログラムがディスレクシアタイプの読みの困難のある複数言語話者の子どもたちにとって特に有益であることを示している。この研究のもう一つの注目に値する成果は、使用語彙知識と聴解力の測定を含む口頭での語学力が向上率と相関していたことであった。最初は口頭言語スキルのスコアが低かった子どもたちは、この介入の結果、高いスコアの子どもたちよりも、よりスコアが向上し、この結果は、第２言語と第１言語の両方において観察された。このことは、フォニックスを基本とする介入プログラムは、口頭言語能力の低い子どもたちや、Lovett他（2008）の研究に参加した第２言語話者の子どもたちよりも目標言語環境に遅れて入ってきた子どもたちにとっても効果的であることを示唆している。

Partanen & Siegel（2014）によって、カナダで行われた最近の研究で、第1言語と第2言語を話す子どもたちに対して、学習開始初期における介入プログラムを長期にわたって実施した成果が調査された。この縦断的研究では、すべての子どもたちは幼稚園において、明示的な音韻意識トレーニングと、音と文字との関係の指導を受けた。読み書き指導の1年目でのフォニックスを基本とする指導に続いて、1～7学年において、音韻スキルよりも読解のための効果的な方略に焦点を置いたプログラムを用いて、読み書きスキルの指導がなされた。研究者らは、7学年まで毎年この早期介入プログラムの参加者に対して、単語の読みの標準検査を行った。その結果、幼稚園の卒園時期に、21.5％の子どもたちが読み困難を発症する恐れがあったのに対して、7年生までに6％まで減少したことが明らかになった。単語レベルでの読みの困難を経験する参加者数の減少は、第1言語、第2言語を話す子どもたち両方に類似しており、これは言語背景にかかわらず、このプログラムが効果的であることを示している。

　第2言語を話す子どもたちの読みの向上を目的とした音韻に関する介入プログラムの効果についての研究は、ほんのわずかしか行われておらず、SpLDsのある子どもたちに焦点をおいたプロジェクトの数は、さらに少ない。それにもかかわらず、これまでの先行研究では、第2言語を話すSpLDsのある子どもたちにとって、早期の音韻意識向上介入プログラムやフォニックスに基づく読みスキルの指導は効果的であり、これらの効果は、潜在的に長く続くものになり得ることが示されている（Partauen & Siegel, 2014 を参照）。しかし、これらの音韻に関する介入プログラムは、読み書きの指導が始まった極めて初期に行われる必要があり、特にSpLDsのある子どもたちに対しては、集中的に行われなければならない。この分野の研究結果によれば、音韻意識介入プログラムは、たとえ、子どもたちが堪能でない言語で行われたとしても、効果があり得るということも示している（Yeung 他, 2013 を参照。さらに、子どもたちの第1言語で行われたプログラムで得られた効果は、第2言語の読みスキルへ転化される可能性があるという（Gerber 他, 2004; Leafstedt 他, 2004）。

6.3.3 読解力トレーニング

　SpLDs のある多くの生徒たちは、読解に困難を抱えている（第1章第4節
参照）。読解に困難のある生徒たちは、書かれたテキスト全体の構造や文の
統語構造を処理し、接続詞の働きを理解し、的確な推測を行い、自分の理解
をモニターすることが難しいと感じるかもしれない（Cain 他, 2004; Nation,
2005）。これらの生徒たちの困難は、語彙知識の少なさや心的辞書（mental
lexicon）（Perfetti, 2007）の中の単語のつづり字と音韻形式の表現が不十分
であることにより、さらに難しいものとなるかもしれない。読解に障害があ
る可能性のある第2言語学習者は、同級生よりも語彙が少なく、文法能力も
低く、さらに背景知識も少ないために、これらの難しさはより深刻なものと
なる。したがって、読解力トレーニングプログラムは、特に生徒たちが自ら
の困難を克服することを手助けする上で有効なものとなり得る。

　読解力指導プログラムにおける重要な要素の1つは、生徒の語彙知識を
向上させることである（全米読解委員会、2000）。これは、テキストを読む
前にキーワードを予め導入したり、読むテキストの中に語彙一覧を入れてお
いたり、教わった語彙を使っての活動をしたり、新出単語の暗記を助ける方
略指導を行ったりなど、明示的な語彙指導の形で通常実施される。多読、マ
ルチメディアやコンピューター支援ツールなどを使った偶発的学習を促進す
るプログラムも存在する（Kim 他, 2006）。全米読解委員会が英語を第1言
語とする話者に対して実施した研究に関する報告書では、知識として獲得さ
れたものとして測定できるためには、語彙は直接、間接的両方で指導される
必要があり、学習者は豊かな文脈の中で繰り返しその語彙に触れる必要があ
ると結論づけている。この示唆は、第2言語語彙学習研究分野の先行研究の
教育的提唱と一致している（Dóczi & Kormos, 2016）。それにもかかわらず、
語彙指導の長期的効果とその読解力への転化についての証拠となるものは、
第1言語話者の子どもたちの例に限られている（全米読解委員会、2000）。現在、
第2言語話者で SpLDs のある学習者の読解スキルの向上に、語彙指導が寄
与し得るのかを調査している研究があるのかどうかについては、把握できて
いない。

　ほとんどの読解力向上プログラムには、読解方略の明示的指導が含まれ

ている。読解は、方略的プロセスであり、すべてではないものの多くの子どもたちは、教師から得る誘導をあまり使わずに書かれたテキストから意味を引き出す効果的な方略を習得する。しかし、読解に困難を抱える生徒は、読みに関係している認知プロセスの自覚を高め、読解方略を明示的に指導し、それらを無意識に使えるようになるまでこれらの方略を練習したり応用したりする機会を与える指導プログラムからかなり大きな効果を得る（Oakhill 他, 2014; Palinscar & Brown, 1984; Pressley 他, 1994）。この種の指導は、「**認知行動療法**」（Talbott, Lloyd & Tankersley, 1994）または「**自問自答問題解決方略指導**（questioning/strategy instruction）」（Berkeley, Scruggs & Mastropieri, 2010）と呼ばれ、さまざまなアプローチや、読解を促進し、理解やテキスト構成や情報内容をどう分析するのかについて説明できるかをモニターする質問を考える指導など、複数の指導方法を組み合わせたものが含まれる。方略指導は、教師主導および、または仲間媒介法（peer mediated）で行われる。**相互補完的教授法**において、教師はさまざまな読解方略を使ってみせ、これらの方略を説明し、学習者がこれらの方略を応用して練習できる機会を設定する。教師からの支援は次第になくしていき、生徒同士が互いに助け合うようになる。**認知**（Talbott 他, 1994）または**テキスト向上**トレーニング（Berkeley 他, 2010）と呼ばれる読解介入プログラムのもう一つのタイプは、主な情報、キーワードやつなぎ言葉、イラストや読みながらの自問自答などによる、テキストに組み込まれた手がかりを利用する。これらのプログラムにおいては、テキスト強化方略は、読みスキルトレーニング、語彙指導や繰り返される読みが補充されている。

　上述した読み介入プログラムは、方略が組み合わせられて教えられると、同じように効果があることがわかった（Berkeley他, 2010; 全米読解委員会, 2000）。Berkeley 他（2010）のメタ分析によれば、SpLDs のある生徒は、読解指導を通して読みスキルが大幅に向上し、その効果は、SpLDs のない生徒たちの向上に匹敵するという。しかし、ここ30年の読解指導に関する研究を振り返ると、Scammacca, Roberts, Vaughn & Stuebing（2015）は、実験群の効果量が少ないことを指摘している。効果量が少ない理由には、時間が経過するのに伴う研究方法の変化が挙げられる。さらに、実験群とそうでないグループの差異がわずかであることは、通常学級における読み指導が

読み強化プログラムの要素を取り込みはじめ、SpLDs のある生徒たちにもその効果があったことを示しているかもしれない。

　残念なことに、第 2 言語学習者への読み指導介入プログラムの効果を調査した研究は大変少なく、SpLDs のある第 2 言語学習者に関係する研究は、さらに少ない。第 2 言語話者でありその目標言語を英語で指導を受けている生徒に関しては、August & Shanahan（2010）は、効果的な読み指導プログラムは第 1 言語、第 2 言語であれ、本質的に同じであると結論づけている。数少ない入手可能な研究の一つである Klingner & Vaughn（1996）では、米国内において、ヒスパニック系で、英語を第 2 言語とする 7 年生と 8 年生の生徒に対して、相互補完的指導プログラムを実施した。プログラムは 40 分のセッションから成り、27 日間続けられた。指導に使われた言語は英語であったが、理解が難しくなると、きちんと理解してもらうために第 1 言語を使うことが推奨された。ほとんどすべての生徒たちは、介入の結果、読解力測定において大幅な向上が見られたが、当初の英語での読む能力と話し言葉の能力では、その能力向上率は緩やかなものとなった。より最近に行われた Denton, Wexler, Vaughn & Bryan（2008）による研究の結果は、介入の推奨を後押しするようなものではなかった。

　参加者は同じ背景を持ち、Klinger & Vaughn の研究に参加した生徒たちと同年齢であったが、この生徒たちには深刻な読み障害があり、英語でもスペイン語でも語彙知識は限られていた。介入は、フォニックス、明示的語彙と読み方略指導の 13 回のセッションからなっていた。実験群も統制群のいずれも、トレーニング後、顕著な向上は見られなかった。この限られた数の研究から言えることは、効果的介入プログラムは、長期にわたって集中して行われ、生徒の第 2 言語能力を高めることに焦点が置かれた指導が補填される必要があるということだ。

6.3.4　外国語教育における多感覚構造化学習プログラム

　SpLDs のある外国語学習者のためにもっともよく推奨される指導方法の一つに、多感覚構造化学習（Multisensory Structured Learning：以降MSL）アプローチがある。それは、Orton-Gillingham（OG）アプローチ（Gillingham & Stillman, 1960）に基づいて、Sparks 他（1991）が開発した指導方法で

ある。この MSL アプローチは、Sparks 他（1991）によって考案され、多くの研究で支持され、引用された（Nijakowska, 2008, 2010; Schneider & Crombie, 2003; Schneider & Evers, 2009）。MSL アプローチでは、子どもたちに音と文字の対応について明示的かつ直接的指導を行い、同時に異なった感覚を活性化させる。MSL アプローチは、きちんと構造化されており、小さく、段階を重ねていくステップを進んでいく。そして SpLDs のある第 2 言語学習者たちに十分な練習とやり直す機会を与える。その目的は、子どもの音韻、形態、統語に関する意識を向上させて、第 2 言語スキルを首尾よく習得する手助けをすることである。

　MSL アプローチを採用するうえで推奨される正確な進め方については、いくつかの方法がある。当初のアプローチでは、Sparks 他（1991）は、4 つの基本原則を提案している。まず第一に、教室での媒介言語は目的言語であるべきであり、生徒の第 1 言語は、文法説明の際のみ使われるべきである、としている。第二に、各レッスンは「明確な毎日の活動」（同 p.107）によってはっきりと構造化されるべきであるということである。第三に、頻繁に見直しすることが必要で、教師は、最終的に「生徒が言葉を『見て』『聞いて』『使う』ことができるように、ライティングと発音を同時に強調」すべきである、という（同 p.107）。Sparks 他（1991）は、授業概要を提供している。その授業概要では、まず黒板で音と文法のドリルから始まり、次に目標言語の音を復習し、文法概念、語彙指導と読みとコミュニケーション活動の復習となる口頭でのドリルが続く。彼らが提案する授業案では、ドリルと、提示—練習—産出の連続を重視しており、かなりオーディオリンガル・メソッド（Fries, 1945）に類似している。それをオーディオリンガリズム（audiolingualism）と区別する特徴は、追加のコミュニケーション活動、インプットする際に複数の感覚を用いること、学習者のアウトプット、第 1 言語の干渉から生じるであろう誤りを防ぐことをことさらに重要視しないことである。

　Schneider & Ganschow（2000）は、後に、Sparks 他（1991）によって示唆された授業展開を修正した。彼らは、教師が教材と学習進度を生徒の学習経過に合わせるために継続して行う教室内アセスメント、ダイナミック・アセスメント（第 2 章第 2 節）の概念を用いて、MSL アプローチを補っている。ダイナミック・アセスメントは、生徒が学んだことをテストする単なる

方法ではなく、生徒が学習者としての自立性を高める手助けとなる手段を提供するものである。ちょうどSparks他（1991）のMSLアプローチのように、Schneider & Ganschow（2000）によって提案された授業展開は、コミュニカティブアプローチ（Krashen, 1981）や、生徒は意味のあるインプットをたくさん受けて、偶発的に言語の規則を習得することが期待される「意味を重視した」アプローチと対照的である。Schneider & Ganschow（2000）は、SpLDsのある生徒にとって明示的な言語知識の重要性を強調し、その結果、SpLDsのある言語学習者のメタ言語的意識を高める必要性を主張した。それらの概念化において、メタ言語的意識は、言語システムの規則に関する明示的知識を含むだけでなく、関連した文脈において、このメタ言語的知識を応用させるスキルも含んでいる。

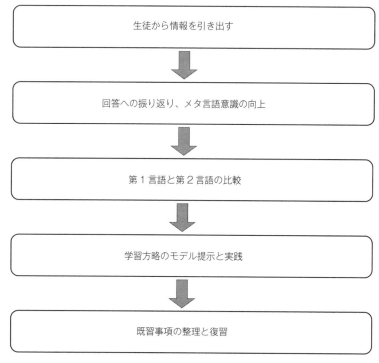

図6.1　ダイナミックアセスメントを用いた指導過程ステージ

Schneider & Ganschow（2000）の指導アプローチは、Sparks他（1991）によって概説されたもともとの多感覚構造化指導のいくつかの要素を備えているが、言語教育学の最近の概念とより相容れる、多くの改善策を取り入れている。彼らは教師の役割を学習の調整役と考えて、誘導発見学習を強く推奨している。彼らはまた学習者の自律性と学習者の自己監視スキルの向上に重点を置く。彼らは、ダイナミックアセスメント（図6.1）に基づく指導プロセスの具体的な5つの段階を挙げている。最初の2つの段階において、教師は生徒から情報を引き出し、直接的なフィードバックを与える代わりに、答の正誤にかかわらず、タスクの解決法を発見するプロセスを通して、生徒を誘導する。次の段階では、生徒の第1言語を用いて目標言語で学ばれる言語構造を明示的に比較する。彼らは、対照分析が、転移の促進的働き（Koda, 2007）と、Cummins（1981）の第2言語学習のための支援ツールとしての第1言語の役割に注目する言語的相互依存仮説に基づいて、言語構造の習得に与える効果を論じている。これは、多言語を用いた授業や教師が生徒の第1言語を話さない状況においては、いつも簡単にできるわけではないかもしれないが、第1言語と第2言語パターンを比べることは、第2言語の音韻的、統語的、そして形態学的な構造に関して、生徒の理解を促進するものと考えられる（Koda, 2007; Sparks & Ganschow, 1993）。5つの段階のうち最終の2つの段階において、学習方略が教授され、練習される。学習者は学習した教材をどう調整し、見返すのかについて、明示的な指導を受ける。Schneider & Evers（2009）は、SpLDs のある生徒へ第2言語を指導する際に、第1言語読み書きプログラム（Kelly & Phillips, 2011）で使われた MSLアプローチの要素をさらに推奨している。彼らは、言語構造は、「論理的で、単純なタスクからより複雑なタスクへつながる連続したステップ」の中で教えられるべきである、と提唱している（同 p.58）。彼らはまた、指導は積み上げられていくべきものであり、つまり、既習事項の上に積み上げられていくものである、と強調している（同様の指導方法参照 Nijakowska, 2008, 2010）。

6.3.5　MSLアプローチの理論的かつ経験に基づく基本的概念

　MSLアプローチには、SpLDs のある生徒だけでなく、すべての生徒の学

習を促進する多くの要素がある。いくつかの感覚チャンネルを同時に利用することで、記憶において文字を音にする効率を高めることには多くの理由がある。まず、Paivio（1991）の二重符号仮説に基づいて、言語情報と一緒に提示される視覚的ヒントは、新しい情報を記憶することと、それを知識システムへ統合する手助けをする。言語記号と一緒にイメージを使用することで、言語の非言語記憶システムの間で、指示結合（referential connection）と呼ばれる、連想のリンクが構築される。次に、学習に複数のモダリティを使うことで、Craik & Lockhart（1972）の処理水準の深さ理論（depth of processing theory）によると、結果としてより効果的な学習へとつながるより精巧な処理となる。MSLアプローチにおける拡張化学習活動もまた同様の目的を持つ。言語的と視覚的注意力、ワーキングメモリには限界があるが（Baddeley, 2012）、もし視覚的、言語的モダリティの両方で情報が提示されれば、その限界は越えられる可能性がある。これは、音韻的短期記憶とワーキングメモリが弱く、その結果複雑な言語情報を処理することに難しさのあるSpLDsのある生徒たちにとって、特に有効である（第2章参照）。もし彼らが追加の感覚チャンネルを通して学ぶ機会があれば、彼らの音韻処理上の弱さは相殺され得る。

　MSLアプローチでは、SpLDsのある生徒のもう一つの重要な特徴である、言語情報を長期記憶へ蓄えることの難しさが考慮されている。第2言語を学ぶことには、異なったタイプの言語情報を記憶することが必要となる。これらの言語情報とは、音の連鎖、文字の組み合わせ、そして音韻的短期記憶が弱く、他の学習者に比べて情報保持量が少ないSpLDsのある学習者には特に困難なものと考えられる、さらに大きな言語構造といったものがある。MSLアプローチの仮定に従えば、SpLDsのある第2言語学習者は、もし言語材料が少しずつ提示され、取り出された環境で集中的に練習することができれば、長期記憶の中でこれらの言語材料を文字にすることができる、という。すなわち、MSLアプローチは、第2言語のさまざまな点が自動化されるまで練習することの重要性を強調している。第2言語獲得理論の観点から、MSLアプローチは、人は他言語を学習する過程において、練習をすることで暗黙知へと変わる具体的言語構造の明示的知識をまず獲得すると主張する、インタフェースの立場（interface position）の上に成立しているように

思われる。この暗黙知は、自動的かつコミュニケーションへ意識的に注意をすることなく、使用される（DeKeyser, 1997）。強いインタフェースの立場は、明示的知識と暗黙知は完璧に異なり、分離されているものであると仮定する、コミュニカティブアプローチや**意味重視の指導**（Focus on Meaning approach）の基盤となっている非インタフェースの立場とははっきりと対立している（Krashen, 1981）。弱いインタフェースの立場と呼ばれる中間の立場（N. Ellis, 2005; R. Ellis, 1994）は、明示的知識は暗黙知が蓄積される中で潜在的な役割を果たし得るが、言語教育は暗黙知の獲得を支援することに主に集中すべきであると主張している。

　明示的知識が暗黙知に変わることができるかどうか、そしてもしもその答えが肯定であるのならば、どのように変わるのか（参照 Ellis & Shintani, 2014）、という疑問は解決されていないものの、第2言語学習における明示的指導の効果は証明されているようである。Norris & Ortega（2000）とSpada & Tomita（2010）の先行研究におけるメタ分析では、明示的指導は、文法構造の明示的な説明やインプットの具体的な構造へ注意を払う明示的説明がなされない暗黙的指導よりも、事後テストではかなり向上したという結果が得られた。この指導が有効であることは、遅延テストの分析の際にも、確認された（Spada & Tomita, 2010）。Norris & Ortega（2000）のメタ分析の中で、MSLアプローチで主張されている、言語構造だけを切り離して焦点化する明示的指導は、文法指導がコミュニカティブなやり取りの場面に組み込まれている**フォーカス・オン・フォーム** アプローチ（Focus on Form approach: 形式重視の教授法（focus on forms）と意味重視の教授法（focus on meaning）の両者の問題点を克服するために考案された言語教育法）と同様に効果的である、ということが発見されたことは興味深い。さらに、Spada & Tomita（2010）の分析によれば、明示的指導は単純な統語構造だけでなく、より複雑な構造の習得に関しても、役立つということを示している。明示的指導の効果は、生徒が暗黙知に依存することが必要であると考えられる自由産出課題においてでさえ、暗示的指導よりも大きい。

　文法構造の明示的指導が、第2外国語能力向上を促進するのに役立つだけでなく、語彙の明示的指導もまた、偶発的に語彙に触れることよりも、結果的により効果的な学習となることが示されている（File & Adams, 2010;

Tian & Macaro, 2012)。研究から得られた結果は、単語だけを教えることは、統合された語彙学習活動よりもより効果があることを示しているようである（File & Adams, 2010; Laufer, 2006）。Dóczi & Kormos (2016) では、意味のあるインプットを通しての偶発的語彙学習は、ワーキングメモリ容量の限界によって制限されてしまい、このことは特に SpLDs のある言語学習者に関係があることが述べられている。繰り返し提示したり、長時間にわたる練習は、単語を音にしたり、長期記憶の中の単語に付随する多くの情報のために必須である。SpLDs ではない生徒にとって、5回から 16回の繰り返しは、単語をしっかりと習得するには必要かもしれない（Nation, 1990）。Webb (2007) の研究によれば、目標とする項目に関するさまざまな言語知識を向上させるためには、10回の繰り返しさえも十分ではない、という。もし、SpLDs のある生徒が音韻的短期記憶の弱さ（第3章参照）が原因で経験する語彙習得の困難を考慮に入れるとするならば、MSLアプローチが推奨する頻繁に繰り返す指導には、確かに十分な根拠がある。

　第2言語習得研究分野や、言語教師研修においても、第2言語教育のために主唱されている主流の指導方法は、フォーカス・オン・フォーム アプローチとそのさまざまな具体策である（Ellis & Shintani, 2014）。このアプローチでは、統語、形態、音韻、および語彙を含む言語構造は、コミュニカティブな文脈の中で、コミュニカティブなタスクを通して、控えめな指導が行われる。上述したとおり、MSLアプローチは、**フォーカス・オン・フォームズ** アプローチ（Focus on FormS approach：形式重視の指導方法）の一つに分類され、文法的構造はあらかじめ選定され、コミュニカティブな文脈とは離れて指導される。このように、現在主流の言語教授法と MSLアプローチとの明らかな差異は容易に理解できる。しかしながら、言語教育において、同じ一つの方法ですべての学習者を指導しようとする指導原理を捨て去ることに対しては、多くの議論がある。Kubota (1998) は、言語が、文化的、言語的、認知的に多様な人々に対して教授されるさまざまな状況を列挙し、これらの状況での言語教師の声に耳を傾ける必要があることを述べている。MSLアプローチの検証の中で、彼女は、このアプローチは SpLDs のある学生のニーズを考慮に入れていることを強調しており、それはつまり「言語構造を理解して、操作すること」を意味している（同 p.403）。彼女は、機械

的に柔軟性のない、教師による独裁的な教授方法を実践するのではなく、教師は生徒の具体的なニーズに対応することが必須であることを指摘している。

　SpLDs のある生徒に言語教育を行う際、さまざまな教育的指導方法を行う必要性には文化的、社会的、状況の理由があるだけでなく、認知的な理由もある。教育的な心理学のフィールドでは、Snow（1992）は、適性処遇交互作用を紹介している。それは、さまざまな認知的プロフィールを持つ生徒は、異なった指導方法から学習効果を得るかもしない、ということである(Skehan, 1998 を参照)。関連する実証的研究の検証に基づいて、彼は、構造化されていない学習状況は、「有能で、自立した、習熟志向性のある柔軟な」(同 p.28)個人にとっては好ましいが、一方、きちんと構造化された学習状況は、「あまり能力が高くなく、自立もあまりしておらず、習熟志向性の低い学習者」により適していると主張している（Skehan, 1998）。 Kirschner, Sweller & Clark（2006）も、同様な結論を述べており、すなわち、すでに学習した分野において既存の知識を持っている生徒にとっては、指導が最小限のほうがより有効であるという。彼らは、初心者は直接的指導によってより効率的に学ぶとする教育心理学におけるさまざまな研究結果を引用している。

　第 2 言語習得研究分野において、さまざまな指導状況におけるワーキングメモリと学習成果との関係に関しての実証的研究結果は、多少矛盾している。ある研究では、ワーキングメモリ容量同様に能力も、明示的、偶発的学習状況、両方における学習成果を予測するものであるとしており（例　De Graaf, 1997）、ワーキングメモリは明示的学習状況のもとで得られたものに関連しており、偶発的学習状況には関係しない（Robinson, 2005b）とするものある。しかし、これらの研究では、参加者は、それ以前には未知であった言語を学ばなければならない状況であった。対照的に、Erlam（2005）の研究では、フランス語学習者に対して新しい文法構造を教える状況で、生成練習の機会が続く文法構造についての明示的な指導は、言語能力やワーキングメモリ容量にかかわらず、すべての学習者にとって効果があるように考えられていた（Erlam, 2005）。したがって、教育心理学と第 2 言語習得の両面から、特に言語学習の最初の段階で、明示的で誘導された指導が、言語能力も低く、ワーキングメモリも弱い生徒を助けることになるかもしれないという注目せずにはいられない証拠が存在しているように思われる。これらの発

見は、一般的に能力が低く、ワーキングメモリ容量も小さいと特徴づけられるSpLDsのある言語学習者に応用できる（詳細は第3章第5節1項参照）。

　MSLアプローチの理論的で実証的要因を議論する際、焦点は目標言語を教えることにずっと置かれてきた。しかし、MSLアプローチは、言語構造の習得において、学習者を補助する具体的な教授方法を提案するだけでなく、それはまた、生徒が第2言語を使ったり、学んだりするときに含まれているメタ認知的過程に気付かせるメタ認知指導と明示的学習指導技術を含んでいるのである。言語学習方略は、自己調整のより広い概念に包摂される。自己調整とは、「個人がメタ認知、動機、そして学習姿勢の観点からも学習過程の中で、積極的な参加者であるかどうかの程度」に関係する（Zimmerman, 1989, p.329）。SpLDsのある生徒にとっての学習方略トレーニングや自己調整力を高める必要性は、生徒たちが学習課題を計画し、実行し、モニターしたり、新しい情報に対して意識的に注意を向けたり、獲得することを助ける方略を使用することが、SpLDsのある大学生が学業的に成功することに強く関係している、と論じている研究によって支持されている（Trainin & Swanson, 2005）。良い成績を修めるSpLDsのある学生たちは、こういったさまざまな方略をSpLDsに由来する困難を克服するのにうまく利用しているという（Reis, McGuire & Neu, 2000）。昨今の研究では、SpLDsのある生徒たちは、そうでない生徒に比べて、メタ認知的な読解および学習方略をあまり使わない傾向にあると報告している（Chevalier, Parrila, Ritchie & Deacon, 2015）。これらの実証的見解では、SpLDsのある生徒たちのメタ認知的意識の向上や自己調整方略を使用することを強調している。先行研究によれば、SpLDsのある生徒への学習方略や読解方略指導は、読解を含むさまざまな学術領域にプラスの効果をもたらしており、SpLDsのある生徒たちは、学習方略トレーニングと読み書きスキル指導を絡めた直接指導から最も高い効果を得ることと示唆している（Swanson & Hoskyn, 1998を参照）。第2言語習得研究分野においては、学習方略トレーニングは、生徒の方略使用を高め、その結果、第2言語スキルの向上につながることが示されている（Chamot, 2005）。

　要約すると、SpLDsのある生徒への言語指導におけるMSLアプローチは、第2言語習得と教育、認知心理学分野の関係する理論の基礎となる知識が包

括されているように思われる。MSLアプローチは、明示的指導の役割と目標言語の構造上の規則についてのメタ言語意識に帰する重要性の観点から、通常の言語教育法とは異なっているものの、この違いは、SpLDs のある生徒が言語を達成するうえで、MSLアプローチを適用することに反対する論拠であってはならない。しかし、明示的指導には、目標言語の要素について学習者に指導がなされる際、複雑なメタ言語の使用が含まれていないことが、MSLアプローチが成功することに不可欠である。学習者は、これらの規則性を規則として暗記することが期待されるべきでなく、コミュニカティブな状況において、それらを応用することが求められるべきである。MSLアプローチの別の特徴は、つまり、練習課題、繰り返し、ドリルの集中的な利用は、言語教師によって慎重に考えられるべきである。可能であれば、これらの練習課題は、文脈や場面が与えられているべきであり、学習者にとって意味のあるものであるべきである。さらに、学習経験が退屈で刺激的でないものにならないように、十分に多様なものが含まれるべきである。最も重要なこととは、教師は、MSLアプローチを、学習者のニーズや学習環境を考慮することなく、無条件に適用できるもう一つの教義として考えるべきではない。

6.3.6　MSLアプローチプログラムの有効性の実証的証拠

　さまざまな状況での MSLアプローチの有効性を支持する研究成果は十分にある。先駆的な一連の研究の中で、Sparks と彼の同僚（Sparks & Ganschow, 1993; Sparks他, 1992）は、言語学習能力と母国語スキルへの MSLアプローチを用いた指導の効果を調査した。実験群は、米国私立大学の準備校（preparatory schools）でスペイン語を学ぶ 10代の学習者で、全員言語学習での**リスクがあるとされる学習者**であった。これらの学習者は、SpLD の診断を受けているかまたは学習困難が観察されたかのどちらかであった。どちらのグループにも、SpLD とは診断をされていないものの、かつて外国語学習において困難を経験した生徒が含まれていた。Sparks他（1992）によって行われた研究では、二つの実験群において、Sparks他（1991）（6.3.4 を参照）で提案された MSLアプローチでのトレーニングプログラムが実施された。一つの実験群では、指導者はもっぱらスペイン語を話し、もう一方の実験群では、英語とスペイン語の両方を用いた。統制群では、「口頭や文

字を用いてのコミュニケーションに使われる包括的なスキルに焦点を当てたナチュラルコミュニケーションアプローチ」を用いて指導された（同 p.112）。結果は、統制群では、言語能力検査や母国語スキルのいずれにおいても、なんら改善は見られなかった。MSLアプローチプログラムにおいて、彼らの母国語である英語が全く使われなかったグループの参加者は、適性検査のスコアが顕著に伸びたが、母国語のテストにおいては、伸びは観察されなかった。英語とスペイン語の両方が指導に使われていた MSLアプローチのグループでは、音韻知覚スキル、単語のデコーディング、そして語彙サイズのテスト、すべての適性検査において、顕著な向上が見られた。これらの結果は、Sparks & Ganschow（1993）によって行われた追跡研究によっても、再現された。MSLアプローチが言語学習適性、音韻知覚と単語のデコーディング能力にもたらす有効性は、SpLDs のある生徒たちがラテン語を学ぶ Sparks & Ganschow（1993）の研究においてもまた確認された。

　Sparks と彼の同僚らによって行われた一連の研究結果は、第２言語の音韻的、統語的システムの明示的指導は、第２言語習得の基礎となる認知スキルを高め得ることを示した点で、注目に値する。一方で、それらの結果は、MSLアプローチを用いた外国語指導は、生徒の母国語における音韻意識と単語レベルのデコーディングスキルにとって有効であることを示している。これらの研究は、SpLDs のある学生に第２言語を教授する重要性と価値を

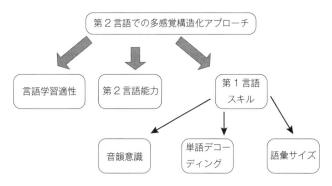

図6.2　Sparks, Ganschow, Pohlman, Skinner & Artzer（1992）& Sparks 他（1998）の研究

強調している。この研究で発見されたことは、また、学生の母国語が指導過程で促進的役割を果たすことも強調している（図6.2参照）。

　Sparksと彼の同僚らは、また、対照群としてSpLDsのない学習者を含む研究の中で、MSLアプローチの効果を調査し続けた（Ganschow & Sparks, 1995; Sparks 他., 1995, 1998）。対照群は、前述した**ナチュラルコミュニケーションアプローチ**を使って指導されたのに対して、SpLDsのある学習者のグループに対しては、MSLアプローチが用いられた。SpLDsのない学生は、言語適性テストにおいて向上が観察されたが、1年間の指導を通して、音韻意識が改善されることはなかった。2年間にわたるスペイン語の指導を経ての変化を分析したSparks 他（1995）の研究においてのみ、SpLDsのないグループの音韻意識の向上が見られた。これらの研究において、MSLアプローチは、はっきりと有益であることが発見されたけれども、それらの結果はまた、SpLDsのある生徒たちは、言語適性や母国語スキルの点で、学習困難には無縁の同級生よりも遅れをとっていることを明らかにした。

　しかし、問題は、MSLアプローチが、第2言語習得の基礎となる能力だけでなく、第2言語能力そのものを促進するのかどうかということである。Sparks他（1998）は、この疑問に答えるために、大学の準備校においてスペイン語を学ぶ10代のアメリカ人学習者に対して、別の研究を行った。この研究では、「言語学習において難しさがあらわれる可能性がある（以下リスクあり）」と分類された学生と、母国語ではその読み書きスキルに何ら問題がない学生の言語スキルの発達の状況が追跡された。困難があらわれる可能性がない（以下リスクなし）学生たちには、スペイン語を使って、通常の教室での指導が1年間行われた。リスクありの学生たちの一つのグループでは、特別支援教室でMSLアプローチを用いての指導が行われ、またリスクありのもう一つのグループでは、何らリスクのない生徒たちへ行われたと同じ指導が特別支援教室にて実施された。4つ目のリスクありの生徒たちのグループでは、そうでない生徒たちと一緒に能力が混在したクラスで、テスト時間の延長、読み物やテストの聴覚情報提供やつづりや課題に追加の支援といった教育的な手立てが保証された状態で実施された。4グループすべてに対して、読解、ライティング、リスニング、スピーキングからなる到達度テストが年度末に実施された。研究の特筆すべき結果は、MSLアプローチで

指導されたリスクありの生徒たちのグループで、到達度テストのすべての項目、また外国語の単語認知の追加調査において、ナチュラルコミュニケーションアプローチで指導された、リスクなしの生徒たちのグループと同等の到達度レベルであったということだ。さらに、MSLアプローチで指導されたリスクありの生徒たちのグループは、他の二つのリスクありのグループよりも顕著に成績がよかった。Sparks他は、指導前の言語能力レベルを測るためのプレテストは行わなかった。そのため最終到達度の比較のみが可能で、その向上率を検討することはできなかったが、これらの結果から、第2言語スキルの向上におけるMSLアプローチの有効性を立証できた（図6.2）。

　MSLアプローチプログラムの効果は、ラテン語やスペイン語より、正書法の観点で透明性がかなり低いと言える英語のような言語に対して、さらに調査された。Nijakowska（2008）では、5人のディスクレシアのポーランド人中学生に対して、音素と書記素の一致と英語のつづりのある体系的な特徴に関して、明示的なMSLアプローチ指導が行われた。介入は6か月続き、外国語としての英語の通常学級における授業に加えて、特別支援教室での90分間の授業も含まれた。統制群には、ディスレクシアの診断を受けた10名の生徒と、正書法やつづりについての明示的指導を受けない通常学級で英語授業に参加している、SpLDsの正式な診断を受けていない10名の生徒が含まれていた。Nijakowska（2008）は、プレテストとポストテストの両方を実施し、英単語の読みとつづりのスキルの向上を評価した。実験群では、介入指導において、つづりと単語の読みにおいて統計的に顕著な大幅な伸びが観察された。一方でディスレクシアの統制群では、なんら向上は見られなかった。ディスレクシアでない統制群のみが、英語の単語つづり問題で顕著な向上を見せたが、単語の読みテストでは、向上しなかった。Nijakowska（2008）の研究で特筆すべき発見は、実験群では、単語の読みやつづりの事後テストにおいて、ディスレクシアでない統制群よりも顕著に優れていた。この結果については、そのデータ数の少なさから注意深く扱われるべきであるものの、SpLDsのある生徒へ第2言語を直接的、明示的多感覚指導で教授する効果を支持するものである。

　最近の研究において、Pfenninger（2015）は、Sparks他（1991, 1992, 1995）とNijakowska（2008）の研究に参加した生徒より若い参加者に対して、

コンピューターを利用する指導方法を使ったMSLアプローチの効果を検証した。Pfenningerの研究の興味深い特徴は、彼女の研究が標準ドイツ語が子どもたちの第2言語であり、英語は彼らが必要としている第3言語であるという状況のスイスで行われたということだ。MSLアプローチが第3言語、つまりここでは英語の習得においてどのように有効なのかを調べるだけでなく、第2言語であるドイツ語の単語命名課題、単語レベルでのデコーディング、音韻意識に影響があるかどうかを調べた。9歳から11歳までのディスレクシアと診断されている10人の生徒と、同じ年齢層の10人のディスレクシアでない生徒が3か月にわたり実験的指導を受けた。その指導は、英語での通常授業での指導に加えて、MSLアプローチの理念に従って、英語で行われる単語の読み方やつづり方に関する明示的指導を実施するコンピューターを活用したものであった。生徒の活動に対して具体的で即座のフィードバックは、プログラムの一環として与えられ、子どもたちはさまざまな課題を用いて、新しく提示される教材に取り組むことができた。ディスレクシアの診断を受けている生徒とそうでない生徒10人から成る統制群は、通常の授業を受け、コンピューターでのプログラムは使用しなかった。

　Pfenninger（2015）の研究には、いくつかの注目すべき結果がある。彼女の研究は、コンピュータープログラムを使っている生徒は第2言語のドイツ語と第3言語の英語スキルの多くの能力において、顕著に向上したことから、ディスレクシアでない生徒たちにとっても、MSLアプローチは効果があることを示すこととなった最初の研究である。この指導は、第2言語、第3言語における音韻意識、第3言語における単語のデコーディング、第3言語の語彙知識、第2言語と第3言語での高速自動命名課題（RAN：rapid automated naming）（ドイツ語での高速数字命名課題（RDN：rapid digit-naming test）を除く）において、顕著な効果をもたらした。第2言語の単語のデコーディングと英文の読みの流暢さにはあまり効果は見られなかった。それは、ドイツ語が比較的透明性の高い言語であるという特性による天井効果によるものかもしれない。一方、統計分析でもまた、ディスレクシアの生徒たちは、第2、第3言語での高速絵画命名課題（rapid automated picture naming）、第2、第3言語での音韻意識、第2言語でのつづり課題、第3言語での理解語彙と使用語彙の知識において、ディスレクシアでない生徒より

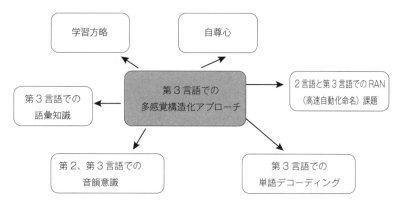

図6.3　Pfenninger（2015）における多感覚構造化アプローチの効果

も MSLアプローチ指導からより高い効果を得た（図6.3）。Pfenninger の研究は、より年齢の低い子どもたちにとって、そして同時に二つの外国語が、教室で行われる言語学習で指導される多言語環境にとって、MSLアプローチプログラムの有効性を立証するものとなった。

　追跡研究において、Pfenninger（印刷中）は、動機づけ、自尊心、そして学習方略使用への MSLアプローチの効果を検証した。概要として、MSLアプローチはこれらの情意要因に効果があり、特にディスレクシアの生徒たちにおける自尊心の向上が顕著で、指導が終わるころには、より多くの学習方略を用いるようになっていた、と報告している。また、この結果によれば、第3言語スキルテストでの向上と動機変数には、重要な関連があることも示されている。これらの発見は、直接的因果関係があると決定づけることにはならないが、Pfenninge の研究は、MSLアプローチによる指導は、認知的効果や第2、第3言語スキルの向上に効果があるだけでなく、生徒の動機、自尊心、自己調整方略の使用を潜在的に高めることを示唆した（図6.3）。

6.4　結　論

　インクルーシブでディスレクシアに配慮したプログラムでの成功例が散見される一方、残念なことに、ほとんどの場合、SpLDs のある言語学習者た

ちのニーズは無視されている。これは、教師の SpLDs の適切な知識が不足していることから生じているかもしれない。SpLDs のある生徒へ読み書きスキルを教える上で教師が持つべき知識を調査した研究結果によると、教師が SpLDs の本質について十分に理解できていない状況は、結局はインクルージョンへの消極的な態度、SpLDs のある生徒に教えることへの不安につながり、その結果、教師が生徒の学習過程に与える影響は、生徒の学習到達度も低くしてしまうことを示している (Joshi他, 2009; Washburn, Joshi & Cantrell, 2011)。語学教師の SpLDs に関する事前トレーニングと既存の知識に関する、最近のヨーロッパで行われた調査によると、それは残念な結果となり、言語教師自身この分野の専門的知識が乏しく、不十分であると述べている (Nijakowska, 2014)。したがって、SpLDs に関するコース、モジュールそしてユニットを、教員研修や教員養成教育の両方において、具体化する必要性は明らかである。その一つの例として、Dyslexia for Teachers of English as a Foreign Language (Dystefl course-wwwdystefl.eu) があり、それはさまざまな教師研修における、自学や全体研修のための教材を提供している (Nijakowska & Kormos, 2015)。

　一方で、インクルーシブでディスレクシアを配慮した指導を実践することは、時間がかかり、学校の教師チーム、管理職の協力体制にかかっているので、それは大変骨の折れる仕事である (Abrams, 2008; Arries, 1999)。また、教師の時間や適切なテクノロジーの補助といった他の物的資源の両方の観点から、資源集約的である。したがって、コミュニティとしての学校がインクルーシブ教育にしっかり取り組むだけでなく、管理、資金調達、および法律といった点で、教師が入手可能なサポートがあることは重要である。21世紀における他言語に関する知識は有力な資源であり、他言語を話すことは、読み書きや基本的計算スキルと同様に重要なものとなり得る。このために、立法そして教育政策のレベルで、他言語を学ぶことからだれも取り残されないことを保証すべきである。インクルーシブな教育環境における利用可能な手立てにもかかわらず、学習者が学習上の失敗を経験するのであれば、言語学習の免除は選択の一つとなる。SpLDs の追加的支援を必要とするすべての生徒たちが、読み書きスキルを習得しようとする際にそれが提供されるように、同様の機会が、他言語を学ぶ際にも与えられるべきある。学校や熱心に

取り組む教員集団は、ディスレクシアに配慮したインクルーシブな環境を作り出すことはできるが、教育理念や財源のレベルで継続した支援があって初めて、言語学習におけるインクルージョンを例外ではなく標準的な状態にすることができる。インクルージョンに向けての努力は、SpLDs のある学習者自身の声と彼らへの支持を顕在化させてくれる。

　この本の中で、私は、読者に対して、学習困難の兆候がどのように識別されるのかを示し、教師が目の前の学習者を体系的に観察し、生徒が直面している難題をよりよく理解できる方法について述べてきた。私は、また、識別プロセスでの必須の構成要素は、学習者の強みや弱みを叙述することだけでなく、教育環境に存在する障壁を徹底的に調査、検証することであることも主張してきた。インクルーシブな学習環境を作り上げることと、これらの障壁を取り除くことは、第 2 言語習得の成功に不可欠なことである。

　インクルーシブな実践に加えて、SpLDs のある学習者のほとんどにとって、専門的な教育的介入が有効である。SpLDs のある子どもたちが音韻意識向上とフォニックスを基本としたプログラムに参加すると、この子どもたちの第 2 言語の読みスキルが顕著に向上する。SpLDs のあるすべての年代の第 2 言語学習者は、形と意味の関係だけでなく、つづり、発音、文法的情報や共起関係といった語彙知識の他の観点にも注目した明示的な語彙指導から効果を得ている。自己調整方略の効率的活用においての一般的な訓練と同様、読解方略指導やメタ認知意識を向上させることは、SpLDs のある生徒の第 1 言語や第 2 言語での読みスキルを高め、学校での学習課題を行う上でも役に立つ。

　多感覚学習プログラムは、第 2 言語体系を明示的、直接的、そして注意深く構造化された指導を提供し、学習者のさまざまな感覚を同時に活性化させる。この指導体制は、SpLDs のある第 2 言語学習者に役立つものである。これにより、音韻的短期記憶やワーキングメモリの弱さを克服し、単語などの言語要素と同様に、文法や規則を覚えることが容易になっている。多感覚を用いた、意味のある多様な練習の機会とともに、その内容がしばしば作り変えられたり、再利用されることは、第 2 言語の構造が学習者の中で自動化されることを目的としている。誘導発見学習と明示的な説明を通して、生徒たちはサポートされており、暗示的で偶発的な学習にのみ依存することはな

い。SpLDs のある生徒の第2言語能力を高めることに加えて、多感覚学習プログラムは、第1言語での音韻意識と単語レベルでのデコーディングスキルを向上させ、動機、自尊心、自己調整スキルを高めることがわかってきた。

　私は、読者の皆さんが、SpLDs のある言語学習者を理解し、支援し、そして、SpLDs のある生徒たちが「私はディスレクシアがあるから困っているわけではないのです。ディスレクシアと共に生き、ディスレクシアを持ちながら働いているのです。ただ、私自身が何はできて、何はできないのかを理解している、と考えている人々の"無知"に私は苦しんでいるのです」(Erica Cook) と、口にすることのない状況が訪れることを願っている。

文　献

Aaron, P., Joshi, R., Gooden, R., & Bentum, K. (2008). Diagnosis and treatment of reading disabilities based on the component model of reading: An alternative to the discrepancy model of LD. *Journal of Learning Disabilities, 41*, 67–84.

Abrams, Z. S. (2008). Alternative second language curricula for learners with disabilities: Two case studies. *The Modern Language Journal, 92*, 414–430.

Abu Rabia, S., Share, D., & Mansour, S. M. (2003). Word recognition and basic cognitive processes among reading-disabled and normal readers of Arabic. *Reading and Writing: An Interdisciplinary Journal, 16*, 423–442.

Abu Rabia, S., & Siegel, L. S. (2002). Reading, syntactic, orthographic and working memory skills of bilingual Arabic-English speaking children. *Journal of Psycholinguistic Research, 31*, 661–678.

Ackerman, P. L. (2007). New developments in understanding skilled performance. *Current Directions in Psychological Research, 16*, 235–239.

Adams, A.M., & Guillot, K. (2008). Working memory and writing in bilingual students. *International Journal of Applied Linguistics, 156*, 13–28.

AERA/APA/NCME. (1999). *Standards for educational and psychological testing.* Washington, DC: Author.

Ainscow, M. (1995). Education for all: Making it happen. *Support for Learning, 10*, 147–155.

Ajzen, I. (2005). *Attitudes, personality and behaviour.* New York: Open University Press.

Alderson, J. C., Brunfaut, T., & Harding, L. (2014). Towards a theory of diagnosis in second and foreign language assessment: Insights from professional practice across diverse fi elds. *Applied Linguistics, 36*, 236–260.

Alderson, J. C., Haapakangas, E.-L., Huhta, A., Nieminen, L., & Ullakonoja, R. (2014). *Diagnosing reading in a second or foreign language.* London: Routledge.

Alloway, T. P., Gathercole, S. E., & Elliott, J. (2010). Examining the link between working memory behavior and academic attainment in children with ADHD. *Developmental Medicine & Child Neurology, 52*, 632–636.

Al Otaiba, S., & Torgesen, J. (2007). Effects from intensive standardized kindergarten and first-grade interventions for the prevention of reading difficulties. In S. R. Jimerson, M. K. Burns & A. M. Van Der Heyden (Eds.), *Handbook of response to intervention* (pp.212–222). New York: Springer.

American Psychiatric Association. (1994). *Diagnostic and statistical manual of mental disorders* (4th ed.). Washington, DC: Author.

American Psychiatric Association. (2013). *Diagnostic and statistical manual of mental disorders* (5th ed.). Washington, DC: Author.

Anderson, J. R. (1995). *Learning and memory: An integrated approach.* New York: Wiley.

Arras, U., Muller-Karabil, A., & Zimmermann, S. (2013). On equal footing? Accommodations for disabled candidates in the TestDaF. In D. Tsagari & G. Spanoudis (Eds.), *Assessing L2 students with learning and other disabilities* (pp.271–286). Newcastle upon Tyne, UK: Cambridge Scholars.

Arries, J. F. (1999). Learning disabilities and foreign languages: A curriculum approach to the design of inclusive courses. *The Modern Language Journal, 83*, 98–110.

Association of Language Testers in Europe. (1994). *The Association of Language Testers of Europe code of practice.* Retrieved from http://www.alte.org.

August, D., & Shanahan, T. (2010). Response to a review and update on developing literacy in second-language learners: Report of the national literacy panel on language minority children and youth. *Journal of Literacy Research, 42*, 341–348.

Baddeley, A. D. (1986). *Working memory.* Oxford: Oxford University Press.

Baddeley, A. D. (2000) The episodic buffer: a new component of working memory? *Trends in Cognitive Science, 4*, 417–423.

Baddeley, A. D. (2003). Working memory: Looking back and looking forward. *Nature Reviews Neuroscience, 4*, 829–839.

Baddeley, A. D. (2012). Working memory: Theories, models, and controversies. *Annual Review of Psychology, 63*, 1–29.

Baddeley, A. D., & Hitch, G. J. (1974). Working memory. In G. A. Bower (Ed.), *Recent advances in learning and motivation* (Vol. 8, pp.47–90). New York: Academic Press.

Baddeley, A. D., & Logie, R. H. (1999). Working memory: The multiple component model. In A. Miyake & P. Shah (Eds.), *Models of working memory: Mechanisms of active maintenance and executive control* (pp.28–61). Cambridge: Cambridge University Press.

Baird, G., Simonoff, E., Pickles, A., Chandler, S., Loucas, T., Meldrum, D., & Charman, T. (2006). Prevalence of disorders of the autism spectrum in a population cohort of children in South Thames: The special needs and autism project (SNAP). *Lancet, 368(9531)*, 210–215.

Baker, J. M., & Zigmond, N. (1995). The meaning and practice of inclusion for students with learning disabilities: Themes and implications from the fi ve cases. *Journal of Special Education, 29*, 163–180.

Bandura, A. (1986). Social foundations of thought and action: A social cognitive theory.

文　献

Englewood Cliffs, NJ: Prentice-Hall.

Bandura, A. (1997). *Self-efficacy: The exercise of control*. New York: W. H. Freeman.

Barkley, R. A. (1997). Inhibition, sustained attention, and executive functions: Constructing a unifying theory of ADHD. *Psychological Bulletin, 121*, 65–94.

Barkley, R. A. (2006). *Attention-deficit hyperactivity disorder*. New York, NY: Guilford Press.

Barnes, C. (1996). Theories of disabilities and the origin of oppression of disabled people in Western society. In L. Barton (Ed.), *Disability and society: Emerging issues and insights* (pp.43–60). London: Longman.

Baron-Cohen, S. (2008). *Autism and Asperger syndrome*. Oxford: Oxford University Press.

Berkeley, S., Scruggs, T. E., & Mastropieri, M. A. (2010). Reading comprehension instruction for students with learning disabilities, 1995–2006: A meta-analysis. *Remedial and Special Education, 31*, 423–436.

Berninger, V. (2000). Development of language by hand and its connections to language by ear, mouth, and eye. *Topics in Language Disorders, 20*, 65–84.

Berninger, V. W., Abbott, R. D., Abbott, S. P., Graham, S., & Richards, T. (2002). Writing and reading: Connections between language by hand and language by eye. *Journal of Learning Disabilities, 35*, 39–56.

Besner, D., & Smith, M. (1992). Basic processes in reading: Is the orthographic depth hypothesis sinking? In R. Frost & L. Katz (Eds.), *Orthography, phonology, morphology and meaning* (pp.45–66). Amsterdam: North Holland.

Bialystok, E., & Majumder, S. (1998). The relationship between bilingualism and the development of cognitive processes in problem solving. *Applied Pyscholinguistics, 19*, 69–85.

Bishop, D. V. M., & Snowling, M. J. (2004). Developmental dyslexia and specific language impairment: Same or different? *Psychological Bulletin, 130*, 858–886.

Bolt, S. E., & Thurlow, M. L. (2004). Five of the most frequently allowed testing accommodations in state policy. *Remedial and Special Education, 25*, 141–152.

Bong, M., & Skaalvik, E. M. (2003). Academic self-concept and self-efficacy: How different are they really? *Educational Psychology Review, 15*, 1–40.

Booth, T., Ainscow, M., Black-Hawkins, K., Vaughan, M., & Shaw, L. (2000). Index for inclusion: *Developing learning and participation in schools*. Bristol: Centre for Studies on Inclusive Education.

Borodkin, K., & Faust, M. (2014). Native language phonological skills in low proficiency second language learners. *Languages Learning, 64,* 132–159.

Bourdieu, P. (1991). *Language and symbolic power* (J. B. Thompson, ed.; G. Raymond & M. Adamson, trans.). Cambridge, UK: Polity Press (original work published in 1982).

Bowers, P. G., & Swanson, L. B. (1991). Naming speed deficit in reading disability: Multiple measures of a singular process. *Journal of Experimental Child Psychology, 51,* 195–219.

Bown, J., & White, C. (2010). A social cognitive approach to affect in SLA. *International Review of Applied Linguistics, 48,* 331–353.

British Dyslexia Association. (1996). *Dyslexia friendly schools good practice guide: Abridged version.* Bracknell, UK: British Dyslexia Association.

Burgoine, E., & Wing, L. (1983). Identical triplets with Asperger's syndrome. *British Journal of Psychiatry, 143,* 261–265.

Cain, K. (2006). Individual differences in children's memory and reading comprehension: An investigation of semantic and inhibitory deficits. *Memory, 14,* 553–569.

Cain, K., & Bignell, S. (2014). Reading and listening comprehension and their relation to inattention and hyperactivity. *British Journal of Educational Psychology, 84,* 108–124.

Cain, K., Oakhill, J., & Bryant, P. (2004). Children's reading comprehension ability: Concurrent prediction by working memory, verbal ability, and component skills. *Journal of Educational Psychology, 96,* 31–42.

Calvo, M. G., & Eysenck, M. W. (1996). Phonological working memory and reading test anxiety. *Memory, 4,* 289–305.

Camara, W., Copeland, T., & Rothchild, B. (1998). Effects of extended time on the SAT I: Reasoning Test: Score growth for students with learning disabilities. *College Board Research Report 98–7.* New York: The College Board.

Campbell, J. D., & Lavallee, L. F. (1993). Who am I? The role of self-concept confusion in understanding the behavior of people with low self-esteem. In R. F. Baumeister (Ed.), *Self-esteem, the puzzle of low self-regard* (pp.3–36). New York: Plenum Press.

Caravolas, M. (2004). Spelling development in alphabetic writing systems: A cross-linguistic perspective. *European Psychologist, 9,* 3–14.

Caravolas, M., Hulme, C., & Snowling, M. J. (2001). The foundations of spelling ability: Evidence from a 3-year longitudinal study. *Journal of Memory & Language, 45,* 751–774.

Caravolas, M., Lervåg, A., Defi or, S., Seidlová Málková, G., & Hulme, C. (2013). Different patterns, but equivalent predictors, of growth in reading in consistent and inconsistent orthographies. *Psychological Science, 24,* 1398–1407.

Caravolas, M., Lervåg, A., Mousikou, P., Efrim, C., Litavsky, M., Onochie-Quintanilla, E.,.

.. Seidlová-Malkova. (2012). Common patterns of prediction of literacy development in different alphabetic orthographies. *Psychological Science, 23*, 678–686.

Carlisle, J. F. (2000). Awareness of the structure and meaning of morphologically complex words: Impact on reading. *Reading and Writing: An Interdisciplinary Journal, 12*, 169–190.

Carroll, J. B. (1981). Twenty-fi ve years of research on foreign language aptitude. In K. C. Diller (Ed.), *Individual differences and universals in language learning aptitude* (pp.119–154). Rowley, MA: Newbury House.

Carroll, J. B., & Sapon, S. M. (1959). *The modern language aptitude test*. San Antonio, TX: Psychological Corporation.

Carroll, J. M., & Illes, J. E. (2006). An assessment of anxiety levels in dyslexic students in higher education. *British Journal of Educational Psychology, 76*, 651–662.

Chamot, A. U. (2005). Language learning strategy instruction: Current issues and research. *Annual Review of Applied Linguistics, 25*, 112–130.

Chao, Y.-R. (1968). *A grammar of spoken Chinese*. Berkeley, CA: University of California Press.

Cheung, H. (1996). Nonword span as a unique predictor of second-language vocabulary learning. *Developmental Psychology, 32*, 867–873.

Chevalier, T. M., Parrila, R., Ritchie, K. C., & Deacon, S. H. (2015). The role of metacognitive reading strategies, metacognitive study and learning strategies, and behavioral study and learning strategies in predicting academic success in students with and without a history of reading difficulties. *Journal of Learning Disabilities*. DOI: 10.1177/0022219415.

Chiu, M. M., & Chow, B. W. Y. (2010). Culture, motivation, and reading achievement: High school students in 41 countries. *Learning and Individual Differences, 20*, 579–592.

Chiu, M. M., & McBride-Chang, C. (2006). Gender, context, and reading: A comparison of students in 43 countries. *Scientific Studies of Reading, 10*, 331–362.

Chiu, M. M., McBride-Chang, C., & Lin, D. (2012). Ecological, psychological, and cognitive components of reading difficulties: Testing the component model of reading in fourth graders across 38 countries. *Journal of Learning Disabilities, 45*, 391–405.

Chung, K. K. H., & Ho, C. S. H. (2009). Second language learning difficulties in Chinese children with dyslexia: What are the reading-related cognitive skills that contribute to English and Chinese word reading? *Journal of Learning Disabilities, 43*, 194–211.

Clément, R., & Kruidenier, B. G. (1983). Orientations in second language acquisition: I. The effects of ethnicity, milieu, and target language on their emergence. *Language*

Learning, 33, 273–291.

Cobb, C. (2015). Is French immersion a special education loophole?. .. And does it intensify issues of accessibility and exclusion? *International Journal of Bilingual Education and Bilingualism, 18*, 170–187.

Coltheart, M. (1978). Lexical access in simple reading tasks. In G. Underwood (Ed.), *Strategies of information processing* (pp.151–216). London: Academic Press.

Corno, L. (1993). The best-laid plans: Modern conceptions of volition and educational research. *Educational Researcher, 22*, 14–22.

Cowan, N. (1995). *Attention and memory*. Oxford, England: Oxford University Press.

Cowan, N. (1999). An embedded-process model of working memory. In A. Miyake & P. Shah (Eds.), *Models of working memory: Mechanisms of active maintenance and executive control* (pp.62–101). Cambridge: Cambridge University Press.

Craik, F. I., & Lockhart, R. S. (1972). Levels of processing: A framework for memory research. *Journal of Verbal Learning and Verbal Behaviour, 11*, 671–684.

Crawford, L., & Tindal, G. (2004). Effects of a read-aloud modification on a standardized reading test. *Exceptionality, 12*, 89–106.

Crombie, M. (1997). The effects of specific learning difficulties (dyslexia) on the learning of a foreign language at school. *Dyslexia, 3*, 27–47.

Csizér, K. (2010). Diszlexia és nyelvtanuási motiváció [Dyslexia and language learning motivation]. In J. Kormos & K. Csizér (Eds.), *Idegennyelv-elsajátítás és részképességzavarok* [Foreign language acquisition and learning disabilities] (pp.49–76). Budapest: Eotvos Kiadó.

Csizér, K., & Dörnyei, Z. (2005). The internal structure of language learning motivation and its relationship with language choice and learning effort. *Modern Language Journal, 89*, 19–36.

Csizér, K., & Kormos, J. (2008). The relationship of inter-cultural contact and language learning motivation among Hungarian students of English and German. *Journal of Multilingual and Multicultural Development, 29*, 30–48.

Csizér, K., Kormos, J., & Sarkadi, A. (2010). The dynamics of language learning attitudes and motivation: Lessons from an interview study with dyslexic language learners. *Modern Language Journal, 97*, 470–487.

Cummins, J. (1981). Empirical and theoretical underpinnings of bilingual education. *Journal of Education, 163*, 16–29.

Cummins, J. (1991). Conversational and academic language proficiency in bilingual contexts. In J. Hulstifn & J. Matter (Eds.), *Reading in two languages* (pp.75–89).

文　献

Amsterdam, Netherlands: Free University Press.

Cummins, J. (2000). *Language, power, and pedagogy: Bilingual children in the crossfire.* Clevedon, UK: Multilingual Matters.

Cummins, J. (2012). The intersection of cognitive and sociocultural factors in the development of reading comprehension among immigrant students. *Reading & Writing, 25,* 1973–1990.

Daneman, M., & Carpenter, P. A. (1980). Individual differences in working memory and reading. *Journal of Verbal Learning and Verbal Behaviour, 19,* 450–466.

Davies, A. (2010). Test fairness: A response. *Language Testing, 27,* 171–176.

Deci, E. L., Koestner, R., & Ryan, R. M. (1999). A meta-analytic review of experiments examining the effects of extrinsic rewards on intrinsic motivation. *Child Development, 72,* 1135–1150.

Deci, E. L., & Ryan, R. M. (1985). *Intrinsic motivation and self-determination in human behavior.* New York: Plenum.

de Graaff, R. (1997). The eXperanto experiment: Effects of explicit instruction on second language acquisition. *Studies in Second Language Acquisition, 19,* 249–276.

de Jong, P. F., & van der Leij, A. (2003). Developmental changes in the manifestation of a phonological deficit in dyslexic children learning to read a regular orthography. *Journal of Educational Psychology, 95,* 22–40.

DeKeyser, R. M. (1997). Beyond explicit rule learning. *Studies in Second Language Acquisition, 19,* 195–221.

Denckla, M. B., & Rudel, R. G. (1976). Naming of objects by dyslexic and other learningdisabled children. *Brain and Language, 3,* 1–15.

Denton, C. A., Wexler, J., Vaughn, S., & Bryan, D. (2008). Intervention provided to linguistically diverse middle school students with severe reading difficulties. *Learning Disabilities Research & Practice, 23(2),* 79–89.

Department of Education and Science. (2005). *Guidance to support pupils with dyslexia and dyscalculia* (No. DfES 0512/2001). London: HMSO.

Dóczi, B., & Kormos, J. (2016). *Longitudinal developments in vocabulary knowledge and lexical organization.* Oxford: Oxford University Press.

Dörnyei, Z. (2001). *Teaching and researching motivation.* Harlow: Longman.

Dörnyei, Z. (2005). *The psychology of the language learner: Individual differences in second language acquisition.* Mahwah, NJ: Lawrence Erlbaum.

Dörnyei, Z. (2010). The relationship between language aptitude and language learning motivation. In E. Macaro (Ed.), *Continuum companion to second language acquisition* (pp.247–267). London: Continuum.

Dörnyei, Z., Csizér, K., & Németh, N. (2006). *Motivational dynamics, language attitudes and language globalisation: A Hungarian perspective*. Clevedon, England: Multilingual Matters.

Dörnyei, Z., & Tseng, W.-T. (2009). Motivational processing in interactional tasks. In A. Mackey & C. Polio (Eds.), *Multiple perspectives on interaction: Second language research in honor of Susan M. Gass* (pp.117–134). London: Routledge.

Downey, D., Snyder, L., & Hill, B. (2000). College students with dyslexia: Persistent linguistic deficits and foreign language learning. *Dyslexia, 6,* 101–111.

Dufva, M., & Voeten, M. (1999). Native language literacy and phonological memory as prerequisites for learning English as a foreign language. *Applied Psycholinguistics, 20,* 329–348.

Dunn, L. M. (1968). Special education for the mildly retarded—Is much of it justifiable? *Exceptional Children,* 35, 5–22.

Eaude, T. (1999). *Learning difficulties: Dyslexia, bullying and other issues*. London: Letts Educational.

Educational Testing Service. (2002). *ETS standards for quality and fairness*. Princeton, NJ: Author.

Ehlers, S., & Gillberg, C. (1993). The epidemiology of Asperger's syndrome: A total population study. *Journal of Child Psychology and Psychiatry, 34,* 1327–1350.

Ehri, L. C. (1997). Learning to read and learning to spell are one and the same, almost. In C. Perfetti, L. Rieben & M. Fayol (Eds.), *Learning to spell: Research, theory, and practice* (pp.237–269). Mahwah, NJ: Lawrence Erlbaum.

Ehri, L. C. (2005). Learning to read words: Theory, fi ndings, and issues. *Scientific Studies of Reading, 9,* 167–188.

Ehri, L. C., & Wilce, L. S. (1980). The influence of orthography on readers' conceptualization of the phonemic structure of words. *Applied Psycholinguistics, 1,* 371–385.

Elbeheri, G., Everatt, J., Mahfoudhi, A., Abu Al-Diyar, M., & Taibah, N. (2011). Orthographic processing and reading comprehension among Arabic speaking mainstream and LD children. *Dyslexia, 17 (2),* 123–142.

Elbro, C., & Arnbak, E. (1996). The role of morpheme recognition and morphological awareness in dyslexia. *Annals of Dyslexia,* 46, 209–240.

Elbro, C., Daugaard, H. T., & Gellert, A. S. (2012). Dyslexia in a second language?—A dynamic test of reading acquisition may provide a fair answer. *Annals of Dyslexia, 62,*

文　献

172–185.

Elliott, M. (2013). Test taker characteristics. In A. Geranpayeh & L. Taylor (Eds.), *Examining listening: Research and practice in assessing second language listening* (pp.36–76). Cambridge: Cambridge University Press.

Elliott, S. N., Kratochwill, T. R., & McKevitt, B. C. (2001). Experimental analysis of the effects of testing accommodations on the scores of students with and without disabilities. *Journal of School Psychology, 39*, 3–24.

Ellis, N. (2005). At the interface: Dynamic interactions of explicit and implicit language knowledge. *Studies in Second Language Acquisition, 27*, 305–352.

Ellis, N. C. (1994). Introduction: Implicit and explicit language learning—an overview. In N. Ellis (Ed.), *Implicit and explicit learning of languages* (pp.1–31). London: Academic Press.

Ellis, N. C. (2002). Frequency effects in language acquisition: A review with implications for theories of implicit and explicit language acquisition. *Studies in Second Language Acquisition, 24*, 143–188.

Ellis, R. (1994). *The study of second language acquisition.* Oxford: Oxford University Press.

Ellis, R., & Shintani, N. (2014). *Exploring language pedagogy through second language acquisition research.* London: Routledge.

Engle, R. W., Laughlin, J. E., Tuholski, S. W., & Conway, A. (1999). Working memory, short-term memory, and general fluid intelligence: A latent-variable approach. *Journal of Experimental Psychology: General, 128 (3)*, 309–333.

Erlam, R. (2005). Language aptitude and its relationship to instructional effectiveness in second language acquisition. *Language Teaching Research, 9*, 147–171.

Everatt, J., Smythe, I., Adams, E., & Ocampo, D. (2000). Dyslexia screening measures and bilingualism. *Dyslexia, 6*, 42–56.

Eysenck, M. W. (1992). *Anxiety: The cognitive perspective.* Hove, UK: Erlbaum.

Eysenck, M. W., & Calvo, M. G. (1992). Anxiety and performance: The processing efficiency theory. *Cognition and Emotion, 6*, 409–434.

Eysenck, M. W., Derakshan, N., Santos, R., & Calvo, M. G. (2007). Anxiety and performance: Attentional control theory. *Emotion, 7*, 336–353.

Feldman, J., Kerr, B., & Streissguth, A. P. (1995). Correlational analyses of procedural and declarative learning performance. *Intelligence, 20*, 87–114.

Feuerstein, R. (1980). *Instrumental enrichment.* Baltimore, MD: University Park Press.

Field, J. (2013). Cognitive validity. In A. Geranpayeh & L. Taylor (Eds.), *Examining* listening: *Research and practice in assessing second language listening* (pp.77–151). Cambridge: Cambridge University Press.

File, K. A., & Adams, R. (2010). Should vocabulary instruction be integrated or isolated? *TESOL Quarterly, 44,* 222–249.

Fletcher, J. M. (2012). Classification and identification of learning disabilities. In B. Wong & D. Butler (Eds.), *Learning about learning disabilities* (4th ed., pp.1–26). New York, NY: Elsevier.

Fletcher, J. M., Francis, D. J., Boudousquie, A., Copeland, K., Young, V., Kalinowski, S., & Vaughn, S. (2006). Effects of accommodations on high stakes testing for students with reading disabilities. *Exceptional Children, 72,* 136–150.

Fletcher, J. M., Morris, R. D., & Lyon, G. R. (2004). Classification and defi nition of learning disabilities: An integrative perspective. In H. L. Swanson, K. R. Harris & S. Graham (Eds.), *Handbook of learning disabilities* (pp.30–56). New York: Guilford.

Ford, M. (1992). *Motivating humans: Goals, emotions, and personal agency beliefs.* Newbury Park, CA: Sage.

Frederickson, N. (1993). Using soft systems methodology to rethink special educational needs. In A. Dyson & C. Gains (Eds.), *Rethinking special needs in mainstream schools: Towards the year 2000* (pp.1–21). London: David Fulton.

Frederickson, N., & Cline, T. (2002). *Special educational needs, inclusion and diversity: A textbook.* Maidenhead, UK: Open University Press.

Frederickson, N., & Cline, T. (2009). *Special educational needs, inclusion and diversity: A textbook* (2nd ed.). Maidenhead, UK: Open University Press.

Frederickson, N., & Frith, U. (1998). Identifying dyslexia in bilingual children: A phonological approach with inner London Sylheti speakers. *Dyslexia, 4,* 119–131.

Frederickson, N., Frith, U., & Reason, R. (1997). *Phonological assessment battery.* Windsor, UK: NFER-Nelson.

Frick, P. J., Kamphaus, R. W., Lahey, B. B., Loeber, R., Christ, M., Hart, E., & Tannenbaum, L. E. (1991). Academic underachievement and the disruptive behavior disorder. *Journal of Consulting and Clinical Psychology, 59,* 289–294.

Fries, C. C. (1945). Teaching and learning English as a foreign language. Ann Arbor, MI: University of Michigan Press.

Frith, U. (1980). Unexpected spelling problems. In U. Frith (Ed.), *Cognitive processes in spelling* (pp.495–515). London: Academic Press.

Frith, U. (1985). Beneath the surface of developmental dyslexia. In K. Patterson, M. Coltheart & J. Marshall (Eds.), *Surface dyslexia: Neuropsychological and cognitive*

文　献

studies of phonological reading (pp.301–330). Mahwah, NJ: Lawrence Erlbaum.

Frith, U. (1986). A developmental framework for developmental dyslexia. *Annals of Dyslexia, 36*, 69–81.

Frith, U. (1999). Paradoxes in the defi nition of dyslexia. *Dyslexia, 5*, 192–214.

Fuchs, L. S., & Fuchs, D. (1998). Treatment validity: A simplifying concept for reconceptualizing the identification of learning disabilities. *Learning Disabilities: Research and Practice, 4*, 204–219.

Fuchs, L. S., & Fuchs, D. (1999). Fair and unfair testing accommodations. *School Administrator, 56*, 24–29.

Ganschow, L., & Sparks, R. (1995). Effects of direct instruction in Spanish phonology on the native language skills and foreign language aptitude of at-risk foreign language learners. *Journal of Learning Disabilities, 28*, 107–120.

Ganschow, L., Sparks, R. L., Anderson, R., Javorshy, J., Skinner, S., & Patton, J. (1994). Differences in Language Performance among High-, Average-, and Low-Anxious College Foreign Language Learners. *The Modern Language Journal, 78 (1)*, 41–55.

Gardner, M. (2005). *Test of auditory processing skills.* Ann Arbor, MI: Academic Therapy Publications.

Gardner, R. C. (1985). *Social psychology and second language learning: The role of attitudes and motivation.* London: Edward Arnold.

Gardner, R. C. (2006). The socio-educational model of second language acquisition: A research paradigm. *EUROSLA Yearbook, 6*, 237–260.

Gardner, R. C., & Lambert, W. (1959). Motivational variables in second language acquisition. *Canadian Journal of Psychology, 13*, 266–272.

Gardner, R. C., & MacIntyre, P. D. (1993). On the measurement of affective variables in second language learning. *Language Learning, 43*, 157–194.

Garrett, P., & Young, R. F. (2009). Theorizing affect in foreign language learning: An analysis of one learner's responses to a communicative-based Portuguese course. *Modern Language Journal, 32*, 209–226.

Gass, S. (1997). Input, interaction, and the second language learner. Mahwah, NJ: Lawrence Erlbaum.

Gathercole, S. E. (1999). Cognitive approaches to the development of short-term memory. *Trends in Cognitive Sciences, 3*, 410–419.

Gathercole, S. E., Alloway, T. P., Kirkwood, H. J., Elliott, J. G., Holmes, J., & Hilton, K. A. (2008). Attentional and executive function behaviours in children with poor working memory. *Learning and Individual Differences, 18*, 214–223.

Gathercole, S. E., & Baddeley, A. D. (1990). Phonological memory deficits in language disordered children: Is there a causal connection? *Journal of Memory and Language, 29*, 336–360.

Genesee, F., Geva, E., Dressler, D., & Kamil, M. (2006). Synthesis: Cross-linguistic relationships. In D. August & T. Shanahan (Eds.), *Developing literacy in second-language learners: Report of the national literacy panel on language-minority children and youth* (pp.153–174). Mahwah, NJ: Lawrence Erlbaum.

Georgiou, G. K., Parrila, R., & Kirby, J. R. (2009). RAN components and reading development from grade 3 to grade 5: What underlies their relationship? *Scientific Studies of Reading, 13*, 508–534.

Georgiou, G. K., Parrila, R., & Papadopoulos, T. C. (2008). Predictors of word decoding and reading fluency across languages varying in orthographic consistency. *Journal of Educational Psychology, 100*, 566–580.

Geranpayeh, A., & Taylor, L. (Eds.) (2013). *Examining listening: Research and practice in assessing second language listening.* Cambridge: Cambridge University Press.

Gerber, M., Jiménez, T., Leafstedt, J., Villaruz, J., & Richards, C. (2004). English reading effects of small-group intensive intervention in Spanish for K-1 English learners. *Learning Disabilities Research and Practice, 19*, 239–251.

Geva, E. (2006). Second-language oral proficiency and second-language literacy. In D. August & T. Shanahan (Eds.), *Developing literacy in second-language learners: Report of the national literacy panel on language-minority children and youth* (pp.123–140). Mahwah, NJ: Lawrence Erlbaum.

Geva, E., & Lafrance, L. (2011). Linguistic and cognitive processes in the development of spelling in ELLs: L1 transfer, language proficiency, or cognitive processes. In A. Y. Durgunoglu & C. Goldenberg (Eds.), *Language and literacy development in bilingual settings* (pp.245–279). London: Guilford Press.

Geva, E., & Massey-Garrison, A. (2013). A comparison of the language skills of ELLs and monolinguals who are poor decoders, poor comprehenders or normal readers. *Journal of Learning Disabilities, 46*, 387–401.

Geva, E., & Ryan, E. B. (1993). Linguistic and cognitive correlates of academic skills in first and second languages. *Language Learning, 43*, 5–42.

Geva, E., Wade-Woolley, L., & Shany, M. (1993). The concurrent development of spelling and decoding in two different orthographies. *Journal of Literacy Research, 25*, 383–406.

Geva, E., & Wiener, J. (2014). *Psychological assessment of culturally and linguistically diverse children and adolescents: A practitioner's guide.* New York: Springer Publishing

文 献

Company.

Geva, E., & Yaghoub Zadeh, Z. (2006). Reading efficiency in native English-speaking and English-as-a-second-language children: The role of oral proficiency and underlying cognitive-linguistic processes. *Scientific Studies of Reading, 10*, 31–57.

Gillberg, C. (1989). Asperger's syndrome in 23 Swedish children. *Developmental Medicine and Child Neurology, 31*, 520–531.

Gillingham, A., & Stillman, B. (1960). *Remedial training for children with specific disabilities in reading, spelling, and penmanship.* Cambridge, MA: Educators Publishing Service.

Godfroid, A., Boers, F., & Housen, A. (2013). An eye for word: Gauging the role of attention in incidental L2 vocabulary acquisition by means of eye-tracking. *Studies in Second Language Acquisition, 35*, 483–517.

Goh, C. C. M. (2000). Cognitive perspective on language learners' listening comprehension problems. *System, 28*, 55–75.

Gold, B. T., Kim, C., Johnson, N. F., Kryscio, R. J., & Smith, C. D. (2013). Lifelong bilingualism maintains neural efficiency for cognitive control in aging. *Journal of Neuroscience, 33*, 387–396.

Gombert, J. E. (1992). *Metalinguistic development.* Chicago: University of Chicago Press.

Goswami, U., Thomson, J., Richardson, U., Stainthorp, R., Hughes, D., Rosen, S., & Scott, S. K. (2002). Amplitude envelope onsets and developmental dyslexia: A new hypothesis. *Proceedings of the National Academy of Sciences USA, 99*, 10911–10916.

Gough, P. B., & Tunmer, W. E. (1986). Decoding, reading and reading disability. *Remedial and Special Education, 7*, 6–10.

Granena, G., & Long, M. (Eds.) (2013). *Sensitive periods, language aptitude and ultimate L2 attainment.* Amsterdam: John Benjamins.

Gregg, N. (2009). *Assessment and accommodation of adolescents and adults with LD and AD/HD.* New York, NY: Guilford.

Gregg, N. (2011). Increasing access to learning for the adult basic education learner with learning disabilities: Evidence-based accommodation research. *Journal of Learning Disabilities, 45*, 47–63.

Gregg, N., Coleman, C., Davis, M., & Chalk, J. C. (2007). Timed essay writing: Implications for high-stakes tests. *Journal of Learning Disabilities, 40*, 306–318.

Gregg, N., Coleman, C., Stennett, B., & Davis, M. (2002). Discourse complexity of college writers with and without disabilities: A multidimensional analysis. *Journal of Learning Disabilities, 35*, 23–38.

Gregg, N., & Nelson, J. M. (2012). Meta-analysis on the effectiveness of extra time as a test accommodation for transitioning adolescents with learning disabilities more questions than answers. *Journal of Learning Disabilities, 45 (2)*, 128–138.

Grigorenko, E. L., Sternberg, R. J., & Ehrman, M. E. (2000). A theory based approach to the measurement of foreign language learning ability: The Canal-F theory and test. *Modern Language Journal*, 84, 390–405.

Gurney, P. (1988). *Self-esteem in children with special educational needs*. London: Routledge.

Hale, J., Alfonso, V., Berninger, V., Bracken, B., Christo, C., Clark, E., & Yalof, J. (2010). Critical issues in response-to-intervention, comprehensive evaluation, and specific learning disabilities identification and intervention: An expert white paper consensus. *Learning Disability Quarterly, 33*, 223–236.

Hambly, C., & Fombonne, E. (2012). The impact of bilingual environment on language development in children with autism spectrum disorders. *Journal of Autism and Developmental Disorders, 42*, 1342–1352.

Hansen, E. G., Mislevy, R. J., Steinberg, L. S., Lee, M. J., & Forer, D. C. (2005). Accessibility of tests for individuals with disabilities within a validity framework. *System, 33*, 107–133.

Heath, S. B. (1983). *Ways with words: Language, life and work in communities and classrooms*. Cambridge: Cambridge University Press.

Helland, T., & Kaasa, R. (2005). Dyslexia in English as a second language. *Dyslexia*, 11, 41–60.

Helwig, R., & Tindal, G. (2003). An experimental analysis of accommodation decisions on large-scale mathematics tests. *Exceptional Children, 69*, 211–225.

Henning, G. (1987). *A guide to language testing: Development, evaluation, research*. Boston: Heinle and Heinle.

Hollenbeck, K., Tindal, G., & Almond, P. (1998). Teachers' knowledge of accommodations as a validity issue in high-stakes testing. *Journal of Special Education, 32*, 175–183.

Hoover, W. A., & Gough, P. B. (1990). The simple view of reading. *Reading and Writing: An Interdisciplinary Journal, 2*, 127–160.

Horwitz, E. K. (2000). It ain't over til it's over: On foreign language anxiety, first language deficits, and the confounding of variables. *The Modern Language Journal*, 84, 256–259.

Horwitz, E. (2001). Language anxiety and achievement. *Annual Review of Applied Linguistics, 21*, 112–126.

Horwitz, E. K., Horwitz, M. B., & Cope, J. A. (1986). Foreign language classroom anxiety.

Modern Language Journal, 70, 25–132.

Hu, M., & Nation, I. S. P. (2000). Vocabulary density and reading comprehension. *Reading in a Foreign Language, 23*, 403–430.

Humphrey, N. (2002). Teacher and pupil ratings of self-esteem in developmental dyslexia. *British Journal of Special Education, 29*, 29–36.

International Language Testing Association. (2000). *Code of ethics for ILTA.* Retrieved February 18, 2008 from http://www.iltaonline.com/code.pdf.

Jean, M., & Geva, E. (2012). Through the eyes and from the mouths of young heritage language learners: How children feel and think about their two languages and why. *TESL Canada Journal, 29(6)*, 49–80.

Jeffries, S., & Everatt, J. (2004). Working memory: Its role in dyslexia and other specific learning difficulties. *Dyslexia, 10*, 196–214.

Jegatheesan, B. (2011). Multilingual development in children with autism: Perspectives of South Asian Muslim immigrant parents on raising a child with a communicative disorder in multilingual contexts. *Bilingual Research Journal, 34*, 185–200.

Jenkins, J. (2007). *English as a Lingua Franca: Attitude and identity.* Oxford: Oxford University Press.

Jiang, Y., & Chun, M. M. (2001). Selective attention modulates implicit learning. *The Quarterly Journal of Experimental Psychology, 54A*, 1105–1124.

Jiménez, L., & Méndez, C. (1999). Which attention is needed for implicit sequence learning? *Journal of Experimental Psychology: Learning, Memory, and Cognition, 25*, 236–259.

Johnson, E. S., Humphrey, M., Mellard, D. F., Woods, K., & Swanson, H. L. (2010). Cognitive processing deficits and students with specific learning disabilities: A selective meta-analysis of the literature. *Learning Disability Quarterly, 33*, 3–18.

Joint Committee on Testing Practices. (1998, 2004). *Code of fair testing practices in education.* Washington, DC: Author.

Joshi, R. M., Binks, E., Hougen, M., Dahlgren, M. E., Ocker-Dean, E., & Smith, D. L. (2009). Why elementary teachers might be inadequately prepared to teach reading. *Journal of Learning Disabilities, 42*, 392–402.

Juffs, A., & Harrington, M. W. (2011). Aspects of working memory in L2 learning. *Language Teaching: Reviews and Studies, 42*, 137–166.

Kane, M. T. (2004). Certification testing as an illustration of argument-based validation. *Measurement: Interdisciplinary Research and Perspectives, 2*, 135–170.

Kane, M. T. (2010). Validity and fairness. *Language Testing, 27*, 177–182.

Kanner, L. (1971). Follow up study of eleven children originally reported in 1943. *Journal of Autism and Schizophrenia, 1*, 119–145.

Kauffman, J. M. (1989). The regular education initiative as Reagan–Bush education policy: A trickle-down theory of education of the hard-to-teach. *Journal of Special Education, 23*, 256–278.

Kaufman, S. B., DeYoung, C. G., Gray, J. R., Jimiénez, L., Brown, J., & Mackintosh, N. J. (2010). Implicit learning as an ability. *Cognition, 116*, 321–340.

Kelly, K., & Phillips, S. (2011). *Teaching literacy to learners with dyslexia: A multi-sensory approach*. New York: Sage.

Kendeou, P., Broek, P., Helder, A., & Karlsson, J. (2014). A cognitive view of reading comprehension: Implications for reading difficulties. *Learning Disabilities Research & Practice, 29*, 10–16.

Khalifa, H. (2005). Are test taker characteristics accounted for in Main Suite Reading papers? *Research Notes, 21*, 7–10.

Khalifa, H., & Weir, C. (2009). *Examining reading: Research and practice in assessing second language reading*. Cambridge: Cambridge University Press.

Kim, A., Vaughn, S., Klinger, J. K., Woodruff, A. L., Reutebuch, K. C., & Kouzekanani, K. (2006). Improving the reading comprehension of middle school students with disabilities through computer-assisted collaborative strategic reading. *Remedial and Special Education, 27*, 235–249.

Kintsch, W. (1998). *Comprehension: A paradigm for cognition*. Cambridge: Cambridge University Press.

Kirby, A., & Kaplan, B. J. (2003). *Specific learning difficulties*. Oxford: Health Press.

Kirby, J. R., Georgiou, G. K., Martinussen, R., & Parrila, R. (2010). Naming speed and reading: From prediction to instruction. *Reading Research Quarterly, 45*, 341–362.

Kirschner, P. A., Sweller, J., & Clark, R. E. (2006). Why minimal guidance during instruction does not work: An analysis of the failure of constructivist, discovery, problem-based, experiential, and inquiry-based teaching. *Educational Psychologist, 41*, 75–86.

Klingner, J. K., & Vaughn, S. (1996). Reciprocal teaching of reading comprehension strategies for students with learning disabilities who use English as a second language. *The Elementary School Journal, 96*, 275–293.

Koda, K. (2007). Reading and language learning: Crosslinguistic constraints on second language reading development. *Language Learning, 57(s1)*, 1–44.

Koenig, J. A., & Bachman, L. F. (2004). *Keeping score for all: The effects of inclusion and accommodation policies on large-scale educational assess*. Washington, DC: National

Academies Press.

Kontra, E., & Kormos, J. (2010). Tanítási módszerek és technikák a diszlexiások idegennyelv- oktatásában [Methods and techniques in teaching dyslexic language learners]. In J. Kormos & K. Csizér (Eds.), *Rész-képességzavarok és idegen nyelvtanulás* [Learning disabilities and foreign language acquisition] (pp.163–184). Budapest: Eötvös Kiadó.

Kormos, J. (2013). New conceptualizations of language aptitude in second language attainment. In G. Granena & M. Long (Eds.), *Sensitive periods, language aptitude and ultimate L2 attainment* (pp.131–152). Amsterdam: John Benjamins.

Kormos, J. (2015). Individual differences in speech production. In J. Schwieter (Ed.), *Cambridge handbook of bilingual language processing* (pp.369–388). Cambridge: Cambridge University Press.

Kormos, J., & Csizér, K. (2008). Age-related differences in the motivation of learning English as a foreign language: Attitudes, selves and motivated learning behaviour. *Language Learning, 58,* 327–355.

Kormos, J., & Csizér, K. (2010). A comparison of the foreign language learning motivation of Hungarian dyslexic and non-dyslexic students. *International Journal of Applied Linguistics, 20,* 232–250.

Kormos, J., Csizér, K., & Sarkadi, A. (2009). The language learning experiences of students with dyslexia: Lessons from an interview study. *Innovation in Language Learning and Teaching, 3,* 115–130.

Kormos, J., Kiddle, T., & Csizér, K. (2011). System of goals, attitudes and self-related beliefs in second language learning motivation. *Applied Linguistics, 32,* 495–516.

Kormos, J., & Kontra, H. E. (2008). Hungarian teachers' perceptions of dyslexic language learners. In J. Kormos & E. H. Kontra (Eds.), *Language learners with special needs: An international perspective* (pp.189–213). Clevedon: Multilingual Matters.

Kormos, J., & Mikó, A. (2010). Diszlexia és az idegen-nyelvtanulás folyamata [Dyslexia and the process of second language acquisition]. In J. Kormos & K. Csizér (Eds.), *Idegennyelv-elsajátítás és részképességzavarok* [Foreign language acquisition and learning disabilities] (pp.49–76). Budapest: Eötvös Kiadó.

Kormos, J., Orosz, V., & Szatzker, O. (2010). Megfigyelések a diszlexiás nyelvtanulók idegennyelv-tanulásáról: A terepmunka tanulságai [Observations on teaching foreign languages to dyslexic students: Lessons from a fi eld-study]. In J. Kormos & K. Csizér (Eds.), *Rész-képességzavarok és idegen nyelvtanulás* [Learning disabilities and foreign language acquisition] (pp.185–211). Budapest: Eötvös Kiadó.

Kormos, J., & Sáfár, A. (2008). Phonological short term-memory, working memory and foreign language performance in intensive language learning. *Bilingualism: Language and Cognition*, 11, 261–271.

Kormos, J., Sarkadi, Á., & Kálmos, B. (2010). Részképesség-zavarok és nyelvvizsgáztatás [Specific learning difficulties and language testing]. In J. Kormos & K. Csizér (Eds.), *Rész-képességzavarok és idegen nyelvtanulás* [Learning disabilities and foreign language acquisition] (pp.77–96). Budapest: Eötvös Kiadó.

Kormos, J., & Smith, A.-M. (2012). *Teaching languages to students with specific learning differences*. Bristol: Multilingual Matters.

Kosciolek, S., & Ysseldyke, J. E. (2000). *Effects of a reading accommodation on the validity of a reading test* (Technical Rep. No. 28). Minneapolis: University of Minnesota, National Center on Educational Outcomes.

Kozey, M., & Siegel, S. L. (2008). Defi nitions of learning disabilities in Canadian provinces and territories. *Canadian Psychology*, 49, 162–171.

Krashen, S. D. (1981). *Second language acquisition and second language learning*. Oxford: Oxford University Press.

Kubota, R. (1998). Voices from the margin: Second and foreign language teaching approaches from minority perspectives. *Canadian Modern Language Review, 54*, 394–412.

Kunnan, A. J. (2004). Test fairness. In M. Milanovic & C. Weir (Eds.), *European language testing in a global context: Proceedings of the ALTE Barcelona conference* (pp.27–48). Cambridge: Cambridge University Press.

Kunnan, A. J. (2010). Test fairness and Toulmin's argument structure. *Language Testing, 27*, 183–189.

Kyllonen, P. C., & Lajoie, S. P. (2003). Reassessing aptitude: Introduction to a special issue in honor of Richard E. Snow. *Educational Psychologist, 38*, 79–83.

Laitusis, C. C. (2008). State reading assessments and inclusion of students with dyslexia. *Perspectives on Language and Literacy, 34*, 31–33.

Laitusis, C. C. (2010). Examining the impact of audio presentation on tests of reading comprehension. *Applied Measurement in Education, 23*, 153–167.

Landerl, K., Ramus, F., Moll, K., Lyytinen, H., Leppänen, P. H., Lohvansuu, K.,. .. Kunze, S. (2013). Predictors of developmental dyslexia in European orthographies with varying complexity. *Journal of Child Psychology and Psychiatry, 54*, 686–694.

Landerl, K., & Wimmer, H. (2008). Development of word reading fluency and spelling in a consistent orthography: An 8-year follow-up. *Journal of Educational Psychology, 100*,

文 献

150–161.

Landerl, K., Wimmer, H., & Frith, U. (1997). The impact of orthographic consistency on dyslexia: A German-English comparison. *Cognition, 63,* 315–334.

Lantolf, J. P., & Poehner, M. E. (2011). Dynamic assessment in the classroom: Vygotskian praxis for second language development. *Language Teaching Research, 15,* 11–33.

Laufer, B. (1989). What percentage of text-lexis is essential for comprehension? In C. Lauren & M. Nordman (Eds.), *Special language: From humans to thinking machines* (pp.316–323). Clevedon, England: Multilingual Matters.

Laufer, B. (2006). Comparing focus on form and focus on form S in second language vocabulary learning. *Canadian Modern Language Review, 63,* 149–166.

Lawrence, D. (1996). *Enhancing self-esteem in the classroom.* London: Paul Chapman.

Leafstedt, J. M., Richards, C. R., & Gerber, M. M. (2004). Effectiveness of explicit phonological awareness instruction for at risk English learners. *Learning Disabilities Research & Practice, 19,* 252–261.

Lervåg, A., Bråten, I., & Hulme, C. (2009). The cognitive and linguistic foundations of early reading development: A Norwegian latent variable longitudinal study. *Developmental Psychology, 45,* 764–781.

Lesaux, N. K., & Siegel, L. S. (2003). The development of reading in children who speak English as a second language. *Developmental Psychology, 39,* 1005–1019.

Limbos, M. M., & Geva, E. (2001). Accuracy of teacher assessments of second-language students at risk for reading disability. *Journal of Learning Disabilities, 34,* 136–151.

Linck, J. A., Osthus, P., Koeth, J. T., & Bunting, M. F. (2014). Working memory and second language comprehension and production: A meta-analysis. *Psychonomic Bulletin and Review, 21,* 861–883.

Lindgrén. S.-A., & Laine, M. (2011). Cognitive linguistics performances of multilingual university students suspected of dyslexia. *Dyslexia, 17,* 184–200.

Lindsey, K. A., Manis, F. R., & Bailey, C. E. (2003). Prediction of first-grade reading in Spanish-speaking English-language learners. *Journal of Educational Psychology, 95,* 482–494.

Lovett, M. W. (1987). A developmental approach to reading disability: Accuracy and speed criteria of normal and deficient reading skill. *Child Development, 58,* 234–226.

Lovett, M. W., De Palma, M., Frijters, J., Steinbach, K., Temple, M., Benson, N., & Lacerenza, L. (2008). Interventions for reading difficulties a comparison of response to intervention by ELL and EFL struggling readers. *Journal of Learning Disabilities, 41,* 333–352.

Lovett, M. W., Steinbach, K. A., & Frijters, J. C. (2000). Remediating the core deficits of developmental reading disability: A double-deficit perspective. *Journal of Learning Disabilities*, *33*, 334–358.

MacArthur, C., & Graham, S. (1987). Learning disabled students' composing under three methods of text production: Handwriting, word processing, and dictation. *Journal of Special Education*, *21*, 22–42.

MacIntyre, P. (2002). Motivation, anxiety and emotion in second language acquisition. In P. Robinson (Ed.), *Individual differences and instructed language learning* (pp.45–68). Amsterdam: John Benjamins.

MacIntyre, P. D. (1995). How does anxiety affect second language learning? A reply to Sparks and Ganschow: MLJ Response Article. *Modern Language Journal, 79*, 90–99.

MacIntyre, P. D., & Gardner, R. C. (1994). The subtle effects of language anxiety on cognitive processing in the second language. *Language Learning*, *44*, 283–305.

Mackey, A., Philp, J., Egi, T., Fujii, A., & Tatsumi, T. (2002). Individual differences in working memory, noticing of interactional feedback, and L2 development. In P. Robinson (Ed.), *Individual differences and instructed language learning* (pp.181–209). Amsterdam: John Benjamins.

Mackey, A., & Sachs, R. (2012). Older learners in SLA research: A first look at working memory, feedback, and L2 development. *Language Learning*, *61*, 704–740.

Mahony, D., Singson, M., & Mann, V. (2000). Reading ability and sensitivity to morphological relations. *Reading and Writing: An Interdisciplinary Journal*, *12*, 191–218.

Mann, V., & Wimmer, H. (2002). Phoneme awareness and pathways into literacy: A comparison of German and American children. *Reading and Writing*, *15*, 653–682.

Martin, K. I., & Ellis, N. C. (2012). The roles of phonological STM and working memory in L2 grammar and vocabulary learning. *Studies in Second Language Acquisition*, *34*, 379–413.

Martinussen, R., & Tannock, R. (2006). Working memory impairments in children with attention-deficit hyperactivity disorder with and without comorbid language learning disorders. *Journal of Clinical and Experimental Neuropsychology*, *28*, 1073–1094.

Masgoret, A.-M., & Gardner, R. C. (2003). Attitudes, motivation and second language learning: A meta-analysis of studies conducted by Gardner and associates. *Language Learning*, *53*, 123–163.

McKevitt, B. C., & Elliott, S. N. (2003). Effects and perceived consequences of using read-aloud and teacher-recommended testing accommodations on a reading achievement test.

文 献

School Psychology Review, 32 (4), 583–601.

McMullen, J. L. (2013). *Autism and additional language acquisition in Hong Kong.* Unpublished Masters Dissertation. Lancaster University, UK.

McNulty, M. (2003). Dyslexia and the life course. *Journal of Learning Disabilities, 36,* 363–381.

Melby-Lervåg, M., & Lervåg, A. (2014). Reading comprehension and its underlying components in second-language learners: A meta-analysis of studies comparing first and second-language learners. *Psychological Bulletin, 140,* 409–430.

Meloy, L. L., Deville, C., & Frisbie, D. A. (2002). The effect of a read-aloud accommodation on test scores of students with and without a learning disability in reading. *Remedial and Special Education, 23,* 248–255.

Mercer, S. (2011). *Towards an understanding of language learner self-concept.* Dordrecht: Springer.

Messick, S. (1989). Validity. In R. Linn (Ed.), *Educational measurement* (3rd ed., pp.13–103). Washington, DC: American Council on Education.

Miles, T. R. (1997). *Bangor dyslexia test* (2nd ed.). Cambridge: Learning Development Aids.

Miles, T. R., & Haslum, M. N. (1986). Dyslexia: Anomaly or normal variation. *Annals of Dyslexia, 36,* 103–117.

Miller, C. A., Kail, R., Leonard, L. B., & Tomblin, J. B. (2001). Speed of processing in children with specific language impairment. *Journal of Speech Language and Hearing Research, 44,* 416–433.

Miyake, A., Friedman, N. P., Emerson, M. J., Witzki, A. H., Howerter, A., & Wager, T. D. (2000). The unity and diversity of executive functions and their contributions to complex "frontal lobe" tasks: A latent variable analysis. *Cognitive Psychology, 41,* 49–100.

Moll, K., & Landerl, K. (2009). Double dissociation between reading and spelling deficits. *Scientific Studies of Reading, 13,* 359–382.

Monsell, S. (1996). Control of mental processes. In V. Bruce (Ed.), *Unsolved mysteries of the mind: Tutorial essays in cognition* (pp.93–148). Mahwah, NJ: Lawrence Erlbaum.

Morris, N., & Jones, D. M. (1990). Memory updating in working memory: The role of the central executive. *British Journal of Psychology, 81,* 111–121.

Nation, I. S. P. (1990). *Teaching and learning vocabulary.* New York, NY: Newbury House.

Nation, K. (2005). Children's reading comprehension difficulties. In M. J. Snowing & C. Hulme (Eds.), *The science of reading: A handbook* (pp.248–266). Oxford: Blackwell.

National Institute of Adult Continuing Education. (2009). *Making a difference for adult*

learners: NIACE policy impact report 2009. Retrieved from http://www.niace.org.uk/
sites/default/fi les/documents/policy/NIACE%20Policy%20Report%2028pg.pdf.

National Institute of Child Health and Human Development. (2000). *Report of the National
Reading Panel: Teaching children to read: An evidence-based assessment of the scientific
research literature on reading and its implications for reading instruction.* Retrieved
August 8, 2015 from http://www.nichd.nih.gov/publications/nrp/smallbook.htm.

Ndlovu, K., & Geva, E. (2008). Writing abilities in first and second language learners with
and without reading disabilities. In J. Kormos & E. H. Kontra (Eds.), *Language learners
with special needs: An international perspective* (pp.36–62). Clevedon: Multilingual
Matters.

Nicolson, R. I., & Fawcett, A. J. (1990). Automaticity: A new framework for dyslexia
research? *Cognition*, 35, 159–182.

Nicolson, R. I., & Fawcett, A. J. (2008). *Dyslexia, learning, and the brain.* Cambridge, MA:
MIT Press.

Nijakowska, J. (2008). An experiment with direct multisensory instruction in teaching word
reading and spelling to Polish dyslexic learners of English. In J. Kormos & E. H. Kontra
(Eds.), *Language learners with special needs: An international perspective* (pp.130–157).
Bristol, UK: Multilingual Matters.

Nijakowska, J. (2010). *Dyslexia in the foreign language classroom.* Bristol: Multilingual
Matters.

Nijakowska, J. (2014). Dyslexia in the European EFL teacher training context. In M.
Pawlak & L. Aronin (Eds.), *Essential topics in applied linguistics and multilingualism*
(pp.129–154). New York: Springer International Publishing.

Nijakowska, J., & Kormos, J. (2015). Foreign language teacher training on dyslexia:
DysTEFL resources. In L. Peer & G. Reid (Eds.), *Multilingualism, literacy and dyslexia*
(pp.104–114). London: Routledge.

Noels, K. A., Clement, R., & Pelletier, L. G. (2001). Intrinsic, extrinsic, and integrative
orientations of French Canadian learners of English. *Canadian Modern Language
Review*, 57, 424–442.

Norbury, C. F., & Sparks, A. (2013). Difference or disorder? Cultural issues in
understanding neurodevelopmental disorders. *Developmental Psychology*, 49, 45–58.

Norris, J. M., & Ortega, L. (2000). Effectiveness of L2 instruction: A research synthesis and
quantitative meta-analysis. *Language Learning*, 50, 417–528.

Norton, B., & Toohey, K. (2011). Identity, language learning and social change. *Language
Teaching*, 44, 412–446.

文　献

Norwich, B. (2007). *Dilemmas of difference, inclusion and disability: International perspectives and future directions*. London: Routledge.

Norwich, B. (2009). How compatible is the recognition of dyslexia with inclusive education? In G. Reid (Ed.), *The Routledge companion to dyslexia* (pp.177–193). London: Routledge.

Novick, J. M., Hussey, E., Teubner-Rhodes, S., Harbison, J. I., & Bunting, M. F. (2014). Clearing the garden-path: Improving sentence processing through cognitive control training. *Language and Cognitive Processes, 29*, 186–217.

Oakhill, J., Cain, K., & Bryant, P. E. (2003). The dissociation of word reading and text comprehension: Evidence from component skills. *Language and Cognitive Processes, 18*, 443–468.

Oakhill, J., Cain, K., & Elbro, C. (2014). *Understanding and teaching reading comprehension: A handbook*. London: Routledge.

Oakhill, J., Hartt, J., & Samols, D. (2005). Levels of comprehension monitoring and working memory in good and poor comprehenders. *Reading and Writing, 18*, 657–686.

O'Brien, I., Segalowitz, N., Collentine, J., & Freed, B. (2007). Phonological memory and lexical narrative, and grammatical skills in second language oral production by adult learners. *Applied Psycholinguistics, 27*, 377–402.

Ohashi, J. K., Mirenda, P., Marinova-Todd, S., Hambly, C., Fombonne, E., Szatmari, P.,. .. Volden, J. (2012). Comparing early language development in monolingual- and bilingual-exposed young children with autism spectrum disorders. *Research in Autism Spectrum Disorders, 6*, 890–897.

Organization for Economic Cooperation and Development (OECD). (2009). *PISA 2009 results: What students know and can do: Student performance in reading, mathematics and science* (Vol. 1). Retrieved from http://www.oecd-ilibrary.org/education/pisa-2009-resultswhat-students-know-and-can-do9789264091450-en;jsessionid=7g7khrnsjphc2.x-oecd-live-01.

O'Sullivan, B., & Green, A. (2011). Test taker characteristics. In L. Taylor (Ed.), *Examining speaking: Research and practice in assessing second language speaking* (pp.36–64). Cambridge: Cambridge University Press.

Paivio, A. (1991). Dual coding theory: Retrospect and current status. *Canadian Journal of Psychology, 45*, 255–287.

Pajares, F., & Schunk, D. H. (2005). Self-efficacy and self-concept beliefs. In H. W. Marsh, R. G. Craven & D. M. McInerney (Eds.), *International advances in self research* (Vol. 2, pp.95–121). Greenwich, CT: Information Age Publishing.

Palinscar, A. S., & Brown, A. L. (1984). Reciprocal teaching of comprehension-fostering and comprehension-monitoring activities. *Cognition and Instruction, 1*, 117–175.

Papagno, C., & Vallar, G. (1995). Verbal short-term memory and vocabulary learning in polyglots. *Quarterly Journal of Experimental Psychology, 48A(1),* 98–107.

Partanen, M., & Siegel, L. S. (2014). Long-term outcome of the early identification and intervention of reading disabilities. *Reading and Writing, 27,* 665–684.

Pavlenko, A., & Lantolf, J. P. (2000). Second language learning as participation and the (re) construction of selves. In J. P. Lantolf (Ed.), *Sociocultural theory and second language learning* (pp.155–177). New York: Oxford University Press.

Pennington, B. F. (2006). From single to multiple deficit models of developmental disorders. *Cognition, 101,* 385–413.

Pennington, B. F., & Bishop, D. (2009). Relations among speech, language, and reading disorders. *Annual Review of Psychology, 60,* 283–306.

Pennington, B. F., Cardoso-Martins, C., Green, P. A., & Lefly, D. L. (2001). Comparing the phonological and double deficit hypotheses for dyslexia. *Reading and Writing, 14* ,707–755.

Pennington, B. F., & Olson, R. (2005). Genetics of dyslexia. In M. Snowling & C. Hulme (Eds.), *The science of reading: A handbook* (pp.453–472). Oxford: Blackwell.

Perfetti, C. (2007). Reading ability: Lexical quality to comprehension. *Scientific Studies of Reading, 8,* 293–304.

Perfetti, C. A., Beck, I., Bell, L., & Hughes, C. (1987). Phonemic knowledge and learning to read are reciprocal: A longitudinal study of first grade children. *Merrill-Palmer Quarterly, 33,* 283–319.

Perfetti, C. A., & Harris, L. N. (2013). Universal reading processes are modulated by language and writing system. *Language Learning and Development, 9,* 296–316.

Perfetti, C. A., Liu, Y., & Tan, L. H. (2005). The lexical constituency model: Some implications of research on Chinese for general theories of reading. *Psychological Review,* 12, 43–59.

Perfetti, C. A., Zhang, S., & Berent, I. (1992). Reading in English and Chinese: Evidence for a "universal" phonological principle. In R. Frost & L. Katz (Eds.), *Orthography, phonology, morphology, and meaning* (pp.227–248). Amsterdam: North-Holland.

Petersen, J., Marinova-Todd, S. H., & Mirenda, P. (2012). An exploratory study of lexical skills in bilingual children with autism spectrum disorder. *Journal of Autism and Developmental Disorders,* 42, 1499–1503.

Peterson, R. L., & Pennington, B. F. (2015). Developmental dyslexia. *Annual Review of*

Clinical Psychology, 11, 283–307, Advance Access.

Pfenninger, S. (2015). MSL in the digital ages: Effects and effectiveness of computermediated intervention for FL learners with dyslexia. *Studies in Second Language Learning and Teaching*, *1*, 109–133.

Pfenninger, S. E. (in press). Taking L3 learning by the horns: Benefi ts of computermediated intervention for dyslexic school children. *Innovation in Language Learning and Teaching (ahead-of-print)*, 1–18. DOI: 10.1080/17501229.2014.959962.

Phillips, S., Kelly, K., & Symes, L. (2013). *Assessment of learners with dyslexic type difficulties*. London: Sage.

Phillips, S. E. (1994). High-stakes testing accommodations: Validity versus disabled rights. *Applied Measurement in Education*, *7*, 93–120.

Piechurska-Kuciel, E. (2008). Input, processing and output anxiety in students with symptoms of developmental dyslexia. In J. Kormos & E. H. Kontra (Eds.), *Language learners with special needs: An international perspective* (pp.86–109). Bristol: Multilingual Matters.

Pitoniak, M. J., & Royer, J. M. (2001). Testing accommodations for examinees with disabilities: A review of psychometric, legal, and social policy issues. *Review of Educational Research*, *71*, 53–104.

Pižorn, K., & Erbeli, F. (2013). Assessment accommodations n EFL reading competence for Slovene EFL students with specific reading differences. In D. Tsagari & G. Spanoudis (Eds.), *Assessing L2 students with learning and other disabilities* (pp.189–206). Newcastle upon Tyne, UK: Cambridge Scholars.

Podhajski, B., Mather, N., Nathan, J., & Sammons, J. (2009). Professional development in scientifically based reading instruction, teacher knowledge and reading outcomes. *Journal of Learning Disabilities*, *42*, 403–417.

Prainsson, K. O. (2012). *Autism and second language acquisition.* Unpublished Bachelors Dissertation. University of Iceland, Reykjavik: Skemman.

Pressley, M., Almasi, J., Schuder, T., Bergman, J., Hite, S., El-Dinary, P. B., & Brown, R. (1994). Transactional instruction of comprehension strategies: The Montgomery County, Maryland, SAIL program. *Reading & Writing Quarterly: Overcoming Learning Difficulties*, *10*, 5–19.

Puolakanaho, A., Ahonen, T., Aro, M., Eklund, K., Leppanen, P. H., Poikkeus, A. M.,. . .Lyytinen, H. (2007). Very early phonological and language skills: Estimating individual risk of reading disability. *Journal of Child Psychology and Psychiatry*, *48*, 923–931.

Ravid, D., & Malenky, D. (2001). Awareness of linear and nonlinear morphology in

Hebrew: A developmental study. *First Language, 21*, 25–56.

Reber, A. S. (1993). *Implicit learning and tacit knowledge: An essay on the cognitive unconscious*. Oxford: Clarendon Press.

Reber, A. S., Walkenfeld, F. F., & Hernstadt, R. (1991). Implicit and explicit learning: Individual differences and IQ. *Journal of Experimental Psychology: Learning, Memory, and Cognition, 17*, 888–896.

Reis, S. M., McGuire, J. M., & Neu, T. W. (2000). Compensation strategies used by high-ability students with learning disabilities who succeed in college. *Gifted Child Quarterly, 44*, 123–134.

Riddick, B. (1996). *Living with dyslexia*. London: Routledge.

Riddick, B. (2001). Dyslexia and inclusion: Time for a social model of disability perspective? *International Studies in Sociology of Education*, 11, 223–236.

Robinson, P. (1997). Individual differences and the fundamental similarity of implicit and explicit adult second language learning. *Language Learning, 47*, 45–99.

Robinson, P. (2001). Individual differences: Cognitive abilities, aptitude complexes and learning conditions in second language acquisition. *Second Language Research, 17*, 368–392.

Robinson, P. (2002). Effects of individual differences in intelligence, aptitude and working memory on adult incidental SLA: A replication and extension of Reber, Walkenfeld and Hernstadt, 1991. In P. Robinson (Ed.), *Individual differences and instructed language learning* (pp.211–266). Amsterdam: John Benjamins.

Robinson, P. (2005a). Aptitude and second language acquisition. *Annual Review of Applied Linguistics*, 25, 45–73.

Robinson, P. (2005b). Cognitive abilities, chunk-strength, and frequency effects in implicit artificial grammar and incidental L2 learning: Replications of Reber, Walkenfeld, and Hernstadt (1991) and Knowlton and Squire (1996) and their relevance for SLA. *Studies in Second Language Acquisition, 27*, 235–268.

Rooke, M. (2016). *Creative successful dyslexic: 23 high achievers share their stories*. London: Jessica Kingsley.

Ross, D. M., & Ross, S. A. (1976). *Hyperactivity: Research, theory, and action*. New York, NY: Wiley.

Ruthruff, E., Van Selst, M., Johnston, J. C., & Remington, R. (2006). How does practice reduce dual-task performance: Structural limitation or strategic postponement? *Psychological Research, 70*, 125–142.

Ryan, R. M., & Deci, E. L. (2000). Self-determination theory and the facilitation of intrinsic motivation, social development, and well-being. *American Psychologist, 55*, 68–78.

Saeigh-Haddad, E., & Geva, E. (2008). Morphological awareness, phonological awareness, and reading in English-Arabic bilingual children. *Reading and Writing: An Interdisciplinary Journal, 21*, 481–504.

Sáfár, A., & Kormos, J. (2008). Revisiting problems with foreign language aptitude. *International Review of Applied Linguistics in Language Teaching, 46*, 113–136.

Samson, J. F., & Lesaux, N. K. (2009). Language-minority learners in special education: Rates and predictors of identification for services. *Journal of Learning Disabilities, 42*, 248–162.

Sarkadi, Á. (2008). Vocabulary learning in dyslexia—The case of a Hungarian learner. In J. Kormos & E. H. Kontra (Eds.), *Language learners with special needs: An international perspective* (pp.110–129). Clevedon: Multilingual Matters.

Sato, E., & Jacobs, B. (1992). From input to intake: Towards a brain-based perspective of selective attention. *Issues in Applied Linguistics, 3,* 267–293.

Sawyer, M., & Ranta, L. (2001). Aptitude, individual differences, and instructional design. In P. Robinson (Ed.), *Cognition and second language instruction* (pp.319–353). Cambridge: Cambridge University Press.

Scammacca, N. K., Roberts, G., Vaughn, S., & Stuebing, K. K. (2015). A meta-analysis of interventions for struggling readers in grades 4–12: 1980–2011. *Journal of Learning Disabilities, 48*, 369–390.

Scarborough, H. (2001). Connecting early language and literacy to later reading (dis) abilities: Evidence, theory, and practice. In S. B. Neuman & D. K. Dickinson (Eds.), *Handbook of early literacy* (pp.97–110). New York, NY: Guilford Press.

Scarborough, H. S., & Dobrich, W. (1990). Development of children with early delay. *Journal of Speech and Hearing Research, 33*, 70–83.

Schmidt, R. (1990). The role of consciousness in second language learning. *Applied Linguistics, 11*, 129–158.

Schneider, E., & Crombie, M. (2003). *Dyslexia and foreign language learning*. London: Routledge.

Schneider, E., & Evers, T. (2009). Linguistic intervention techniques for at-risk English language learners. *Foreign Language Annals, 42*, 55–76.

Schneider, E., & Ganschow, L. (2000). Dynamic assessment and instructional strategies for learners who struggle to learn a foreign language. *Dyslexia, 6*, 72–82.

Schoonen, R., Snellings, P., Stevenson, M., & van Gelderen, A. (2009). Towards a blueprint of the foreign language writer: The linguistic and cognitive demands of foreign language writing. In R. M. Manchon (Ed.), *Writing in foreign language contexts: Learning, teaching and research* (pp.77–101). Bristol: Multilingual Matters.

Schulte, A. A., Elliott, S. N., & Kratochwill, T. R. (2001, March). Effects of testing accommodations on students' standardized mathematics test scores: An experimental analysis. *School Psychology Review, 30*, 527–547.

Schumann, J. (1998). *The neurobiology of affect in language*. Malden, MA: Blackwell.

Seidlhofer, B. (2005). English as a lingua franca. *ELT Journal, 59*, 339–341.

Service, E. (1992). Phonology, working memory and foreign language learning. *Quarterly Journal of Experimental Psychology, 45A*, 21–50.

Service, E., & Kohonen, V. (1995). Is the relation between phonological memory and foreign language learning accounted for by vocabulary acquisition? *Applied Psycholinguistics, 16*, 155–172.

Seymour, P. H. K., Aro, M., & Erskine, J. M. (2003). Foundation literacy acquisition in European orthographies. *British Journal of Psychology, 94*, 143–174.

Share, D., & Levin, I. (1999). Learning to read and write in Hebrew. In M. Harris & G. Hatano (Eds.), *A cross linguistic perspective on learning to read* (pp.89–111). Cambridge: Cambridge University Press.

Share, D. L. (1995). Phonological recoding and self-teaching. *Cognition, 55*, 151–218.

Share, D. L., Jorm, A. F., Maclean, R., & Matthews, R. (1984). Sources of individual differences in reading acquisition. *Journal of Educational Psychology, 76*, 1309–1324.

Sharwood Smith, M. (1993). Input enhancement in instructed SLA. *Studies in Second Language Acquisition, 15*, 165–179.

Shavelson, R. J., Hubner, J. J., & Stanton, G. C. (1976). Self-concept: Validation of construct interpretations. *Review of Educational Research, 46*, 407–441.

Shaw, S. D., & Weir, C. J. (2007). *Examining writing: Research and practice in assessing second language writing*. Cambridge: Cambridge University Press.

Shaywitz, S. (2003). *Overcoming dyslexia: A new and complete science-based program for reading problems at any level*. New York: Alfred Knopf.

Shepard, L., Taylor, G., & Betebenner, D. (1998). Inclusion of limited-English proficient students in Rhode Island's Grade 4 Mathematics Performance Assessment (CSE Tech. Rep. No. 486). Los Angeles: University of California, National Center for Research on Evaluation, Standards, and Student Testing.

Siegel, L. S. (2008). Morphological awareness skills of English language learners and children with dyslexia. *Topics in Language Disorders, 28*, 15–27.

Sireci, S. G., Scarpati, S. E., & Li, S. (2005). Test accommodations for students with disabilities: An analysis of the interaction hypothesis. *Review of Educational Research*, *75*, 457–490.

Skehan, P. (1986). Cluster analysis and the identification of learner types. In V. Cook (Ed.), *Experimental approaches to second language acquisition* (pp.81–94). Oxford: Pergamon.

Skehan, P. (1998). *A cognitive approach to language learning*. Oxford: Oxford University Press.

Skutnabb-Kangas, T. (2000). *Linguistic genocide in education- or worldwide diversity and human rights?* Mahwah, NJ: Lawrence Erlbaum.

Smith, A.-M. (2013). Developing cognitive assessments for multilingual learners. In D. Tsagari & G. Spanoudis (Eds.), *Assessing L2 students with learning and other disabilities* (pp.151–168). Newcastle upon Tyne, UK: Cambridge Scholars.

Snow, R. E. (1992). Aptitude theory: Yesterday, today, and tomorrow. *Educational Psychologist*, *27*, 5–32.

Snowling, M., & Hulme, C. (2012). Annual research review: The nature and classification of reading disorders—A commentary on proposals for DSM-5. *Journal of Child Psychology and Psychiatry*, *53*, 593–607.

Snowling, M. J. (2000). *Dyslexia* (2nd ed.). Oxford: Blackwell.

Snowling, M. J. (2008). Specific disorders and broader phenotypes: The case of dyslexia. *The Quarterly Journal of Experimental Psychology*, *61*, 142–156.

Spada, N., & Tomita, Y. (2010). Interactions between type of instruction and type of language feature: A meta-analysis. *Language Learning*, *60*, 263–308.

Sparks, R. L. (2001). Foreign language learning problems of students classifi ed as learning disabled and non-learning disabled: Is there a difference? *Topics in Language Disorders*, *21*, 38–54.

Sparks, R. L. (2012). Individual differences in L2 learning and long-term L1–L2 relationships. *Language Learning*, *62*, 5–27.

Sparks, R. L., Artzer, M., Patton, J., Ganschow, L., Miller, K., Hordubay, D. J., & Walsh, G. (1998). Benefi ts of multisensory structured language instruction for at-risk foreign language learners: A comparison study of high school Spanish students. *Annals of Dyslexia*, 48, 239–270.

Sparks, R. L., & Ganschow, L. (1991). Foreign language learning differences: Affective or native language aptitude differences? *Modern Language Journal*, *75*, 3–16.

Sparks, R. L., & Ganschow, L. (1993). The impact of native language learning problems on foreign language learning: Case study illustrations of the linguistic coding deficit hypothesis. *Modern Language Journal*, *77*, 58–74.

Sparks, R., & Ganschow, L. (2001). Aptitude for learning a foreign language. *Annual Review of Applied Linguistics*, *21*, 90–111.

Sparks, R. L., Ganschow, L., Fluharty, K., & Little, S. (1995). An exploratory study on the effects of Latin on the native language skills and foreign language aptitude of students with or without disabilities. *The Classical Journal, 91*, 165–184.

Sparks, R. L., Ganschow, L., Kenneweg, S., & Miller, K. (1991). Use of an orton-gillingham approach to teach a foreign language to dyslexic/learning-disabled students: Explicit teaching of phonology in a second language. *Annals of Dyslexia, 41*, 96–118.

Sparks, R. L., Ganschow, L., & Patton, J. (2008). L1 and L2 literacy, aptitude, and affective variables as discriminators among high and low-achieving L2 learners. In J. Kormos & E. Kontra (Eds.), *Language learners with special needs: An international perspective* (pp.11–35). London: Multilingual Matters.

Sparks, R. L., Ganschow, L., Pohlman, J., Skinner, S., & Artzer, M. (1992). The effects of a multisensory, structured language approach on the native and foreign language aptitude skills of at-risk foreign language learners. *Annals of Dyslexia, 42*, 25–53.

Sparks, R. L., Humbach, N., & Javorsky, J. (2008). Comparing high and low achieving, LD, and ADHD foreign language learners: Individual and longitudinal differences. *Learning and Individual Differences, 18*, 29–43.

Sparks, R. L., & Javorsky, J. (1999). Students classifi ed as learning disabled and the college foreign language requirement: Replication and comparison studies. *Journal of Learning Disabilities, 32*, 329–349.

Sparks, R. L., Patton, J., Ganschow, L., & Humbach, N. (2009). Long-term relationships among early language skills, L2 aptitude, L2 affect, and later L2 proficiency. *Applied Psycholinguistics, 30*, 725–755.

Sparks, R. L., Patton, J., Ganschow, L., Humbach, N., & Javorsky, J. (2006). Native language predictors of foreign language proficiency and foreign language aptitude. *Annals of Dyslexia, 56*, 129–160.

Sparks, R. L., Patton, J., Ganschow, L., Humbach, N., & Javorsky, J. (2008). Early first-language reading and spelling skills predict later second-language reading and spelling skills. *Journal of Educational Psychology, 100*, 162–174.

Sparks, R., Philips, L., Ganschow, L., & Javorsky, J. (1999). Students classified as learning disabled and the college foreign language requirement: A quantitative analysis. *Journal of Learning Disabilities, 32*, 566–580.

Speciale, G., Ellis, N. C., & Bywater, T. (2004). Phonological sequence learning and short-term store capacity determine second language vocabulary acquisition. *Applied*

文　献

Psycholinguistics, 25, 293–321.

Spielberger, C. D. (1983). *Manual for the state-trait anxiety inventory*. Palo Alto, CA: Consulting Psychologists Press.

Spolsky, B. (1989). *Conditions for second language learning*. Oxford: Oxford University Press.

Spolsky, B. (2004). *Language policy*. Cambridge: Cambridge University Press.

Stanovich, K. E. (1988). Explaining the differences between the dyslexic and the gardenvariety poor reader: The phonological-core variable-difference model. *Journal of Learning Disabilities*, 21, 590–604.

Steffler, D., Varnhagen, C. K., Friesen, C. K., & Treiman, R. (1998). There's more to children's spelling than the errors they make: Strategic and automatic processes for one-syllable words. *Journal of Educational Psychology*, 90, 492–505.

Swain, M. (1995). Three functions of output in second language learning. In G. Cook & B. Seidlhofer (Eds.), *Principle and practice in applied linguistics: Studies in honour of H. G. Widdowson* (pp.125–144). Oxford: Oxford University Press.

Swan, D., & Goswami, U. (1997). Phonological awareness deficits in developmental dyslexia and the phonological representations hypothesis. *Journal of Experimental Child Psychology*, 66, 18–41.

Swanson, H. L., & Hoskyn, M. (1998). Experimental intervention research on students with learning disabilities: A meta-analysis of treatment outcomes. *Review of Educational Research*, 68, 277–321.

Swanson, H. L., & Lussier, C. (2001). A selective synthesis of the experimental literature on dynamic assessment. *Review of Educational Research*, 71, 321–361.

Szatmari, P. (1992). The epidemiology of attention-deficit hyperactivity disorders. In G. Weiss (Ed.), *Child and adolescent psychiatric clinics of North America: Attention-deficit hyperactivity disorder* (pp.361–372). Philadelphia: Saunders.

Talbott, E., Lloyd, J. W., & Tankersley, M. (1994). Effects of reading comprehension interventions for students with learning disabilities. *Learning Disability Quarterly*, 17, 223–232.

Tallal, P. (2004). Improving language and literacy is a matter of time. *Nature Reviews Neuroscience*, 5, 721–728.

Tallal, P., Curtiss, S., & Kaplan, R. (1988). The San Diego longitudinal study: Evaluating the outcomes of preschool impairments in language development. In S. G. Gerber Mencher (Ed.), *International perspectives on communication disorders* (pp.86–126). Washington, DC: Gallaudet University Press.

Tallal, P., & Piercy, M. (1973). Developmental aphasia: Impaired rate of nonverbal processing as a function of sensory modality. *Neuropsychologia, 11*, 389–398.

Tannock, R. (2013). Rethinking ADHD and LD in DSM-5: Proposed changes in diagnostic criteria. *Journal of Learning Disabilities, 46*, 5–25.

Taylor, L., & Geranpayeh, A. (2013). Conclusions and recommendations. In A. Geranpayeh & L. Taylor (Eds.), *Examining listening: Research and practice in assessing second language listening* (pp.322–334). Cambridge: Cambridge University Press.

Taylor, L., & Khalifa, H. (2013). Assessing students with disabilities: Voices from the stakeholder community. In D. Tsagari & G. Spanoudis (Eds.), *Assessing L2 students with learning and other disabilities* (pp.229–252). Newcastle upon Tyne: Cambridge Scholars.

Taylor, L. M., Hume, I. R., & Welsh, N. (2011). Labelling and self-esteem: The impact of using specific vs. generic labels. *Educational Psychology: An International Journal of Experimental Educational Psychology, 30*, 191–202.

Teale, W. H., & Sulzby, E. (1986). *Emergent literacy: Writing and reading.* Norwood, NJ: Ablex.

Thomas, G., & Loxley, A. (2007). *Deconstructing special education.* Maidenhead, UK: Open University Press.

Thompson, S., Blount, A., & Thurlow, M. (2002). *A summary of research on the effects of test accommodations: 1999 through 2001* (Technical Rep. No. 34). Minneapolis: University of Minnesota, National Center on Educational Outcomes. Retrieved June 4, 2015 from http://education.umn.edu/NCEO/OnlinePubs/Technical34.htm.

Tian, L., & Macaro, E. (2012). Comparing the effect of teacher codeswitching with English-only explanations on the vocabulary acquisition of Chinese university students: A lexical focus-on-form study. *Language Teaching Research, 16*, 361–385.

Tobias, S. (1986). Anxiety and cognitive processing of instruction. In R. Schwarzer (Ed.), *Self related cognition in anxiety and motivation* (pp.35–54). Hillsdale, NJ: Erlbaum.

Trainin, G., & Swanson, H. L. (2005). Cognition, metacognition, and achievement of college students with learning disabilities. *Learning Disability Quarterly, 28*, 261–272.

Treiman, R., & Kessler, B. (2005). Writing systems and spelling development. In M. J. Snowing & C. Hulme (Eds.), *The science of reading: A handbook* (pp.120–134). Oxford: Blackwell.

Truscott, J., & Sharwood Smith, M. (2011). Input, intake and consciousness. *Studies in Second Language Acquisition, 33*, 497–528.

Tunmer, W. E., & Chapman, J. W. (2012). The simple view of reading redux. *Journal of Learning Disabilities, 45*, 453–466.

文　献

Tunmer, W. E., & Hoover, W. (1993). Components of variance models of language-related factors in reading disability: A conceptual overview. In M. Joshi & C. K. Leong (Eds.), *Reading disabilities: Diagnosis and component processes* (pp.135–173). Dordrecht, Netherlands: Kluwer.

Tunmer, W. E., Nesdale, A. R., & Wright, A. D. (1987). Syntactic awareness and reading acquisition. *British Journal of Developmental Psychology, 5*, 25–34.

Turner, M. (2008). *Dyslexia portfolio assessment*. GL Assessment, NZ.CER.

Turvey, M. T., Feldman, L. B., & Lukatela, G. (1984). The Serbo-Croatian orthography constrains the reader to a phonologically analytic strategy. In L. Henderson (Ed.), *Orthographies and reading* (pp.81–89). Mahwah, NJ: Lawrence Erlbaum.

Ullman, M. T., & Pierpont, E. I. (2005). Specific language impairment is not specific to language: The procedural deficit hypothesis. *Cortex, 41*, 399–433.

United Nations. (2006). *Convention on the rights of persons with disabilities* [Online]. Retrieved August 15, 2012 from http://www.un.org/disabilities/documents/convention/convopt prot-e.pdf.

Van Gelderen, A., Schoonen, R., De Glopper, K., Hulstijn, J., Simis, A., Snellings, P., & Stevenson, M. (2004). Linguistic knowledge, processing speed, and metacognitive knowledge in first- and second-language reading comprehension: A componential analysis. *Journal of Educational Psychology, 96*, 19–30.

Vellutino, F. R. (1979). *Dyslexia: Theory and research*. Cambridge, MA: MIT Press.

Vellutino, F. R., Scanlon, D. M., Small, S., & Fanuele, D. P. (2006). Response to intervention as a vehicle for distinguishing between children with and without reading disabilities: Evidence for the role of kindergarten and first-grade interventions. *Journal of Learning Disabilities, 39*, 157–169.

Vinegrad, M. (1994). A revised adult dyslexia check list. *Educare, 48*, 21–23.

Wagner, R. K., Torgesen, J. K., & Raschotte, C. A. (1999). *Comprehensive test of phonological processing*. Austin, TX: Pro-ed.

Wang, X., Georgiou, G. K., Das, J. P., & Li, Q. (2012). Cognitive processing skills and developmental dyslexia in Chinese. *Journal of Learning Disabilities, 45*, 526–537.

Washburn, E. K., Joshi, R. M., & Cantrell, E. B. (2011). Are preservice teachers prepared to teach struggling readers? *Annals of Dyslexia, 61*, 21–43.

Webb, S. (2007). The effect of repetition on vocabulary knowledge. *Applied Linguistics, 28*, 46–65.

Wechsler, D., & Stone, C. P. (2009). *Wechsler Memory Scale (WMS-IV)* (4th ed.). New York: Psychological Corporation.

White, L., Spada, N., Lightbown, P. M., & Ranta, L. (1991). Input enhancement and L2 question formation. *Applied Linguistics, 12*, 416–432.

Widdowson, H. G. (1993). *The ownership of English: IATEFL annual conference report, plenaries 1993*. Whitstable: IATEFL.

Wight, M. C. S. (2015). Students with learning disabilities in the foreign language environment and the practice of exemptions. *Foreign Language Annals, 48*, 39–55.

Willcutt, E. G., Doyle, A. E., Nigg, J. T., Faraone, S. V., & Pennington, B. F. (2005). Validity of the executive function theory of attention-deficit/hyperactivity disorder: A meta-analytic review. *Biological Psychiatry, 57*, 1336–1346.

Willcutt, E. G., Pennington, B. F., Chhabildas, N. A., Olson, R. K., & Hulslander, J. L. (2005). Neuropsychological analyses of comorbidity between RD and ADHD: In search of the common deficit. *Developmental Neuropsychology, 27*, 35–78.

Williams, J. N. (1999). Memory, attention, and inductive learning. *Studies in Second Language Acquisition, 21*, 1–48.

Willows, D. M., & Ryan, E. B. (1986). The development of grammatical sensitivity and its relationship to early reading achievement. *Reading Research Quarterly, 21*, 253–266.

Wimmer, H., & Goswami, U. (1994). The influence of orthographic consistency on reading development—Word recognition in English and German children. *Cognition, 51*, 91–103.

Wimmer, H., & Mayringer, H. (2002). Dysfluent reading in the absence of spelling difficulties: Aspecific disability in regular orthographies. *Journal of Educational Psychology, 94*, 272–277.

Wimmer, H., Mayringer, H., & Landerl, K. (2000). The double-deficit hypothesis and difficulties in learning to read a regular orthography. *Journal of Educational Psychology, 92*, 668–680.

Wing, L. (1981). Asperger's syndrome: A clinical account. *Psychological Medicine, 11*, 115–130.

Wire, V. (2005). Autistic Spectrum Disorders and learning foreign languages. *Support for Learning, 20*, 123–128.

Wolf, M. (1991). Naming speed and reading: The contribution of the cognitive neurosciences. *Reading Research Quarterly, 26*, 123–140.

Wolf, M., & Bowers, P. G. (1999). The double deficit hypothesis for the developmental dyslexias. *Journal of Educational Psychology, 91*, 1–24.

Xi, X. (2010). How do we go about investigating test fairness? *Language Testing, 27*, 147–170.

Yashima, T. (2002). Willingness to communicate in a second language: The Japanese EFL context. *Modern Language Journal, 86*, 54–66.

Yeung, S. S., Siegel, L. S., & Chan, C. K. (2013). Effects of a phonological awareness program on English reading and spelling among Hong Kong Chinese ESL children. *Reading and Writing, 26*, 681–704.

Zametkin, A. J., Nordahl, T. E., Gross, M., King, A. C., Semple, W. E., Rumsey, J.,. . .Cohen, R. M. (1990). Cerebral glucose metabolism in adults with hyperactivity of childhood onset. *New England Journal of Medicine, 323*, 1361–1366.

Ziegler, J., & Goswami, U. (2005). Reading acquisition, developmental dyslexia and skilled reading across languages: A psycholinguistic grain size theory. *Psychological Bulletin, 31*, 3–29.

Ziegler, J., & Goswami, U. (2006). Becoming literate in different languages: Similar problems, different solutions. *Developmental Science, 9*, 426–453.

Ziegler, J. C., Bertrand, D., Tóth, D., Csépe, V., Reis, A., Faísca, L.,. .. Blomert, L. (2010). Orthographic depth and its impact on universal predictors of reading: A cross-language investigation. *Psychological Science, 21*, 551–559.

Ziegler, J. C., Perry, C., Jacobs, A. M., & Braun, M. (2001). Identical words are read differently in different languages. *Psychological Science, 12*, 379–384.

Zimmerman, B. J. (1989). A social cognitive view of self-regulated academic learning. *Journal of Educational Psychology, 81*, 329–339.

Zuriff, G. E. (2000). Extra examination time for students with learning disabilities: An examination of the maximum potential thesis. *Applied Measurement in Education, 13*, 99–117.

あとがき

　本書は、2012年に出版された *Teaching languages to students with specific learning differences* に続く、学習障害を持つ学習者への第2言語としての英語教育に関する待望の書である。前述の書籍も、明石書店大江道雅様から、学習障害のある学習者への英語教育にご理解をいただき、翻訳書を出版することができた。今回も、翻訳作業開始から、途中、COVID-19感染流行によるさまざまな制約に阻まれ、長期間かかってしまったが、ようやく出版の日を迎えることができた。これもひとえに、ご支援いただいた明石書店大江道雅様、清水聰様のおかげであり、心よりここに感謝の意を表したい。

　小学校での英語教育が本格的に始まっており、小学校英語教育に関わられる先生方の支援体制を整えて行うべきであることは、さまざまな場面で強調されてきたが、中でも、日本語での学習では表れにくい潜在的な読み書き困難を持つ児童への外国語学習については、十分な知識と指導スキルをもって臨まれるべきであることは、教員研修のためだけでなく、大学における教員養成課程においても、検討されるべき喫緊の課題である。本書では、学習障害が外国語としての英語学習にもたらす影響を、認知的、情意的観点から考察し、多感覚構造化アプローチの明示的指導方法がいかに英語指導に有効かについても、具体的に触れられている。先行研究結果や実践結果が多く取り上げられており、この分野における研究成果が網羅されている1冊となっている。

　現場の英語教育関係者の方々だけでなく、これから教員を目指そうとされている学生の皆さんにも、本書は必ずや有益なものとなることを願っている。

監訳者　飯島　睦美

監修者・監訳者・訳者紹介

（監修者）

竹田契一（たけだ　けいいち）大阪医科薬科大学 LD センター顧問、大阪教育大学
名誉教授

『図説 LD 児の言語・コミュニケーション障害の理解と指導』（共著、文化科学社、2007 年）、『高機能広汎性発達障害の教育的支援』（明治図書、2008 年）、『特別支援教育の理論と実践Ⅰ、Ⅱ、Ⅲ』（金剛出版社、2012 年）など多数。

（監訳者）

飯島睦美（いいじま　むつみ）　群馬大学大学教育センター外国語部会長、教授
（第3章・第6章）

『多感覚を生かして学ぶ小学校英語のユニバーサルデザイン』（明治図書出版、2020年）、『特別支援教育の視点でどの子も学びやすい小学校英語の授業づくり』（明治図書出版、2020 年）、『学習障がいのある児童・生徒のための外国語教育』（翻訳：Kormose, J & Smith, M. A. , Teaching Languages to Students with Specific Learning Differences、明石書店、2017 年）など。

緒方明子（おがた　あきこ）明治学院大学教授
（第1章）

「英語学習における特異な困難と指導法」（共著、『LD 研究』第 25 巻第 2 号、2016年）、「発達が気になる子どもへの支援――幼児期を中心に」（共著、『教育発達学の展開――幼少接続・連携へのアプローチ』第 2 章、風間書房、2020 年）など。

原　惠子（はら　けいこ）上智大学大学院特任准教授
（第2章）

『ディスレクシア入門』（共著、日本評論社、2016 年）、『言語発達障害学　第3版』（共著、医学書院、2021 年）、『保育所・幼稚園・巡回相談で役立つ "気づきと手立て" のヒント集』（共著、診断と治療社、2020 年）など。

品川裕香（しながわ・ゆか）教育ジャーナリスト、（株）薫化舎取締役副会長・発達性ディスレクシア研究会副理事長

（第4章）

『怠けてなんかない！サードシーズン 読む書く記憶するのが苦手な子どもたちが英語を学ぶとき』（岩崎書店、2020 年）、『働くために必要なこと：就労不安定にならないために』（筑摩書房、2013 年）など多数。読み書き困難等発達課題のある児童の指導を行う薫化舎らんふぁんぷらざ統括責任者 HP:www.kunkasha.com

柴田邦臣（しばた　くにおみ）津田塾大学准教授

（第5章）

『情弱の社会学──ポスト・ビッグデータ時代の生の技法』（単著、青土社、2020 年）、『字幕とメディアの新展開──多様な人々を包摂する福祉社会と共生のリテラシー』（共編著、青弓社、2016 年）など。障害児向け「学びの危機（まなキキ）プロジェクト」代表（https://learningcrisisi.net）など。

貝原千馨枝（かいはら ちかえ）津田塾大学大学院国際関係学研究科後期博士課程

（第5章）

障害児向け「学びの危機（まなキキ）プロジェクト」英語チーフ（https://learningcrisis.net）。「社会的マイノリティとしての言語学習障害──第二言語としての英語学習からの再定義」（共著、『津田塾大学紀要』第 52 巻、2020 年）、「障害児教育における評価・アセスメントとその方法──オンライン時代のためのDifferential Boost Hypothesis の再評価」（共著、『津田塾大学紀要』第 53 巻、2021 年）など。

著者紹介

Judit Kormos （ジュディット・コーモス）英国ランカスター大学教授、MA
TESOL Distance プログラム長

第2言語学習者の言語活動やモニタリング過程に関して、言語力とワーキングメモリの果たす役割から研究している。特に、ディスレクシアのある学習者の外国語学習、指導者教育に関する研究成果は数多く、国内外で高く評価されている。現在、EU プロジェクト Erasmus+ EnGaGe Project にも関わり、ディスレクシアのある学習者のための教材開発に従事している。

学習障害のある子どもが第2言語を学ぶとき
限局性学習困難の概念・アセスメント・学習支援

2021 年 11 月 15 日　初版第 1 刷発行

著　者　ジュディット・コーモス
監修者　竹　田　契　一
監訳者　飯　島　睦　美
訳　者　緒方明子　原　惠子　品川裕香
　　　　柴田邦臣　貝原千馨枝
発行者　大　江　道　雅
発行所　株式会社 明石書店
〒 101-0021 東京都千代田区外神田 6-9-5
電　話　03-5818-1171
ＦＡＸ　03-5818-1174
振　替　00100-7-24505
http://www.akashi.co.jp
装幀　明石書店デザイン室
印刷・製本　モリモト印刷株式会社

（定価はカバーに記してあります）　　　　ISBN978-4-7503-5288-6

学習障がいのある 児童・生徒のための 外国語教育

その基本概念、指導方法、アセスメント、 関連機関との連携

ジュディット・コーモス、アン・マーガレット・スミス [著]
竹田契一 [監修]
飯島睦美、大谷みどり、川合紀宗、
築道和明、村上加代子、村田美和 [訳]

◎A5判／並製／312頁　◎2,800円

学習障がいのある子どもたちが英語学習でつまずき、自尊感情を低下させないために必要な手立てとは何か。平成32年度から完全実施となる小学5・6年での英語教科化も見据え、特別支援教育的視点から英語・言語教育に有用な海外の知見や理論、指導方法を紹介する。

●内容構成

〈価格は本体価格です〉

LD・学び方が違う子どものためのサバイバルガイド〈キッズ編〉
あなたに届けたい家庭と学校生活へのLD・学習障害アドバイスブック
ゲイリー・フィッシャー、ローダ・カミングス著
竹田契一監訳　西岡有香訳
◎1400円

LD・学び方が違う子どものためのサバイバルガイド〈ティーンズ編〉
自立と社会生活にむけたLD・ADHD・広汎性発達障害アドバイスブック
ローダ・カミングス、ゲイリー・フィッシャー著
竹田契一監訳　太田信子、田水枝緒訳
◎1600円

LD・学習障害事典
キャロル・ターキントン、ジョセフ・R・ハリス著
竹田契一監修　小野次朗、太田信子、西岡有香監訳
◎7500円

学校や家庭で教えるソーシャルスキル実践トレーニングバイブル
子どもの行動を変えるための指導プログラムガイド
ミッジ・オダーマン・モウギー ほか著
竹田契一監修　西岡有香訳
◎2800円

発達障害白書【年1回刊】
知的・発達障害を巡る法や制度、社会動向の最新情報を網羅。
日本発達障害連盟編
◎3000円

診断・対応のためのADHD評価スケール
ADHD-RS〔DSM準拠〕　チェックリスト・標準値とその臨床的解釈
ジョージ・J・デュポールほか著
市川宏伸、田中康雄監修　坂本律訳
◎3000円

発達相談と新版K式発達検査
子ども・家族支援に役立つ知恵と工夫
大島剛、川畑隆、伏見真里子、笹川宏樹、梁川惠、衣斐哲臣、菅野道英、宮井研治、大谷多加志、井口絹世、長嶋宏美著
◎2400円

発達心理学ガイドブック 子どもの発達理解のために
マーガレット・ハリス、ガート・ウェスターマン著
小山正、松下淑訳
◎4500円

「体を動かす遊びのための環境の質」評価スケール
保育における乳幼児の運動発達を支えるために
キャロル・アーチャー、イラム・シラージ著
秋田喜代美監訳・解説　淀川裕美、辻谷真知子、宮本雄太訳
◎2300円

乳児健診で使える はじめてことばが出るまでのことばの発達検査マニュアル
長尾圭造、上好あつ子著
◎2800円

乳幼児 育ちが気になる子どもを支える
心の発達支援シリーズ1
永田雅子、松本真理子、野邑健二監修
永田雅子編著
◎2000円

幼稚園・保育園児 集団生活で気になる子どもを支える
心の発達支援シリーズ2
野邑健二、永田雅子、松本真理子監修
野邑健二編著
◎2000円

小学生 学習が気になる子どもを支える
心の発達支援シリーズ3
野邑健二、永田雅子、松本真理子監修
福元理英編著
◎2000円

小学生・中学生 情緒と自己理解の育ちを支える
心の発達支援シリーズ4
松本真理子、永田雅子、野邑健二監修
松本真理子、永田雅子編著
◎2000円

中学生・高校生 学習・行動が気になる生徒を支える
心の発達支援シリーズ5
松本真理子、永田雅子、野邑健二監修
酒井貴庸編著
◎2000円

大学生 大学生活の適応が気になる学生を支える
心の発達支援シリーズ6
松本真理子、永田雅子、野邑健二監修
安田道子、鈴木健一編著
◎2000円

〈価格は本体価格です〉

エピソードで学ぶ　子どもの発達と保護者支援
発達障害・家族システム・障害受容から考える
玉井邦夫著
◎1600円

読んで学べるADHDのペアレントトレーニング
むずかしい子にやさしい子育て
シンシア・ウィッタム著
上林靖子、中田洋二郎、藤井和子、井澗知美、北道子訳
◎1800円

アスペルガー症候群の人の仕事観
障害特性を生かした就労支援
サラ・ヘンドリックス著　梅永雄二監訳　西川美樹訳
◎1800円

アスペルガー症候群の人の就労・職場定着ガイドブック
適切なニーズアセスメントによるコーチング
バーバラ・ビソネット著　梅永雄二監修　石川ミカ訳
◎2200円

アスペルガー症候群に特化した就労支援マニュアルESPIDD
職業カウンセリングからフォローアップまで
梅永雄二・井口修一著
◎1600円

写真で教えるソーシャル・スキル・アルバム
写真で教えるソーシャル・スキル・アルバム〈青年期編〉
ジェド・ベイカー著　門眞一郎・禮子・カースルズ、佐々木欣子訳／萩原拓監修　西川美樹訳
◎1400円

発達障害がある子のための「暗黙のルール」
〈場面別〉マナーと決まりがわかる本
ブレンダ・スミス・マイルズほか著
◎1400円

コミック会話
自閉症など発達障害のある子どものためのコミュニケーション支援法
キャロル・グレイ著　門眞一郎訳
◎800円

感情をうまくコントロールするためのワークブック
学校では教えてくれない　困っている子どもを支える認知ソーシャルトレーニング　自分でできるコグトレ①
宮口幸治著　宮口円シナリオ制作
◎1800円

対人マナーを身につけるためのワークブック
学校では教えてくれない　困っている子どもを支える認知ソーシャルトレーニング　自分でできるコグトレ⑤
宮口幸治編著　井阪幸恵著
◎1800円

NGから学ぶ　本気の伝え方
あなたも子どものやる気を引き出せる！
宮口幸治・田中繁富著
◎1400円

教室の「困っている発達障害をもつ子ども」を支える7つの手がかり
この子は「どこでつまずいているのか？」
宮口幸治・松浦直己著
◎1300円

教室の困っている発達障害をもつ子どもの理解と認知的アプローチ
非行少年の支援から学ぶ学校支援
宮口幸治著
◎1800円

性の問題行動をもつ子どものためのワークブック
発達障害・知的障害のある児童・青年の理解と支援
宮口幸治・川上ちひろ著
◎2000円

自閉症スペクトラム障害とセクシュアリティ
なぜ彼らは性的問題行動で逮捕されたのか
トニー・アトウッド、イザベル・エノー、ニック・ドゥビン著　田宮聡訳
◎2500円

性問題行動のある知的・発達障害児者の支援ガイド
性暴力被害とわたしの被害者を理解するワークブック
本多隆司、伊庭千惠著
◎2200円

〈価格は本体価格です〉